检察执法岗位操作规程指导丛书　第3分册（共12分册）

ZHENCHA JIANDU GANGWEI
ZHUANYONG CAOZUO GUICHENG

侦查监督岗位
专用操作规程

湖南省人民检察院组织编写

中国检察出版社

图书在版编目（CIP）数据

侦查监督岗位专用操作规程/湖南省人民检察院组织编写 . —北京：
中国检察出版社，2016.3
（检察执法岗位操作规程指导丛书）
ISBN 978 - 7 - 5102 - 1555 - 1

Ⅰ.①侦… Ⅱ.①湖… Ⅲ.①侦查 - 司法监督 - 规程 - 中国
Ⅳ.①D926.34 - 65

中国版本图书馆 CIP 数据核字（2012）第 322434 号

侦查监督岗位专用操作规程

湖南省人民检察院　组织编写

出版发行：中国检察出版社

社　　址：北京市石景山区香山南路（100144）

网　　址：中国检察出版社（www.zgjccbs.com）

编辑电话：(010) 68650028

发行电话：(010) 68650015　68650016　68650029

经　　销：新华书店

印　　刷：保定市中画美凯印刷有限公司

开　　本：720 mm × 960 mm　16 开

印　　张：21.75 印张

字　　数：358 千字

版　　次：2016 年 3 月第一版　2016 年 3 月第一次印刷

书　　号：ISBN 978 - 7 - 5102 - 1555 - 1

定　　价：48.00 元

《检察执法岗位操作规程指导丛书》
编写委员会

主　任：游劝荣

委　员（以姓氏笔画为序）：

丁维群	王东晖	王国忠	王勋爵	文兆平	卢乐云
申彦斐	田智慧	印仕柏	白贵泉	兰建平	朱必达
朱国祥	吕赵龙	刘孙承	刘兴无	刘志红	刘建良
刘建宽	刘清生	江　涛	许建琼	苏勤惠	李　丽
李芳芳	李胜昔	余湘文	肖建平	肖建雄	吴建雄
何旭光	张　龙	张　勇	杨贤宏	杨　鸿	邹小俊
张士映	陈大朴	陈少华	陈绍纯	陈秋华	陈海波
苗　霞	易忠民	罗　青	罗树中	周燕海	胡　波
赵　钧	赵　荣	段志凌	祝雄鹰	贺艳芳	徐百坚
郝丽平	谈　固	曹志刚	常智余	彭洪声	曾新善
雷丰超	雷　华	谭庆之	熊文辉	薛献斌	戴一云
戴华峰	魏启敏				

主　编：薛献斌

副主编：徐百坚

统筹组组长：何旭光

统筹组副组长：路启龙

统筹组成员：阮洪伟　阮　艳　郭　蓉　邬　炼

第 3 分册《侦查监督岗位专用操作规程》编写组

组　　长　戴华峰　湖南省邵阳市人民检察院检察长

副 组 长　许建琼　湖南省人民检察院侦查监督二处处长

　　　　　王双奇　湖南省邵阳市人民检察院检察委员会专职委员、湖南
　　　　　　　　　省检察业务专家

编写人员　曹思益　湖南省人民检察院侦查监督二处副处级干部

　　　　　孙　靖　湖南省人民检察院侦查监督一处干部

　　　　　陈　瑜　湖南省人民检察院侦查监督一处干部

　　　　　邓为方　湖南省人民检察院侦查监督二处干部

　　　　　熊焕喜　湖南省人民检察院侦查监督二处干部

　　　　　潘永涓　湖南省人民检察院侦查监督二处干部

　　　　　张　俐　湖南省人民检察院侦查监督二处干部

　　　　　曾志勇　湖南省人民检察院侦查监督一处干部

　　　　　王　臻　湖南省邵阳市人民检察院侦查监督科副科长

　　　　　曾馥梅　湖南省邵阳市人民检察院侦查监督科干部

　　　　　刘　慧　湖南省邵阳市人民检察院侦查监督科干部

　　　　　曾良平　湖南省邵东县人民检察院侦查监督科副科长

序　言

　　《中共中央关于全面推进依法治国若干重大问题的决定》关于"明确各类司法人员工作职责、工作流程、工作标准"的法治要求，明确了管理全国检察机关全体检察执法人员的执法行为的法治化、规范化、制度化的目标，《最高人民检察院关于贯彻落实〈中共中央关于全面推进依法治国若干重大问题的决定〉的意见》中也提出了"严格落实和细化法律规定，健全检察机关司法程序规范、司法标准规范、司法言行规范、司法责任规范，逐步形成程序严密、标准统一、责任明确的司法规范体系"的贯彻意见。在全面推进依法治国的进程中，用怎样的制度体系来管理、管住检察执法人员的执法行为，以做到严格执法、规范执法，已经成为我们所面临的一个重大课题。

　　我们知道，权力活动本质上是人的活动，所有国家权力的活动都最终归结为国家机关工作人员的活动。马克思早就指出："人是最名符其实的政治动物。"① "从现实的人出发分析社会现象和政治现象，是马克思主义政治学的一条最基本的原理。马克思、恩格斯正是运用这一原理来分析解释社会政治生活和政治现象的。"② 习近平同志指出："治国之要，首在用人。也就是古人说的：'尚贤者，政之本也。''为政之要，莫先于用人。'"③ 按照党中央的要求，"坚持

---

① 《马克思恩格斯全集》第 46 卷上册，人民出版社 1979 年版，第 21 页。
② 王沪宁主编：《政治的逻辑》，上海人民出版社 2004 年版，第 34 页。
③ 国务院新闻办公室会同中央文献研究室、中国外文局编：《习近平谈治国理政》，外文出版社 2014 年版，第 411 页。

用制度管权管人管事"、"把权力关进制度的笼子里"① 已经成为全面深化改革、全面推进依法治国的重要内容。每个国家机关中的每个国家机关工作人员的职务活动，构成了全部国家权力活动的基础，而每个国家机关的职权活动又都是以国家机关工作人员所在职务岗位为依托、为基础的。同时，用来管权管人管事的制度，也是由人来制定、来执行的，没有人就没有制度，也没有制度的执行。所以，实现用制度来管权管人管事的一个重要体现，就是各个国家机关的各个职务岗位规范制度的建立和健全。检察机关作为国家的法律监督机关，在依法治国的要求下，尤其要对自身的职权活动严格依法进行规范，不断加强和改善检察执法岗位操作规程的制度建设。

湖南省人民检察院历时两年多、组织 200 余人编写的《检察执法岗位操作规程指导丛书》，就是检察机关在加强和改善检察执法岗位操作规程制度建设中的有益探索，也是检察系统组织编写的第一套系统化的、规范各类检察执法岗位的操作规程的制度文本。

这套丛书以最高人民检察院《检察机关执法基本规范（2013 年版）》为基础，将其中的检察执法工作的基本规范细化到执法岗位、细化为操作规程。丛书立足检察实务、立足执法岗位、立足行为规范，通过提炼、升华，对在检察执法实务中长期、普遍、稳定存在的实际操作行为和操作方法等进行总结和概括，按照有利于依法操作、有利于规范执法的要求，进行操作规程具体内容的创制。将检察执法工作中的具体行为、工作惯例、习惯做法、通常"套路"等实际上在每天、每件、每次的执法活动中都在实施着的所有不同主体、不同对象、不同内容、不同类型、不同方式的岗位执法行为，用法律和制度的标尺加以衡量、梳理、概括、完善、提升，去粗取精、举一反三，按照各类执法岗位的职责进行裁量，形成了各类执

---

① 《中共中央关于全面深化改革若干重大问题的决定》，载《人民日报》2013 年 11 月 16 日。

法岗位的各类操作规程的规范性文本。

这套丛书涉及检察执法工作中的执法领导、执法管理和办理等各执法岗位的操作规程，也涉及检察机关的侦查监督、公诉、职务犯罪侦查和预防、刑事执行检察、民事行政检察、控告申诉检察、检察技术、司法警察和检察执法内部监督等各个方面的检察业务工作，共有818个操作规程、440余万字。实际上是检察执法岗位操作规程的一套制度样本，也是不同类型检察执法岗位上执法人员的行为标准，规定在特定类型岗位上应该做什么、应该怎么做、做成什么样和不能做什么、不能怎么做。通过对特定岗位的执法目的和标准、执法内容和形式、执法数量和质量、执法规则和程序、执法措施和路径、执法方法和要求以及执法禁忌的明确规定，使之具有了以下四个基本功能：在岗人员的行为规范，新进人员的入门必读，执法质量的考评标准，检务公开的岗位样本。

当然，对海量的现行法律制度中没有明文规定，而执法实务中又长期存在和普遍应用的岗位执法操作细节进行制度性概括，并且要使概括出的操作规程具有规范性、准确性和完整性，其困难是可想而知的。加上编写者自身法治理念、法学素养和业务技能上存在的不足，所以，书中的错漏在所难免，还需要通过实践的检验不断完善，也欢迎检察同行和社会各界提出批评和建议。

湘人素有"敢为天下先"的传统，湖南检察机关组织编写《检察执法岗位操作规程指导丛书》为这个优良传统再一次作出了很好的诠释。希望这套丛书能够为检察执法岗位操作规程制度建设起到积极的推动作用，成为检察机关"用制度管权管人管事"探索中的一个成功开篇，推动检察机关执法活动法治化、规范化、制度化的不断拓展和深入。

是为序。

游劝荣

2015 年 12 月

丛书编写说明

一、编写过程

2013 年上半年，湖南省人民检察院在组织全省检察机关案件管理和检务督察系统学习领会、贯彻落实习近平总书记关于"把权力关进制度的笼子里"、"努力让人民群众在每一个司法案件中感受到公平正义"等重要指示的过程中，结合学习全国政法工作会议关于"紧紧抓住容易发生问题的执法岗位和关键环节，紧密结合执法规范化建设，健全执法制度、规范执法程序、强化执法管理，努力实现执法程序流程化、执法裁量标准化、执法行为规范化，从源头上预防随意执法、粗放执法等问题的发生"和全国检察长座谈会关于"进一步细化执法标准，严格要求检察机关每一个办案环节都必须符合法律规范"的精神，认识到所有国家权力都应当通过对每个具体权力岗位行为的具体的操作规范，来实现国家权力整体的规范，实现"把权力关进制度的笼子里"；认识到检察权是国家权力的重要组成部分，检察机关依法行使职权是通过检察机关执法岗位人员的执法行为实现的，检察机关是检察执法岗位的整体。检察执法岗位作为检察机关的执法终端，执法岗位上的检察执法人员是检察机关的"执法触手"，这是人民检察院行使检察权的基本形式，也是检察执法活动发生违法违纪行为的基本形式。所以，要把检察权也"关进制度的笼子里"，防止检察权违规，归根结底是要对检察执法岗位上的检察人员的执法行为进行规范。

2013 年 7 月 24 日，省检察院游劝荣检察长批准了关于编制"每个执法岗位的操作规程，作为执法人员的行为规范，既是新进人员的上岗必读，也是岗位执法的考核标准"的报告，并要求进行原理研究和可行性研究，并正式立项为省检察院检察理论研究重大课题。

在前期研究的基础上[①]，2013 年 12 月 6 日，湖南省人民检察院与中国检察出版社就出版一套检察执法岗位操作规程丛书问题进行协商，出版社原则同意出版该丛书，并对丛书编写工作提出了指导性意见。2013 年 12 月 16 日，游劝荣检察长批准了《〈检察执法岗位操作规程指导丛书〉编写方案》，决定组织丛书编写委员会，以检察长游劝荣为丛书编写委员会主任，副检察长薛献斌为丛书主编，以省检察院案件管理和检务督察部门为主成立丛书编写统筹组。同时，将丛书编写工作纳入省检察院党组的工作计划，丛书编写工作由此正式展开。按照编委会主任的要求，丛书主编和统筹组在编写任务交底的同时，向每位编写人员提供了包括编写计划、编写大纲和编写指引等近两万字的编写方案，明确丛书主旨、丛书体例、编写方法和要求，向各编写组提供了《编写体例说明及参考样本》、《编写要求和编写格式》和《操作规程的基本写法和重点要求》等编写指导意见；制定了《各编写组正副组长、检察业务审稿工作职责》和《各分册统稿、交叉审稿、检察业务审稿、编写组定稿工作操作程序》等编写工作规范。2015 年 8 月 31 日丛书截稿，丛书所涉法律法规、司法解释和工作制度原则上截至此日。

丛书编写过程中，党的十八届三中全会、四中全会相继召开，所作出的两个重要决定中有关"坚持用制度管权管事管人"的改革要求、关于"明确各类司法人员工作职责、工作流程、工作标准"的法治要求，《最高人民检察院关于贯彻落实〈中共中央关于全面推进依法治国若干重大问题的决定〉的意见》中"严格落实和细化法律规定，健全检察机关司法程序规范、司法标准规范、司法言行

---

① 薛献斌：《检察执法岗位操作规程的制度建设》，载《人民检察》2014 年第 4 期。

规范、司法责任规范，逐步形成程序严密、标准统一、责任明确的司法规范体系"的贯彻意见，湖南省委贯彻落实四中全会决定实施方案中"健全各类司法岗位行为规范"的要求，使丛书编写的方向进一步明确。2015 年 9 月 1 日，全部书稿交付出版社。

二、丛书性质和主要内容

丛书是检察执法岗位操作规程的一套制度样本，是不同类型检察执法岗位上执法人员的行为标准，规定在特定类型岗位上应该做什么、应该怎么做、做成什么样和不能做什么、不能怎么做。通过对特定岗位的执法目的和标准、执法内容和形式、执法数量和质量、执法规则和程序、执法措施和路径、执法方法和要求以及执法禁忌的明确规定，使之具有了执法岗位在岗人员的行为规范、新进人员的入门必读、执法质量的考评标准、检务公开的岗位样本等基本功能。丛书既是检察执法岗位操作规程制度建设的理论研究成果，也是各个检察机关执法岗位操作规程的制度参考，当然也可以直接用于检察机关执法工作的岗位规范。丛书编写过程中，湖南省和一些市、县检察机关就将丛书初稿的部分内容作为规范性文件或者印成小册子发给相关执法岗位人员执行或者参考，获得了检察执法人员的广泛认同，普遍反映操作规程简洁清晰、好记好用、照着做很有效。

丛书编写在严格遵守法律法规、规章制度和最高人民检察院工作要求的前提下，立足检察实务、立足执法岗位、立足行为规范，通过提炼、升华，在法律的指引下进行制度提炼和规则概括。通过认真梳理执法实践，围绕执法岗位这个"圆心"，以最高人民检察院《检察机关执法基本规范（2013 年版）》（以下简称《基本规范》）为"半径"，将《基本规范》中的检察执法工作规范细化到执法岗位、细化为操作规程。首先，将现行法律法规和规章制度即《基本规范》所规定的、所有检察执法岗位都必须遵循的操作规程方面的各项具体、细节性规定全部纳入，作为检察执法岗位操作规程的主体内容。在此基础上，对"基本规范"尚无具体、细致的操作规程，而在检察执法实务中又长期、普遍、稳定存在的实际操作行为和操作方法等进行总结和概括，按照有利于依法操作、有利于规范执法的要求，进行操作规程具体内容的文本创制。将检察执法工作中的具体行为、工作惯例、习惯做法、通常"套路"等实际上在每天、每件、每次的执法活动中都在实施着的所有不同主体、不同对象、不同内容、不同类型、不同方式的岗位执法行为，用法律和制度的标尺加以衡量、梳理、概括、完善、提升，去粗取精、举一反三，按照各类执法岗位的职责进行裁量，将法律规定框架下、检察人员在执法实务中的实际做法，即所谓"潜规范"、"习惯性规范"，概括、整理成为"显规范"、"成文性规范"，形成各类执法岗位的各类操作规程的规范性文本。同时，总结升华检察执法工作中的成功经验以解决编写中的制度难点问题，综合分析检察执法工作中的沉痛教训以解决编写中的制度重点问题。

丛书是执法实践的总结和升华而非简单地固化和守成。不仅对现有执法实践成果进行收集、固定和成文化、制度化，同时还对整个检察执法岗位实践进行检讨和反思，明确实践中实际发生的具体执法行为、执法程序细节并非全部都是合法的和理性、平和、文明、规范的，需要用社会主义法治理念和法律法规、规章制度来对现存的检察岗位各种实际执法行为进行衡量，对实际发生的执法行为、执法惯例、执法习惯等进行甄别和取舍。通过既总结和归纳、又拨正和升华，做到选取规范的、固定成熟的、补充不足的、剔除违规的、预测必要的，力求使总结出来的检察执法岗位操作规程既规范、实用、前瞻，又适度、经济、便捷。

丛书依托"基本规范"和检察执法实务，同时吸收和细化"基本规范"出版之后、丛书截稿之前最高人民检察院、各省级人民检察院制定的相关司法解释、办案制度所涉及的检察执法岗位操作规程方面的内容。对丛书中涉及的相关检察改革制度化内容尚未定型、制度细节尚不清晰难以作为编写依据的，均按照现行制度规定进行编写。对尚无全国定型化制度性规范的主任检察官办案责任制改革，丛书仍然按照现行检察执法的职权层级进行岗位权能的划分。一俟主任检察官办案责任制度在全国施行、主任检察官行使原来职权层级中部门负责人直至分管副检察长的部分职权时，则只要将丛书中相关分管副检察长和部门负责人的相关操作规程划归主任检察官行使即可。

丛书不包括检察执法人员所从事的非执法工作和检察机关的非执法岗位，比如检察长（包括分管副检察长）所承担的对检察机关党的建设、队伍建设、综合调研、计划财务装备的领导工作；又如检察机关部门负责人所承担的部门党支部书记和考勤考绩等工作；再如执法办理人员承担的支部委员工作或工会小组长工作之类；非执法岗位如综合秘书岗位、人事培训岗位、宣传公关岗位、理论研究岗位、财务后勤岗位之类，也都不在丛书规范的范围之内。

三、丛书体例和基本结构

丛书将全部检察执法岗位划分为执法领导、执法管理、执法办理（其中又分为主办办理、协办办理和辅助办理）三类，各自具有共同的和不同的岗位操作规程。丛书分为12个分册，各分册单独成书，共有1个通用分册为各类执法岗位共同的操作规程、11个专用分册为各类不同执法岗位的专用操作规程。12个分册均冠以"检察执法岗位操作规程指导丛书"之名，第1分册为《检察执法岗位通用操作规程》、第2分册为《检察执法领导和管理岗位专用操作规程》、第3分册为《侦查监督岗位专用操作规程》、第4分册为《公诉岗位专用操作规程》、第5分册为《职务犯罪侦查岗位专用操作规程》、第6分册为《刑事执行检察岗位专用操作规程》、第7分册为《民事行政检察岗位专用操作规程》、第8分册为《控告申诉检察岗位专用操作规程》、第 9 分册为《检察技术岗位专用操作规程》、第 10 分册为《司法警察岗位专用操作规程》、第 11 分册为《职务犯罪预防岗位专用操作规程》、第 12 分册为《检察执法内部监督岗位专用操作规程》，全书共约 440 余万字。

丛书各分册一般分为概述和操作规程两大部分，以章、节为基本叙述结构。概述部分按照章、节、一、（一）的层次叙述，对该分册的一般内容进行概述性介绍。操作规程是丛书各分册的主体，为表述简洁和便于引用，每个操作规程的叙述结构都按照 1.、1.1、1.1.1 或者 1.1（1）、1.1.1（1）的层次叙述。操作规程的一般结构为：定义（指操作规程所规范客体的基本含义）、操作主体（指谁来操作，包括决定、指挥、管理、指导、执行、协助、协作的主体等）；操作对象（指对谁操作，包括组织、个人、事项等）；操作时间（指何时操作，包括起止和持续时间、操作期限等）；操作地点（指何处操作，包括法定地点、自定地点、特定场所等）；操作内容（指操作什么，包括涉事范围、案件事件、事项事务、行事标准、原则准则等，同时还包括操作内容的重点等）；操作形式（指操作程序和程式，包括次序与层次、步骤与进度、流程与节点、预备与实施、开始与持续、结束与善后等）；操作方法（指如何操作，包括门路、套路、办法、方式、形式、模式、规则、要领、路径等，操作的技巧、窍门、谋略等选择性纳入）；操作禁忌（指禁止操作的内容和形式）。

为避免重复，一是在第一分册即通用分册中已有的内容，其他专用分册原则上不再纳入。如讯问操作规程涉及侦查监督、公诉、职务犯罪侦查、刑事执行检察以至控告申诉检察、检察技术、内部执法监督等分册，只在通用分册进行规定。但因职务犯罪侦查讯问和公诉出庭庭审讯问有特殊要求，则在相应分册另作规定。二是对某专用分册中涉及到其他专用分册的内容也不重复规定。如刑事执行检察中的侦查监督、公诉、职务犯罪侦查岗位的操作规程，只需要按照侦查监督、公诉、职务犯罪侦查等专用分册的专门规定操作即可，在该分册中不再规定。

四、编写人员和编写责任

丛书编写人员为湖南省三级检察机关的检察人员，共 211 人。编写主体由省、市、县三级检察院的相关业务骨干组成，12 个分册编写组的骨干以省检察院和部分市州院、基层院的检察长、副检察长、检察委员会专职委员及其相关部门负责人为主。丛书统筹组、各分册编写组正副组长由丛书编委会主任审定，各分册编写组编写人员经丛书主编同意，各分册统稿人和检察业务审稿人由各分册编写组决定。编写人员不脱离本职工作，在本职工作之余从事编写工作。由于编写时间较长，参与编写人员的工作单位（部门）和工作职务发生了诸多变化，为使前后一致和表述简洁，署名时一般按照开始参加编写时的单位（部门）和职务。

全部书稿的初稿出自相关编写人员，编写人员对其所编写内容的规范性、完整性负责。各分册编写组组长、副组长组织本分册的编写并对本分册初稿的内容和形式最后把关；各分册编写组检察业务审稿人员负责本分册内容所涉检察业务和操作规程的规范性、完整性审查，统稿人负责本分册内容、体例一致性和协调性审查。各分册编写人员及其编写分工，均在各分册扉页和后记中注明。

丛书正副主编和统筹组全体人员在负责对丛书编写工作进行统筹组织、协调指导的同时，负责对全部书稿提出修改意见：丛书统筹组成员阮艳主要负责全部书稿中操作规程及其内容完整性的审查，阮洪伟主要负责全部书稿的法律法规和规章制度准确性、完整性审查，统筹组副组长路启龙主要负责丛书各分册关系协调和语言、文风统一的审查；统筹组组长何旭光负责对统筹组意见进行综合，提出统筹组对丛书初稿的审查意见；副主编徐百坚负责对丛书初稿进行全面审读和修改，主编薛献斌负责提出丛书框架和编写方案，组织操作规程样本和编写工作规范编制，并负责对丛书初稿进行审稿、修改和定稿。全部书稿最后经编委会主任游劝荣审定。

最高人民检察院案件管理办公室各位负责同志、中国检察出版社安斌副总编辑、马力珍主任对丛书编写工作进行了精心指导，收集了专家学者的论著、论文并从全国各级检察机关、公安机关、审判机关等收集了一些工作制度、管理制度、工作经验、典型案例作为参考（以附录之名置于各分册之后），湖南省各市县检察院党组和检察长给予了有力支持，省院和相关市、县检察院进行试用对丛书的完成和效用的检验提供了支撑，这些都为丛书的编写完成提供了良好的条件。在此，特表示诚挚的敬意和由衷的感谢！

由于编写人员政治水平和专业水平所限，又是从事的一项从未做过的工作；也由于编写工作是在编写人员不影响本职工作的情况下进行的，编写时间紧与工作任务重的矛盾突出，虽有各级检察院检察长大力支持，也难免力所不逮；还由于在前期研究和整个编写过程中未能在法律法规、政策制度和书刊、报纸、网络等媒介中收集到同类型系统性信息，难以找到现成参照；特别是编写工作必须对海量的现行法律制度中没有明文规定，而执法实务中又长期存在和普遍应用的岗位执法操作细节进行概括形成制度性文本，并努力使概括出的操作规程具有规范性、完整性，困难更是超乎想象。囿于编写者的能力和编写条件，一孔之见、一隅之得难免狭隘。所以，书中的错漏和不足在所难免，特向读者表示歉意。

真诚欢迎全国检察系统各位同事、政法实务界和法学界的各位专家学者提出批评、意见和建议，以促使这套丛书能够不断改进而完善。对丛书的意见，请发至以下电子信箱：jczxxb@163.com。

《检察执法岗位操作规程指导丛书》编写委员会

2015 年 12 月 18 日

目 录

第一章　侦查监督执法岗位和执法流程概述

第一节　侦查监督概述

一、侦查监督的概念、地位和作用

侦查监督是指人民检察院依法对侦查机关（部门）的侦查活动是否合法进行的监督，主要包括对刑事立案的监督、侦查机关（部门）适用强制措施的监督以及侦查行为是否合法的监督。

侦查监督是检察机关核心业务之一。其中，批准和决定逮捕是检察机关各职能中唯一一项由宪法直接赋予的职能，并成为中国特色社会主义检察制度的一个重要特征。

侦查监督处在检察机关打击犯罪和诉讼监督的前沿。侦查监督既负责打击犯罪，又负责监督公权，以此来保障公民权利，维护社会公平正义。

侦查监督是刑事诉讼第一关的把关人，也是冤假错案第一道防线的坚守人。侦查监督所把的关，一是逮捕关，通过审查逮捕，使犯罪分子依法得到惩处，无罪的人不受刑事追究；二是侦查法治关，通过监督纠正立案和侦查活动中的违法和错误，保障法律在侦查程序中得到正确实施。

二、侦查监督部门的主要职责和业务范围

（一）主要职责

侦查监督部门主要承担着审查逮捕、刑事立案监督和侦查活动监督三大职

责。其中审查逮捕是检察机关诸职能中唯一一项由宪法直接赋予的职能，是中国特色社会主义检察制度的一个重要特征。同时，侦查监督部门还承担着对侦查机关应当立案而不立案、不应当立案而立案、行政执法机关移送涉嫌犯罪案件的监督以及监督侦查权依法正确行使的重要职责。

（二）业务范围

侦查监督部门的业务范围主要有：

1. 审查批准（决定）逮捕犯罪嫌疑人；

2. 复议、复核侦查机关不服不批准逮捕的案件；

3. 办理下级人民检察院报请重新审查的案件；

4. 批准延长侦查羁押期限；

5. 批准侦查部门重新计算侦查羁押期限，对于侦查机关重新计算侦查羁押期限的案件进行备案审查；

6. 监督侦查机关（部门）的办案期限是否合法；

7. 监督侦查机关（部门）的立案活动；

8. 监督侦查机关（部门）的侦查活动；

9. 审查办理报请核准追诉的案件；

10. 法律规定或者检察长交办的其他工作。

第二节　侦查监督执法岗位概述

根据《中华人民共和国刑事诉讼法》（以下简称《刑事诉讼法》）、《人民检察院刑事诉讼规则（试行）》（以下简称《刑事诉讼规则》）等规定，结合侦查监督工作实际，根据执法内容的不同，侦查监督执法岗位主要可分为审查逮捕执法岗位、立案监督执法岗位、侦查活动监督执法岗位、核准追诉执法岗位。

一、审查逮捕执法岗位

审查逮捕是指对于侦查机关（部门）立案侦查的案件以及人民检察院公诉部门、监所部门、申诉部门在办案过程中，认为需要对犯罪嫌疑人实施逮捕时，统一由人民检察院侦查监督部门就案件事实、证据情况以及对犯罪嫌疑人是否应当逮捕进行审查，并报请检察长或检察委员会作出是否逮捕决定的一种诉讼活动。

审查逮捕分为审查批准逮捕和审查决定逮捕。

审查批准逮捕是指人民检察院对于侦查机关提请批准逮捕的案件进行审查，依据事实和法律，作出是否逮捕犯罪嫌疑人决定的一种诉讼活动。审查决定逮捕是指人民检察院侦查监督部门对本院侦查部门（省级及省级以上人民检察院）移送审查逮捕的案件或者下级人民检察院报请逮捕的案件进行审查，依据事实和法律，作出是否逮捕犯罪嫌疑人决定的一种诉讼活动。

（一）审查逮捕执法岗位的职责

1. 办理审查批准逮捕案件；

2. 办理审查决定逮捕案件；

3. 办理侦查机关提请复议复核的案件；

4. 办理下级人民检察院报请重新审查的案件；

5. 办理审查逮捕备案审查案件；

6. 办理被害人不服存疑不捕、构罪不捕决定向人民检察院提出申诉的案件；

7. 办理其他与审查逮捕有关的案件。

（二）审查逮捕执法岗位的工作内容

1. 对重大、疑难、复杂案件，参加侦查机关（部门）的现场勘查、案件讨论、讯问犯罪嫌疑人、询问被害人、证人等侦查活动，通过查阅案卷、参加讨论、发表意见等方式引导取证；

2. 对侦查机关（部门）报送的证据材料进行复核，即通过讯问犯罪嫌疑人，询问证人、被害人、鉴定人等诉讼参与人，听取辩护律师意见，提请文证审查等方式，核实案件事实和证据，排除矛盾和疑点；

3. 在审阅案卷和复核证据的基础上，制作《审查逮捕意见书》，提出是否逮捕犯罪嫌疑人的意见；

4. 审查侦查机关提请复议、复核的理由和依据是否充分，制作《复议（复核）案件审查意见书》，提出维持或者改变原决定的意见；

5. 审查下级人民检察院提请重新审查的理由和依据是否充分，制作《重新审查意见书》，提出维持或者改变原决定的意见；

6. 对下级人民检察院报送备案的案件进行审查，审查其作出的决定是否正确，制作《备案审查表》，提出是否需要纠正的意见；

7. 对与逮捕有关的申诉案件，审查申诉的理由是否充分，下级检察机关作出的决定是否正确，是否需要调卷审查，是否需要提出纠正意见；

8. 审查是否存在立案监督和侦查活动监督情况；

9. 对执法办案风险进行评估，并提出应对预案。

二、刑事立案监督执法岗位

刑事立案监督是指人民检察院对公安机关、国家安全机关、海关缉私部门、监狱监管部门、人民检察院侦查部门等刑事立案主体的立案活动是否合法所进行的法律监督。包括对应当立案而不立案的监督、对不应当立案而立案的监督、对行政执法机关移送涉嫌犯罪案件的监督、对检察机关直接受理立案侦查案件的立案监督。

（一）刑事立案监督执法岗位的职责

1. 监督侦查机关应当立案侦查而不立案侦查案件；

2. 监督侦查机关不应当立案侦查而立案侦查案件；

3. 对行政执法机关移送涉嫌犯罪案件进行监督；

4. 对检察机关直接受理立案侦查案件进行立案监督。

（二）刑事立案监督执法岗位的工作内容

1. 受理线索：受理控告申诉部门移送的被害人、犯罪嫌疑人及其他人民群众的控告申诉，受理人民检察院自行发现的立案监督案件，受理党委、人大、上级检察机关交办及下级检察机关报告的立案监督案件。

2. 审查线索：是否符合刑事诉讼法规定的立案条件；是否属于本院管辖；是否属于应当立案而没有立案或者不应当立案而立案侦查的情形；根据线索审查的情况，填制《监督刑事立案（撤案）案件审批表》，报检察长审批。

3. 立案监督的调查：人民检察院认为有必要的，应当进一步对所受理的刑事立案监督案件线索进行调查核实，如询问办案人员和有关当事人，查阅、复制侦查机关刑事受案、立案、破案等登记表册和立案、不立案、撤销案件、治安处罚等相关法律文书及案卷材料，对与犯罪有关的场所、物品等进行勘验、检验、检查，委托鉴定等。

4. 跟踪监督。具体程序是：

（1）向侦查机关发出《要求说明（不）立案理由通知书》；

（2）侦查机关的不立案或者立案理由不能成立的，发出《通知立案书》或者《通知撤案书》；

（3）侦查机关超过十五日不予立案或者撤案，也不提出复议、复核的，发出《纠正违法通知书》；

（4）侦查机关仍不纠正的，报上级人民检察院协商同级侦查机关处理。

5. 对行政机关查处的违法案件认为构成犯罪的，监督行政机关将案件移送公安机关；对行政机关移送公安机关的案件，监督公安机关立案。

6. 监督本院侦查部门是否对应当立案侦查案件不报请立案侦查或者对不应当立案侦查的案件进行立案侦查。

7. 对下级人民检察办理的立案监督案件进行备案审查，提出是否纠正的意见。

三、侦查活动监督执法岗位

侦查活动监督是指人民检察院对侦查机关（部门）的各类侦查活动是否合法进行的法律监督。

（一）侦查活动监督执法岗位的职责

1. 监督侦查机关（部门）的专门调查活动是否合法和适当；

2. 监督侦查机关（部门）采取的侦查强制措施是否合法和适当；

3. 监督羁押期限和办案期限是否合法；

4. 监督侦查机关（部门）是否对应当逮捕的犯罪嫌疑人未提请逮捕或报请逮捕。

（二）侦查活动监督执法岗位的工作内容

侦查活动监督主要发现和纠正以下违法行为：

1. 采用刑讯逼供以及其他非法方法收集犯罪嫌疑人供述的；

2. 采用暴力、威胁等非法方法收集证人证言、被害人陈述，或者以暴力、威胁等方法阻止证人作证或者指使他人作伪证的；

3. 伪造、隐匿、销毁、调换、私自涂改证据，或者帮助当事人毁灭、伪造证据的；

4. 徇私舞弊，放纵、包庇犯罪分子的；

5. 故意制造冤、假、错案的；

6. 在侦查活动中利用职务之便谋取非法利益的；

7. 非法拘禁他人或者以其他方法非法剥夺他人人身自由的；

8. 非法搜查他人身体、住宅，或者非法侵入他人住宅的；

9. 非法采取技术侦查措施的；

10. 在侦查过程中不应当撤案而撤案的；

11. 对于案件无关的财物采取查封、扣押、冻结措施，或者应当解除查封、扣押、冻结不解除的；

12. 贪污、挪用、私分、调换、违反规定使用查封、扣押、冻结的财物及其孳息的；

13. 应当退还取保候审保证金不退还的；

14. 违反刑事诉讼法关于决定、执行、变更、撤销强制措施规定的；

15. 侦查人员应当回避而不回避的；

16. 应当依法告知犯罪嫌疑人诉讼权利而不告知，影响犯罪嫌疑人行使诉讼权利的；

17. 阻碍当事人、辩护人、诉讼代理人依法行使诉讼权利的；

18. 讯问犯罪嫌疑人依法应当录音或者录像而没有录音或者录像的；

19. 对犯罪嫌疑人拘留、逮捕、指定居所监视居住后依法应当通知家属而未通知的；

20. 在侦查中有其他违反刑事诉讼法有关规定的行为的。

四、核准追诉执法岗位

核准追诉是指人民检察院对有证据证明犯罪嫌疑人实施了法定最高刑为无期徒刑或者死刑，性质、情节和后果特别严重的犯罪的，虽已过二十年追诉期限，但经最高人民检察院核准，仍对实施该犯罪的犯罪嫌疑人追究刑事责任的刑事诉讼制度。

（一）核准追诉执法岗位的职责

1. 办理核准追诉案件；
2. 监督侦查机关（部门）的侦查工作。

（二）地方检察机关核准追诉执法主办岗位的工作内容

1. 对侦查机关（部门）报请核准追诉的案件，及时进行审查并开展必要的调查，在受理案件后十日内制作报请提请核准追诉案件报告书，连同案件材料一并层报至最高人民检察院；

2. 对已经批准逮捕的案件，侦查羁押期限届满不能作出是否核准追诉决定的，对犯罪嫌疑人变更强制措施或者延长侦查羁押期限；

3. 对最高人民检察院决定核准追诉的案件，最初受理案件的人民检察院应当监督侦查机关（部门）及时开展侦查取证；

4. 对最高人民检察院决定不予核准追诉的案件，监督侦查机关（部门）及时撤销案件；犯罪嫌疑人在押的，监督侦查机关（部门）立即释放犯罪嫌疑人。

第三节　侦查监督主要执法流程

根据执法具体内容的不同，侦查监督的主要执法流程可分为审查逮捕执法流程、立案监督执法流程、侦查活动监督执法流程、核准追诉执法流程。

一、审查逮捕基本流程

（一）办理审查逮捕案件基本流程

1. 案件管理部门收到侦查机关（部门）提请批准逮捕书（报请逮捕书）及相关证据材料后，审查相关法律文书、案卷材料、证据是否齐全，是否符合管辖规定，符合受案条件的，应当及时在统一业务应用系统进行登记，并立即将案件材料和案件受理登记表移送侦查监督部门办理。

2. 侦查监督部门内勤根据部门负责人的指定，通过检察机关统一业务应用系统将案件分配给承办人办理；提请批准逮捕书（逮捕犯罪嫌疑人意见书或报请逮捕书）、案卷材料和证据不齐全的，侦查监督部门内勤应当及时向部门负责人报告后，要求移送单位补充移送；不符合管辖规定的案件，内勤应当提出建议侦查机关（部门）向有管辖权的机关移送的意见，报部门负责人批准后，制作书面建议连同案卷材料交由案件管理部门退回侦查机关（部门）。

3. 承办人审阅案卷材料、复核相关证据后，制作《审查逮捕意见书》，提出是否批准（决定）逮捕的意见，并对案件风险进行评估预警，报部门负责人审核。

4. 部门负责人审核后，认为不需要集体研究讨论的，报分管副检察长决定；认为需要集体研究讨论的，组织集体研究，形成集体研究意见，并报分管副检察长决定；必要时，经分管副检察长决定报检察长决定或者提交检察委员会讨论决定。

5. 对批准（决定）逮捕的案件，承办人制作《批准逮捕决定书》（《逮捕决定书》），经分管副检察长签发，连同案卷材料送达侦查机关（部门）；需要对继续取证提出意见的，可以制作《逮捕案件继续侦查取证意见书》，经部门负责人审核后，报（分管）检察长审批后，送达侦查机关（部门）。

6. 对不批准逮捕或者决定不予逮捕的案件，承办人制作《不批准逮捕决定书》（《不予逮捕决定书》）、《不批准逮捕理由说明书》（《不予逮捕理由说明书》），经分管副检察长签发，连同案卷材料送达侦查机关（部门）；对因事实不清、证据不足不捕的，承办人应当制作《不批准逮捕案件补充侦查提纲》（《不予逮捕案件补充侦查提纲》），经部门负责人审核，报（分管）检察长审批后送达侦查机关（部门）。

审查逮捕基本流程图

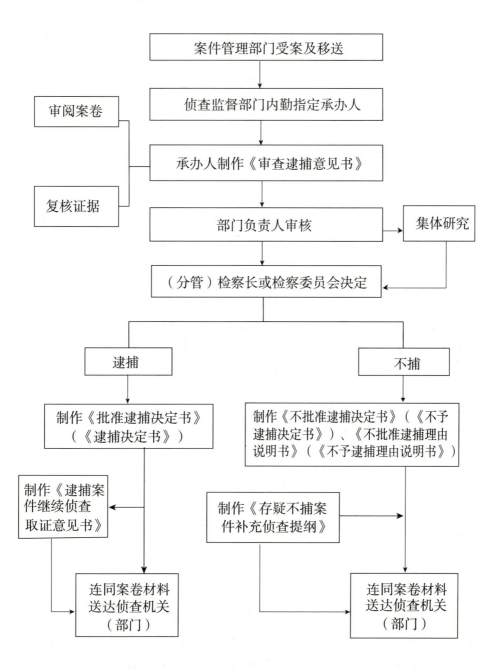

（二）办理审查逮捕复议、复核案件基本流程

1. 受案。侦查监督部门收到同级侦查机关要求复议的不批准逮捕案件后，由内勤收案，并报部门负责人另行指派承办人审查。

2. 审查。承办人应当对提请复议的理由和案卷材料进行审查，并制作《复议案件审查意见书》，提出是否变更原不批准逮捕的意见，报部门负责人审核。

3. 复议决定。部门负责人审核后，认为不需要集体研究讨论的，报分管副检察长决定；认为需要集体研究讨论的，组织集体研究，形成集体研究意见，一并报分管副检察长决定；必要时，经分管副检察长决定报检察长决定或者提交检察委员会讨论决定。

4. 复议期限。对要求复议的不批准逮捕案件进行复议并纠正决定的期限为七日，自收到提请复议书和案件材料之后次日起计算。

5. 作出复议决定后的执行。对决定维持原不批准逮捕决定的案件，承办人应当填写《复议决定书》，经分管副检察长签发后，送达要求复议的侦查机关执行；决定撤销原不批准逮捕决定的，承办人应当填写《撤销不批准逮捕决定书》、《批准逮捕决定书》，经分管副检察长签发后，连同案卷材料送达要求复议的侦查机关执行。

6. 提请复核的期限及复核主体。侦查机关对同级人民检察院《复议决定书》维持原不批准逮捕决定不服的，应当在收到《复议决定书》后五日内向上级人民检察院提请复核；上级人民检察院侦查监督部门收到提请复核案件后，由内勤审查登记，并报部门负责人指定承办人审查。

7. 复核审查。承办人应当对提请复核的理由和案卷材料进行审查，并制作《复核案件审查意见书》，提出审查意见，报部门负责人审核。

8. 决定。部门负责人审核后，认为不需要集体研究讨论的，报分管副检察长决定；认为需要集体研究讨论的，组织集体研究，形成集体研究意见，一并报分管副检察长决定；必要时，经分管副检察长决定报检察长决定或者提交检察委员会讨论决定。

9. 复核期限。对提请复核案件的审查决定期限为十五日，自收到提请复核意见书和案件材料后次日起计算。

10. 对决定维持下级人民检察院复议决定的案件，承办人填写《复核决定书》，经分管副检察长签发后，送达下级侦查机关执行；决定改变原复议决定的，承办人填写《撤销不批准逮捕决定通知书》、《批准逮捕决定书》，经分管副检察长签发后，连同案卷材料送达下级侦查机关执行。

复议复核案件具体流程图

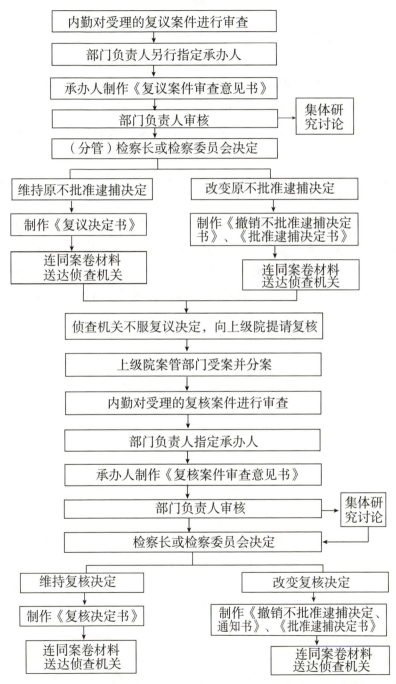

（三）办理报请重新审查案件基本流程

1. 侦查监督部门收到下级人民检察院对不予逮捕决定不服报请重新审查的案件后，由内勤审查、登记，并报部门负责人另行指派承办人审查。

2. 承办人应当在收到《报请重新审查逮捕意见书》和案卷材料后的七日以内制作《重新审查逮捕意见书》，提出是否变更的意见，报部门负责人审核。

3. 部门负责人审核后，认为不需要集体研究讨论的，报分管副检察长决定；认为需要集体研究讨论的，组织集体研究，形成集体研究意见，一并报分管副检察长决定；必要时，经分管副检察长决定报检察长决定或者提交检察委员会讨论决定。

4. 对决定维持原不予逮捕决定的案件，承办人填写《维持不予逮捕决定通知书》，经分管副检察长签发后，连同案卷材料送达下级人民检察院。

5. 对决定撤销原不予逮捕决定的案件，承办人填写《撤销不予逮捕决定书》、《逮捕决定书》，经分管副检察长签发后，连同案卷材料送达下级人民检察院，由下级人民检察院通知同级公安机关执行。

办理报请重新审查案件基本流程图

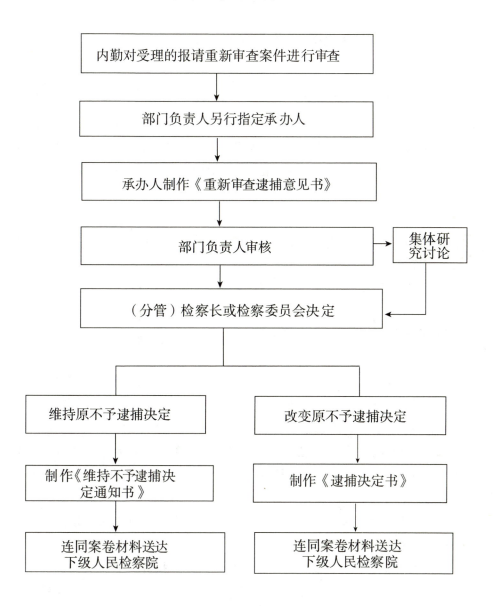

二、刑事立案监督基本流程

(一) 监督侦查机关应当立案侦查而不立案侦查基本流程

1. 受理和移送

被害人及其法定代理人、近亲属或者行政执法机关，认为侦查机关对其控告或者移送的案件应当立案侦查而不立案侦查，向人民检察院提出的，由控告申诉检察部门受理后，移送侦查监督部门办理；人民检察院其他部门发现侦查机关可能存在应当立案侦查而不立案侦查情形的，应当依法移送侦查监督部门审查。

2. 审查主体

侦查监督部门收到控告申诉检察部门或者其他部门移送的案件材料后，部门负责人应当及时指定承办人审查。

3. 审查期限

承办人应当在十五个工作日内审查完毕。

4. 审查后的处理

根据不同情况分别处理：

(1) 对没有犯罪事实发生，或者犯罪情节显著轻微不需要追究刑事责任，或者具有其他依法不需要追究刑事责任情形的，向部门负责人、分管副检察长报告后，及时答复投诉人或者行政执法机关；

(2) 对不属于被投诉的侦查机关管辖的，向部门负责人、分管副检察长报告后，将有管辖权的机关告知投诉人或者行政执法机关，并建议向该机关控告或者移送；

(3) 对侦查机关尚未作出不予立案决定的，向部门负责人、分管副检察长报告后，移送侦查机关处理；

(4) 对有犯罪事实需要追究刑事责任，属于被投诉的侦查机关管辖，承办人应当提出立案监督的意见，报部门负责人审核、分管副检察长决定是否启动立案监督程序。

5. 对决定启动立案监督程序后的操作流程

(1) 承办人填写《要求说明不立案理由通知书》，经分管副检察长签发后，送达侦查机关，要求侦查机关在七日内书面说明不立案的情况、依据和理由，并附有关证据材料。同时，将相关文书抄送案件管理部门登记备案。

（2）侦查机关主动立案后送达立案决定书复印件的，侦查监督部门应当及时通知控告申诉检察部门告知被害人及其法定代理人、近亲属或者行政执法机关。

（3）侦查机关书面说明不立案理由的，承办人应当进行审查，并制作《立案监督案件审查意见书》，提出审查意见，报部门负责人审核、分管副检察长决定：

①认为侦查机关不立案理由成立的，填写《不立案理由审查意见通知书》，经分管副检察长签发后，送达控告申诉检察部门，由其在十日以内将不立案或者立案的理由和根据告知被害人及其法定代理人、近亲属或者行政执法机关；同时，将审查意见书面送达侦查机关；

②认为不立案理由不成立的，承办人填写《通知立案书》，说明依据和理由，经分管副检察长签发，连同有关证据材料送达侦查机关，要求侦查机关在十五日内立案，并将立案决定书复印件及时送达人民检察院。

（4）通知立案后，承办人应当对执行情况进行监督。侦查机关在收到《通知立案书》后，超过十五日不予立案的，按照纠正违法工作流程予以纠正。

（5）侦查机关在立案后三个月内未侦查终结的，承办人可以制作《立案监督案件催办函》，报部门负责人审核、分管副检察长审批后，送达侦查机关，要求及时反馈侦查工作进展情况。

6. 侦查机关对国家机关工作人员利用职权实施的其他重大犯罪案件不予立案的，承办人提出是否直接立案侦查意见，经部门负责人审核，分管副检察长审批，报请检察长提交检察委员会讨论决定是否提请省级院批准直接立案侦查。

7. 上级人民检察院侦查监督部门在审查逮捕中发现下级人民检察院对应当立案侦查的案件不报请立案侦查的，可以将相关立案监督案件线索交下级人民检察侦查监督部门办理。下级人民检察院应当及时将办理情况向上级人民检察院汇报。

监督侦查机关应当立案侦查而不立案侦查基本流程图

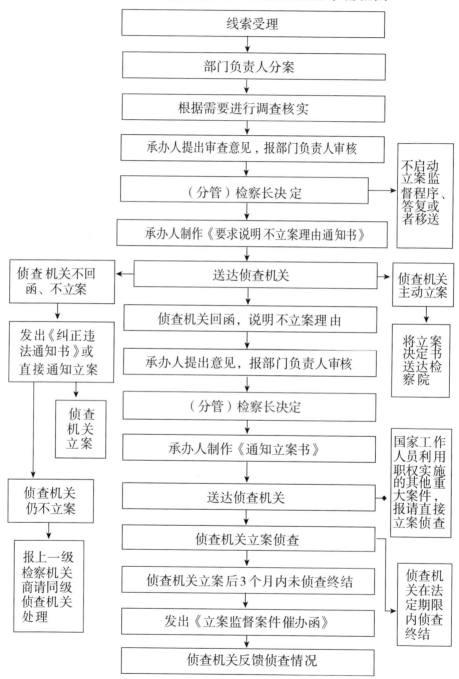

（二）监督侦查机关不应当立案侦查而立案侦查的基本流程

1. 受理和移送

当事人认为侦查机关不应当立案而立案，向人民检察院提出的，由控告申诉检察部门受理后移送侦查监督部门审查。

2. 审查主体

侦查监督部门收到案件材料后，部门负责人应当指定承办人审查。

3. 审查后的处理

承办人审查后，根据不同情况提出处理意见，报部门负责人审核、分管副检察长决定：

（1）侦查机关立案符合法律规定的，移送侦查机关处理；

（2）有证据证明侦查机关可能存在违法动用刑事手段插手民事、经济纠纷，或者利用立案实施报复陷害、敲诈勒索以及谋取其他非法利益等违法立案情形，尚未提请批准逮捕或者移送审查起诉的，要求侦查机关说明不立案理由。

4. 对决定启动立案监督程序后的操作流程

（1）承办人填写《要求说明立案理由通知书》，经分管副检察长签发后，送达侦查机关，要求侦查机关在七日内书面说明立案的情况、依据和理由，并附有关证据材料。同时，将相关文书抄送案件管理部门登记备案。

（2）侦查机关主动撤销案件后，应当将《撤销案件决定书》复印件送达人民检察院，侦查监督部门应当及时通知控告申诉检察部门告知当事人。

（3）侦查机关书面说明立案理由的，承办人应当进行审查，提出审查意见，报部门负责人审核、分管副检察长决定，必要时，经分管副检察长决定报检察长决定或者提交检察委员会讨论决定：

①认为侦查机关立案理由成立的，发出《立案理由审查意见通知书》，经分管副检察长签发后，送达控告申诉检察部门，由其在十日以内将不立案或者立案的理由和根据告知被害人及其法定代理人、近亲属或者行政执法机关；同时，将审查意见书面送达侦查机关；

②认为立案理由不成立的，发出《通知撤销案件书》，说明依据和理由，经分管副检察长签发后，连同有关证据材料送达侦查机关，要求侦查机关立即撤销案件，并将撤销案件决定书复印件及时送达人民检察院。

（4）侦查机关在七日内未说明立案理由的，按照纠正违法工作流程予以纠正，或者直接向侦查机关发出《通知撤销案件书》，要求侦查机关立即撤销案件，并将撤销案件决定书复印件送达人民检察。

（5）通知撤销案件后，承办人应当对执行情况进行监督。侦查机关在收到通知立案书或者通知撤销案件书后超过十五日既不提出复议、复核也不撤销案件的，报上级人民检察院协商同级侦查机关处理。

5. 上级人民检察院侦查监督部门在审查逮捕中发现下级人民检察院对不应当立案侦查的案件立案侦查的，可以将相关立案监督案件线索交下级人民检察侦查监督部门办理。下级人民检察院应当及时将办理情况向上级人民检察院汇报。

监督侦查机关不应当立案侦查而立案侦查的基本流程图

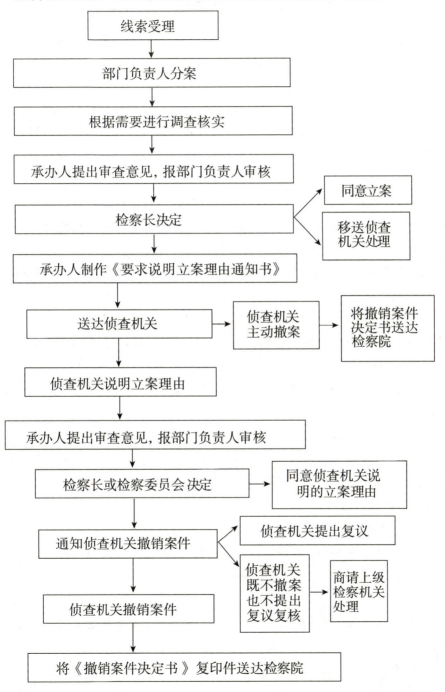

（三）办理通知撤案复议复核案件基本流程

1. 受理和移送。侦查机关认为撤销案件通知有错误要求复议的，由案件管理部门受理后移送侦查监督部门办理。

2. 审查主体。侦查监督部门负责人应当另行指定承办人审查。

3. 审查后的处理。承办人在对要求复议意见书和案卷材料审查后，应当制作《复议案件审查意见书》，提出是否变更的意见，连同案卷材料报部门负责人审核、分管副检察长决定，必要时，报检察长决定或者提交检察委员会讨论决定。

4. 文书制作和送达。承办人根据分管副检察长、检察长或者检察委员会的决定，填写《复议决定书》，经分管副检察长签发后，送达提请复议的侦查机关。

5. 复议期限。对复议的审查期限为七日，自收到要求复议意见书和案卷材料后的次日起算。

6. 复核受理和移送。侦查机关不接受维持监督撤销案件复议决定的，可以提请上级人民检察院复核。上级人民检察院案件管理部门受理后移送本院侦查监督部门办理。

7. 复核审查主体。上级人民检察院侦查监督部门负责人应当指定承办人审查。

8. 复核审查后的处理。承办人应当在对提请复核意见书和案卷材料审查后，制作《复核案件审查意见书》，提出是否变更的意见，连同案卷材料报部门负责人审核、分管副检察长决定，必要时，报检察长决定或者提交检察委员会讨论决定。

9. 文书制作和移送。经复核维持原决定的，承办人填写《复核决定书》，经分管副检察长签发后，送达提请复核的侦查机关；经复核改变原决定的，承办人填写《复核决定书》，经分管副检察长签发后，送达下级人民检察院和公安机关执行。

10. 复核期限。复核期限为十五日，自收到提请复核意见书和案卷材料后的次日起算。

11. 公安机关撤销案件后，应当将《撤销案件决定书》复印件送达检察院。

办理通知撤离复议复核案件基本流程图

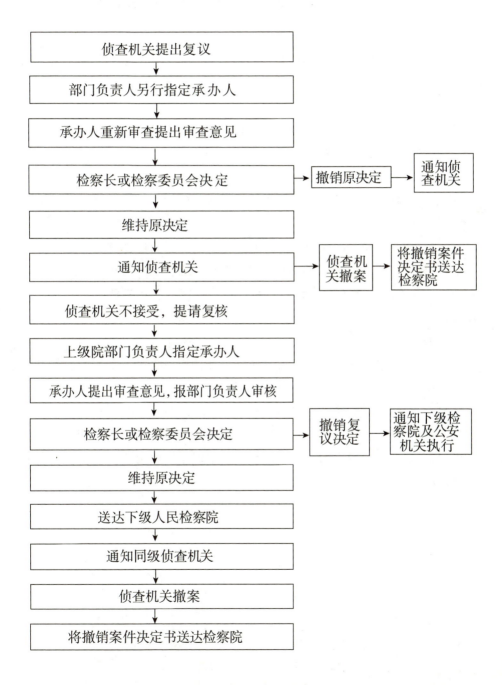

（四）监督行政执法机关移送涉嫌犯罪案件基本流程

1. 线索移送

人民检察院控告申诉检察部门或者其他办案部门接到控告、举报或者发现行政执法机关不移送涉嫌犯罪案件线索的，应当移送侦查监督部门办理。

2. 审查主体

侦查监督部门收到控告申诉检察部门或者其他办案部门移送的材料后，部门负责人应当指定承办人进行审查。

3. 审查后的处理

承办人审查后，应当提出审查意见，报部门负责人审核，分管副检察长审批：

（1）不构成犯罪，不符合立案条件的，书面回复控告人、举报人；

（2）构成犯罪，应当移送公安机关立案侦查的，应当制作《移送案件通知书》，经分管副检察长签发后，送达行政机关，要求其三日内向公安机关移送。

4. 跟踪监督

（1）行政执法机关向公安机关移送案件并抄送检察机关备案的，监督公安机关办理情况；

（2）经通知，行政执法机关仍不移送的，应当书面通知公安机关向行政执法机关查询案件，必要时建议由公安机关直接立案侦查。

5. 发现违法违纪线索的，移送纪检监察部门；涉嫌犯罪的，移送控告申诉检察部门。

监督行政执法机关移送涉嫌犯罪案件基本流程图

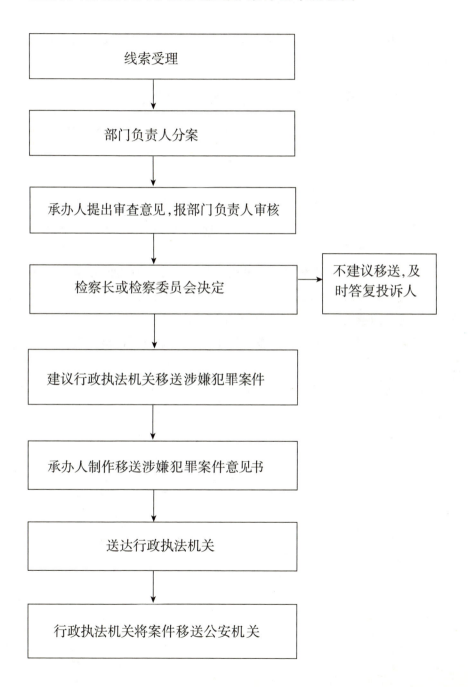

三、侦查活动监督基本流程

侦查活动监督包括延长、重计侦查羁押期限审查、侦查违法行为调查、羁押必要性审查、纠正漏捕。

（一）办理延长侦查羁押期限案件基本流程

1. 受理和移送。案件管理部门受理案件后，移送侦查监督部门办理。

2. 审查主体。侦查监督部门内勤通过检察机关统一业务应用系统将案件分配给承办人办理。

3. 审查后的处理。承办人审查完毕后，应当填写《延长犯罪嫌疑人羁押期限审批表》，提出是否同意延长侦查羁押期限的意见，经部门负责人审核后，报分管副检察长决定。

4. 决定或层报。受理案件的人民检察院有权作出决定的，作出（不）批准延长的决定；需层报上级人民检察院决定的，受理案件的人民检察院提出延长或者不延长的意见，报上级人民检察院决定。

5. 上级人民检察院决定。上级人民检察院经审查，作出是否批准延长的决定。

6. 撤回报延。在审查过程中，报请延长的侦查机关或者下级人民检察院可以将案件撤回。

办理延长侦查羁押期限案件基本流程图

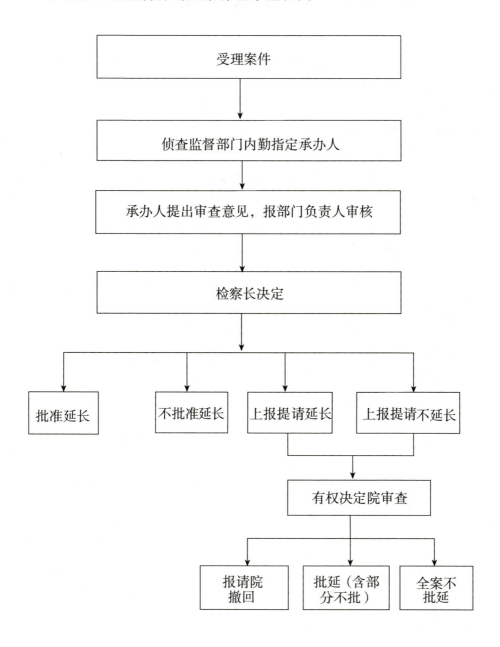

（二）办理重新计算侦查羁押期限案件基本流程

1. 办理重新计算侦查羁押期限案件基本流程

（1）案件管理部门将受理的本院侦查部门移送审查的决定重新计算羁押期限的案件移送给侦查监督部门；

（2）承办人审查后，制作《重新计算侦查羁押期限意见书》，提出审查意见，报部门负责人审核、分管副检察长决定；

（3）同意重新计算侦查羁押期限的，制作《重新计算侦查羁押期限决定、通知书》；不同意重新计算侦查羁押期限的，制作《不予重新计算侦查羁押期限决定书》。

办理重新计算侦查羁押期限案件基本流程图

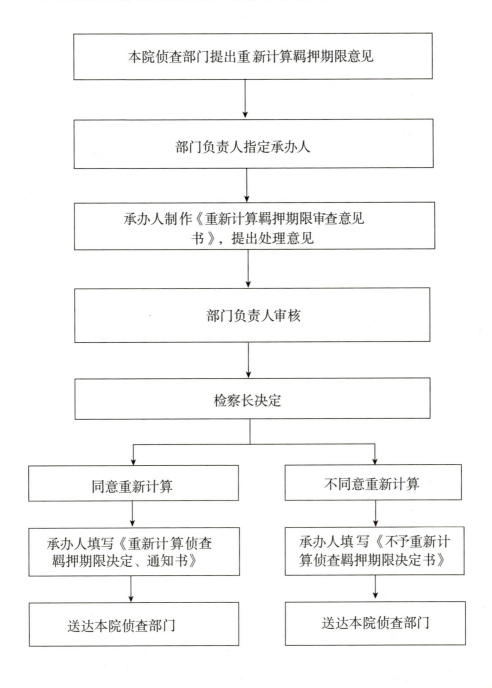

本院侦查部门提出重新计算羁押期限意见

部门负责人指定承办人

承办人制作《重新计算羁押期限审查意见书》，提出处理意见

部门负责人审核

检察长决定

同意重新计算

不同意重新计算

承办人填写《重新计算侦查羁押期限决定、通知书》

承办人填写《不予重新计算侦查羁押期限决定书》

送达本院侦查部门

送达本院侦查部门

2. 重新计算侦查羁押期限备案审查基本流程

（1）侦查监督部门收到侦查机关报送的重新计算羁押期限案件的备案材料后，由内勤审查、登记，并报部门负责人指定承办人办理。发现材料不齐的，内勤应当通知侦查机关在一日内补送；

（2）承办人审查，可以讯问犯罪嫌疑人，听取律师意见，调取案卷及相关材料；

（3）承办人审查后，制作《备案案件审查表》，提出审查意见；

（4）认为重新计算侦查羁押期限适当的，经部门负责人审核，通知侦查机关；

（5）认为侦查机关重新计算侦查羁押期限不当的，承办人提出纠正意见，经部门负责人审核、分管副检察长决定后，书面通知侦查机关纠正。

重新计算侦查羁押期限备案审查基本流程图

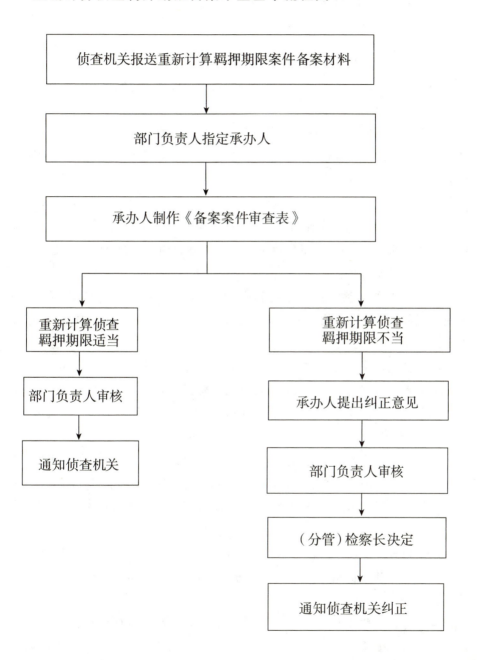

（三）侦查违法行为调查核实基本流程

1. 审查主体

侦查监督部门收到控告申诉检察部门移送的对侦查机关刑讯逼供、非法取证等违法行为的控告、举报材料后，部门负责人应当指定原承办人审查。

2. 调查核实

承办人对控告、举报材料或者案卷材料进行审查，认为侦查机关可能存在非法取证行为需要调查核实的，应当提出建议，报部门负责人同意，分管副检察长审批后进行调查核实，同时通知侦查机关。

3. 调查后的处理

（1）需要侦查机关对证据收集的合法性作出说明的，制作《提供证据收集合法性说明通知书》，经部门负责人审批，分管副检察长审批，送达侦查机关，要求及时书面回复。

（2）承办人调查完毕后，应当制作调查报告，根据查明的情况提出处理意见，报部门负责人审核，报分管副检察长审批，重大、疑难、复杂案件报检察长或者检察委员会讨论决定：

①存在《中华人民共和国刑事诉讼法》第五十四条规定的非法取证行为，构成犯罪需要追究刑事责任的，依法移送本院反渎部门立案侦查。同时对该证据依法予以排除，其他证据不能证明犯罪嫌疑人实施犯罪行为的，建议不批准（决定）逮捕。

②确有以非法方法收集证据情形，尚未构成犯罪，向侦查机关提出纠正违法意见。侦查机关已按要求补正或者作出合理解释的，该证据不予排除；侦查机关不能补正或者作出合理解释的，该证据不能作为批准（决定）逮捕的依据。

③在审查逮捕期限内，对是否存在非法取证行为难以认定的，对该证据不予排除，结合其他证据，决定是否批准（决定）逮捕，同时将调查报告抄送本院公诉部门。

④不存在以非法方法收集证据情形的，将调查情况书面回复控告申诉检察部门。同时，依法作出是否批准（决定）逮捕的决定。

侦查违法行为调查核实基本流程图

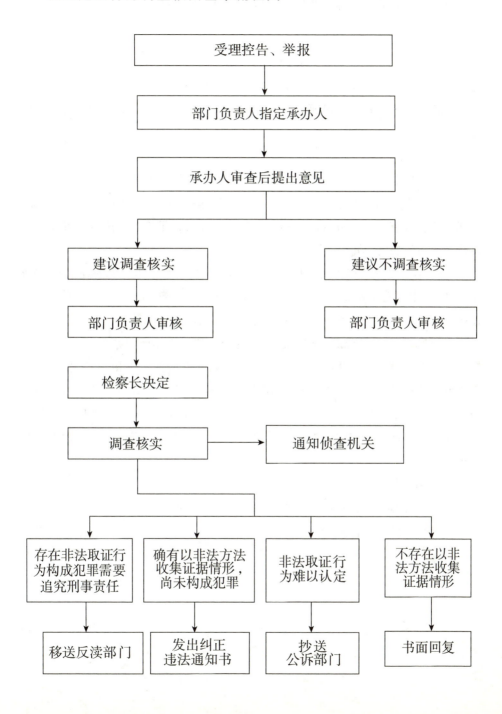

（四）侦查阶段羁押必要性审查基本流程

1. 受理和移送

侦查阶段，犯罪嫌疑人及其近亲属、辩护人提出羁押必要性审查申请或意见的，由控告申诉检察部门受理后，移送侦查监督部门办理。侦查监督部门对附条件逮捕案件、提请批准延长羁押期限案件等特殊案件，应当主动进行羁押必要性审查。

2. 审查和处理

承办人应当对是否需要继续羁押犯罪嫌疑人进行审查，并制作《羁押必要性审查报告》，提出是否建议侦查机关对犯罪嫌疑人变更强制措施的意见，报部门负责人审核，经分管副检察长决定。必要时，报检察长决定或者提交检察委员会讨论决定。

（1）不需要继续羁押犯罪嫌疑人的，承办人应当制作《羁押必要性审查建议书》，报分管副检察长签发后，送达侦查机关（部门），建议变更强制措施或者释放，并要求侦查机关于十日内将处理情况通知本院。

（2）原逮捕决定错误，按照撤销（批准）逮捕工作流程办理。

（3）犯罪嫌疑人及其法定代理人、近亲属或者辩护人的申请理由不成立，需要继续羁押犯罪嫌疑人的，根据不同情况分别处理：侦查羁押期限尚未届满的，承办人于十日内将审查意见书面告知控告申诉检察部门，由其回复申请人；侦查羁押期限将要届满的，在期限届满前七日通知侦查机关提请批准延长侦查羁押期限。

3. 审查期限

侦查监督部门应当在收到羁押必要性审查申请或意见后，在七日内审查完毕并作出相应的处理决定。

侦查阶段羁押必要性审查基本流程图

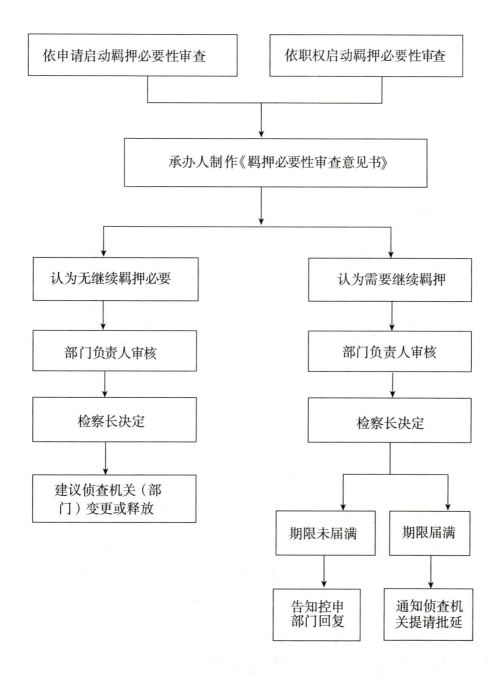

四、办理核准追诉案件基本流程

（一）审查主体

侦查监督部门收到侦查机关（部门）报请核准追诉的案件后，部门负责人应当指定承办人审查。

（二）审查

承办人应当在十日内审查完毕，应当制作《核准追诉案件审查意见书》，提出审查意见。

（三）决定

部门负责人审核后，应当组织部门集体研究讨论，制作《讨论案件记录》，提出处理意见，经分管副检察长审批后，报检察长提请检察委员会讨论决定。

1. 经检察委员会研究同意核准追诉的，承办人应当将《报请核准追诉案件报告书》及相关案卷材料报上级人民检察院层报最高人民检察院。

2. 经检察委员会研究不同意核准追诉的，应当将审查意见写入《报请核准追诉案件报告书》中，连同相关案卷材料报上级人民检察院层报至最高人民检察院决定。

（四）审查期限

侦查监督部门应当在收到《报请核准追诉案件报告书》及相关案卷材料后，于十日内审查完毕并作出相应的处理决定。

（五）收到最高人民检察院有关决定后的处理

收到最高人民检察院《核准追诉决定书》或者《不予核准追诉决定书》后，逐级送达至最初受理核准追诉的检察院，由该检察院送达报请的侦查机关（部门）执行。侦查监督部门应当监督侦查机关（部门）的侦查工作：核准追诉后侦查机关（部门）移送审查起诉的，转入审查起诉工作流程；不予核准追诉的，承办人应当监督侦查机关立即释放在押的犯罪嫌疑人并及时撤销案件，要求侦查机关（部门）在三日内将撤销案件决定书送达人民检察院，侦查机关（部门）未及时撤案的，按照监督撤案工作流程办理。

办理核准追诉案件基本流程图

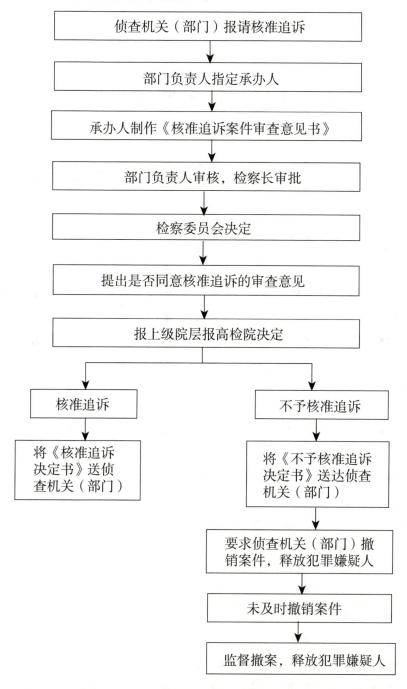

第二章　审查逮捕通用操作规程

第一节　介入侦查及收案分案类操作规程

一、介入侦查操作规程

【定义】介入侦查是指侦查监督部门在侦查机关（部门）将案件移送审查逮捕之前，适时介入侦查机关（部门）的侦查取证活动，对侦查方向的确定和取证范围、程序进行引导，对证据的收集、提取和固定等提出建议，研究法律适用问题并对侦查活动的合法性进行监督，在侦查与审查逮捕之间实现有效衔接的诉讼活动。

▶ **1. 介入侦查的主体**

▶ 1.1 主要由侦查监督部门负责。必要时，公诉部门也可以派员介入。

▶ 1.2 由侦查监督部门负责人指定至少两名侦查监督干警负责介入侦查事宜，其中一人（具有检察官资格）为介入侦查阶段的负责人。

▶ 1.3 对于重大疑难复杂案件，经检察长决定，侦查监督部门和公诉部门可以共同派员参与介入侦查。

▶ **2. 介入侦查案件的范围**

▶ 2.1 介入侦查的案件应当依法确定。

▶ 2.2 下列案件，侦查监督部门可以派员介入侦查：

（1）可能判处十年有期徒刑以上刑罚的贪污贿赂案件或者可能判处三年有期徒刑以上刑罚的渎职侵权案件；

（2）上级人民检察院等单位督办、批办和交办的案件；

（3）在当地有重大社会影响的案件；

（4）案情重大、疑难、复杂，在事实认定、证据采信以及法律适用等方面存在重大分歧的案件；

（5）侦查机关（部门）要求检察机关介入侦查的案件；

（6）其他需要介入侦查的案件。

▶ 3. 介入侦查的程序启动

▶ 3.1 侦查监督部门主动介入。

▶▶ 3.1.1 侦查监督部门可以通过以下信息来源发现需要介入侦查的案件：一是侦查机关与检察机关建立的信息共享机制。侦查监督部门通过该机制在第一时间了解侦查机关（部门）在受理案件、立案、破案的情况，从而确定需要介入侦查的案件。二是通过其他方式了解案件信息，如案件当事人反映、媒体披露、上级检察机关指示、相关领导关注、社会反映强烈，等等。

▶▶ 3.1.2 侦查监督部门发现需要主动介入侦查的案件，由侦查监督部门负责人制作《介入侦查通知书》，报分管副检察长批准后，以书面形式通知侦查机关（部门），要求侦查机关（部门）给予配合。

▶▶ 3.2 侦查机关（部门）要求侦查监督部门介入。

▶▶ 3.2.1 侦查机关（部门）主动要求侦查监督部门介入侦查的案件，应当书面邀请同级检察院侦查监督部门派员介入侦查，侦查机关（部门）在文书中应列明案件的基本情况以及要求侦查监督部门介入侦查的具体原因。

▶▶ 3.2.2 侦查监督部门在收到侦查机关（部门）的相关材料后，应审查案件信息，侦查监督部门负责人认为可以派员介入侦查的，由侦查监督部门负责人制作《介入侦查通知书》，报分管副检察长批准后，书面回复侦查机关（部门），并要求侦查机关（部门）给予配合。侦查监督部门负责人认为没有介入侦查必要的，应当制作《不予介入侦查通知书》，报分管副检察长批准后，书面回复侦查机关（部门），并说明原因。

▶ 4. 介入侦查的活动方式

▶ 4.1 介入侦查的活动方式应当合法。

▶ 4.2 介入侦查阶段的侦查监督人员可以开展以下活动：

（1）听取侦查部门关于案件事实和证据情况的介绍，参加侦查部门的案件讨论；

（2）查阅法律文书和证据材料；

（3）调看讯问犯罪嫌疑人、询问证人同步录音录像；

（4）旁听讯问、询问或者介入现场勘验等侦查活动；

（5）在侦查机关（部门）主动邀请下，列席侦查机关（部门）对重大刑事案件的讨论；

（6）在侦查机关（部门）主动邀请的情况下，对案件的性质和法律适用提出个人意见；

（7）就案件的管辖、事实认定以及证据收集、固定与完善等问题提出意见和建议。

▶ 5. 介入侦查中检察机关法律监督的手段及程序

▶ 5.1 监督手段。

（1）纠正违法。发现侦查机关（部门）的侦查活动有严重违法情形，发出《纠正违法通知书》，侦查机关（部门）应当将调查、处理情况及时报送检察机关侦查监督部门。

（2）立案监督。发现侦查机关有应该立案而未立案，或者不应立案而立案的情形，发出《说明不立案理由通知书》或者《说明立案理由通知书》。认为侦查机关理由不成立的，发出《通知立案书》或《通知撤销案件书》，通知侦查机关立案或撤案。发现侦查部门应当立案而没有立案的，或者不应当立案而立案的，承办人应当提出建议侦查部门报请立案侦查或撤销案件的意见，报部门负责人审核，经分管副检察长审批后，向侦查部门发出《报请立案侦查建议书》（对自侦案件立案监督使用）或《撤销案件建议书》，加盖部门印章，送达侦查部门。如果建议不被采纳，则应报请检察长决定是否立案侦查或撤销案件。

（3）追究刑事责任。发现侦查人员有贪污贿赂、渎职侵权等属于检察机关立案侦查的犯罪行为，移送本院自侦部门或有管辖权的其他检察机关立案侦查。

（4）检察建议。发现轻微违法行为或者不符合程序行为，但没有造成严重后果，侦查机关（部门）主动纠正不当行为，可以用《检察建议书》的形式要求侦查机关（部门）在今后的工作中改进工作。发现侦查人员怠于行使职权，对案件当事人可能造成不利后果，但并没有职务犯罪行为，可以用《检察建议书》的形式建议侦查机关更换办案人。发现其他应予监督的情况，但不适合采取上述三种措施的，也可以考虑采用检察建议的形式，监督侦查权正确行使。

▶ 5.2 监督程序。

由介入侦查的两名干警书面提出对介入侦查案件使用监督手段的意见，经部门负责人审核后，报检察长或分管副检察长审批，制作《纠正违法通知书》、《说明不立案理由通知书》等法律文书，向侦查机关（部门）发送。

▶ **6. 介入侦查程序的终结**

▶▶ 6.1 侦查机关（部门）提请批准逮捕（报请逮捕），介入侦查程序自然终结。在介入侦查时的案件承办人一般应作为该案审查逮捕的承办人。

▶▶ 6.2 侦查机关（部门）主动撤销案件，介入侦查程序终结。侦查过程中由于种种原因，如轻微刑事案件当事人和解要求撤案、侦查机关发现不应立案而立案、侦查过程中犯罪嫌疑人正常死亡等，案件侦查终结。如果侦查监督部门未发现存在违法问题，介入侦查程序终结。

▶▶ 6.3 案件被移送，介入侦查程序终结。由于不具有管辖权、上级侦查机关主动管辖、指定管辖、发现漏罪移送案件等原因，案件被移送到其他侦查机关继续侦查，介入侦查程序终结。但如果在介入侦查中发现违法问题则不能终结，应对违法问题作出处理。

▶▶ 6.4 案件介入侦查程序终结后，检察机关介入侦查的负责人应当将案件的基本情况、提出的证据补充完善建议和有关分歧意见等重要情况书面向部门负责人和检察长报告。提前介入过程中形成的所有材料，在案件报捕、起诉的情况下，进入报捕、起诉案卷的副卷；在其他情况下，独立装订成副卷备案。

▶ **7.《介入侦查情况登记表》的制作**

▶▶ 7.1 参与介入侦查的检察人员，在介入侦查结束后，均应制作一份《介入侦查情况登记表》，并装入检察内卷。

▶▶ 7.2《介入侦查情况登记表》格式及制作要求。

《介入侦查情况登记表》应当包括以下内容：侦查单位、案件名称、发案地点、介入时间、介入人员、介入方式、批准人、案件主要情况、介入工作情况、侦查机关（部门）采纳、建议情况等内容。

▶▶ 7.3 填制《介入侦查情况登记表》的注意事项。

（1）案件名称应当注明犯罪嫌疑人姓名及案由，侦查机关（部门）以事立案的应当写明被害人及案由；

（2）介入方式，包括侦查机关（部门）邀请介入、检察机关主动介入等方式；

（3）工作情况，应写明介入人员介入侦查、参加讨论期间所做的主要工作，包括对侦查机关（部门）侦查工作提出建议、对侦查活动违法行为进行监督、保障诉讼当事人合法权益等各方面工作情况。

▶ **8. 操作禁忌**

▶ 8.1 禁止违反侦查纪律，私自将了解到的侦查计划、案件情况向外界及内部无关人员透露。

▶ 8.2 禁止超越法律授权开展介入侦查工作。

二、接收案件操作规程

【定义】接收案件是指侦查监督部门在收到案件管理部门要求收案的通知后，指派专人对案件管理部门所移送的案卷材料进行核对，并在确认无误的情况下，对案卷材料予以接收的诉讼活动。

▶ **1. 接收案件的主体**

接收案件一般由侦查监督部门的内勤负责。

▶ **2. 接收案件的程序**

▶ 2.1 侦查监督部门在收到案件管理部门要求收案的通知后，应立即指派内勤到案件管理部门办理收案手续。

▶ 2.2 侦查监督部门内勤在收案前，应首先确认案件是否属于侦查监督部门的受案范围，对于不属于本部门受案范围的案件，应当告知案件管理部门，并及时报告侦查监督部门负责人。

▶ 2.3 对属于侦查监督部门受案范围的案件，侦查监督部门内勤应当对照《受理案件登记表》所列明的移送清单，对所接收的材料逐项进行核对（包括同步录音录像资料）。

▶ 2.4 在确认所移送案卷材料无误的情况下，侦查监督部门内勤在《受理案件登记表》上签名认可，并领回相关案卷材料及证据，并妥善予以保管。

▶ 2.5 侦查监督部门内勤在对案件管理部门所移送的材料进行初步审查后，发现侦查机关（部门）有应当移送的材料而未移送的，应当告知案件管理部门，由案件管理部门通知侦查机关（部门）补充提供。

▶ 2.6 对于侦查机关（部门）在侦查监督部门收案后补充移送的材料，可直接由侦查监督部门负责接收，不再通过案件管理部门接收。

▶ **3. 操作禁忌**

▶ 3.1 禁止侦查监督内勤以任何非法定理由拒绝从案件管理部门接收案件。

▶ 3.2 接收案件一般应由专人负责，禁止其他无权限人员随意接收案件。

▶▷ 3.3 案件应当及时接收，禁止非规定情形下拖延或延期接收案件。

三、分案操作规程

【定义】分案是指侦查监督部门在收案后，确定案件承办人的活动。

▶ **1. 分案的主体**

分案由侦查监督部门负责人决定，内勤负责执行。

▶ **2. 分案的程序**

▶▷ 2.1 侦查监督部门内勤在收到移送审查逮捕的案件材料后，应立即在案件登记本上记载好案件基本信息，包括移送审查逮捕单位、受案日期、犯罪嫌疑人姓名、移送审查逮捕罪名、案卷数量（包括同步录音录像资料）。

▶▷ 2.2 在登记完毕后，经侦查监督部门负责人同意，由侦查监督部门内勤通过检察机关统一业务应用系统指定给承办人办理。

▶▷ 2.3 在确定案件承办人之后，内勤应当将相关案件材料（包括同步录音录像资料）移送给承办人，同时内勤在案件登记本上列明所移送的案件材料目录，由承办人清点无误后，在案件登记本上签名确认。

▶▷ 2.4 一起审查逮捕案件一般指定一名承办人办理，对于犯罪嫌疑人众多、案件特别复杂的，可以指定一名主办人和若干名协办人，主办人和协办人均须对案件质量负责。

▶ **3. 操作禁忌**

▶▷ 3.1 禁止将案件分配给无检察官资格的书记员或其他检察辅助人员承办。

▶▷ 3.2 禁止内勤不及时分案，人为缩短承办人的审查期限。

▶▷ 3.3 侦查监督内勤应妥善保管案卷材料，严禁损坏或遗失，严禁向外界或无关人员透露案情或证据情况。

第二节　案件审查类操作规程

一、程序性审查操作规程

【定义】程序性审查是指审查逮捕案件承办人在办理审查逮捕案件前，对报捕的侦查机关（部门）是否具有刑事案件管辖权及所移送的案卷材料、证据是否齐全、客观进行审查的程序。

▶ 1. 程序性审查的主体

程序性审查通常由案件承办人负责。

▶ 2. 程序性审查主要内容

承办人在收到案件后，应当首先对案件进行以下程序性审查：

（1）侦查机关（部门）是否有管辖权；

（2）案卷册数是否与送达回证载明的相符；

（3）《提请批准逮捕书》、《逮捕犯罪嫌疑人意见书》或《报请逮捕书》以及案卷材料是否齐备，人民检察院直接立案侦查的案件是否随案移送录音录像资料复制件；

（4）《提请批准逮捕书》、《逮捕犯罪嫌疑人意见书》或《报请逮捕书》是否有说明逮捕必要性及其依据的内容；

（5）因事实不清，证据不足已作出不捕决定的案件是否按补充侦查提纲要求补充证据。

▶ 3. 对移送的法律文书进行审查

对《提请批准逮捕书》、《逮捕犯罪嫌疑人意见书》或《报请逮捕书》（以下简称为报捕书）可以从以下方面进行审查：

（1）报捕书为一式三份，且盖有报捕单位的行政公章；

（2）报捕书上应当对犯罪嫌疑人基本情况、犯罪事实、报捕罪名及是否具有社会危险性有明确表述；

（3）犯罪嫌疑人被羁押的，报捕书上应明确载明羁押场所，未被羁押的，应当说明是否采取强制措施及采取强制措施的种类。

▶ 4. 对移送的案卷材料进行审查

承办人应当对侦查机关（部门）移送的材料是否全面、客观进行审查，除与送达回证上所记载的材料进行对比外，还应注意以下方面：

（1）提讯证上所载明的讯问次数是否有对应的讯问笔录；

（2）相关的物证、书证是否随案移送。如果由于客观情况无法随案移送，是否制作了照片或者复制件；

（3）是否移送了同步录音录像资料。对于侦查机关报送的审查逮捕案件，且属于刑事诉讼法规定的，应当进行同步录音录像的审查逮捕案件，侦查机关未移送同步录音录像资料的，应当要求其移送；未制作的，应当提出纠正违法意见；

（4）对检察机关直接立案侦查的案件，在报请逮捕时，未移送同步录音录像资料的，应当要求侦查部门补充移送；未予移送的，应当将案件退回案件管理部门处理。

▶ **5. 对侦查机关（部门）是否具有管辖权进行审查**

▶▷ 5.1 对于普通刑事案件管辖权的审查。

▶▷ 5.1.1 对普通刑事案件，应当审查侦查机关是否有管辖权，对于无管辖权的案件，应当将案件退回侦查机关处理，并建议侦查机关将案件移送至有管辖权的侦查机关。

▶▷ 5.1.2 承办人在审查管辖权时应当着重审查是否违反地域管辖的规定，具体方法是：

（1）审查案件是否由犯罪地的侦查机关管辖；

（2）审查案件是否由犯罪嫌疑人居住地的侦查机关管辖，如果是，应当审查由犯罪嫌疑人居住地管辖是否比由犯罪地的侦查机关管辖更为合适；

（3）承办人对于铁路、民航、森林、海关、军队等范围内发生的刑事案件，应当审查是否符合刑事诉讼法等有关专门管辖的规定。

▶▷ 5.2 对指定管辖的普通刑事案件管辖权的审查。

▶▷ 5.2.1 对指定管辖的普通刑事案件，承办人首先要审查该侦查机关是否有上级侦查机关出具的《指定管辖决定书》。

▶▷ 5.2.2 在该侦查机关出具上级侦查机关《指定管辖决定书》后，承办人应当对出具《指定管辖决定书》的上级侦查机关是否对案件有管辖权进行审查。对于上级侦查机关有管辖权的，应当认定该报捕侦查机关有管辖权，对于上级侦查机关无管辖权的，应当认定该报捕侦查机关无管辖权，并将案件退回该侦查机关处理。

▶▷ 5.3 检察机关直接受理立案侦查案件管辖权的审查。

▶▷ 5.3.1 省级人民检察院（以下简称省级院）将属于本院管辖的案件向分、市级人民检察院（以下简称市级院）交办或指定管辖后，市级院需要逮捕犯罪嫌疑人的，应当将省级院的《交办案件决定书》或《指定管辖决定书》归入案卷，一并报送省级院审查决定。

▶▷ 5.3.2 市级院将属于本院管辖的案件和省级院交办或指定管辖的案件向基层院交办或指定管辖的，应当报请省级院批准。基层院需要逮捕犯罪嫌疑人的，应当将省级院批准交办或指定管辖的书面批复以及市级院的《交办案件决定书》或《指定管辖决定书》归入案卷，一并报送市级院审查决定。市级院侦查监督部门发现基层院报请逮捕的案件应由市州院管辖，且无市级院的《交办案件决定书》或《指定管辖决定书》的，应将案件移交案件管理部门退回报请逮捕单位。

▶ 6. 对证明社会危险性证据及证明材料的审查

▶▶ 6.1 侦查机关（部门）根据刑事诉讼法的规定，向检察机关提请批准逮捕（报请逮捕、移送决定逮捕）犯罪嫌疑人时，应当在报捕书中引用具体条、款、项。其中根据《刑事诉讼法》第七十九条第一款报捕的，应说明理由，同时将相关证据或证明材料归类一并移送检察机关，报捕证据材料中已有的，可以不重复提供。

▶▶ 6.2 检察机关受理侦查机关（部门）提请批准逮捕（报请逮捕、移送决定逮捕）案件时，应严格审查报捕书及案卷材料中涉及逮捕条件的内容和相应证据材料是否齐备。如果侦查机关（部门）未对犯罪嫌疑人具有社会危险性的情形说明理由或者未移送相关证据材料，侦查监督部门应要求其补充说明或移送。如果侦查机关（部门）仍不说明或移送，经全案审查，无法认定犯罪嫌疑人具有法定社会危险性情形的，应依法作出不批准逮捕（不予逮捕）决定。

▶ 7. 操作禁忌

▶▶ 7.1 禁止对侦查机关（部门）无管辖权的案件作出逮捕或批准逮捕决定。

▶▶ 7.2 对于检察机关直接受理立案侦查的案件，在报捕时侦查部门应当向侦查监督部门报送同步录音录像资料而未报送的，不得作出逮捕决定。

二、证据审查操作规程

【定义】证据审查是指在审查逮捕过程中，承办人对侦查机关（部门）在刑事案件侦查过程中所收集的证据材料进行分析研究、鉴别其真伪，找出证据同案件事实之间的内在联系，从而得出案件事实的一种诉讼活动。

▶ 1. 证据审查的主体

在审查逮捕时，证据审查由案件承办人负责。

▶ 2. 证据审查前的准备工作

▶▶ 2.1 在对侦查机关（部门）所移送的证据进行审查之前，审查逮捕承办人应当做好以下准备工作：

（1）检查侦查机关（部门）所移送的证据是否全面、完整。如对照提押证上所载明的讯问次数，检查讯问笔录的份数是否存在。

（2）对照卷内的扣押物品清单、提取物证笔录、搜查笔录等上所记载的物证、书证，是否已经随案移送。不便移送的，是否已经制作了照片或复制品。

（3）对应当进行同步录音录像资料的案件，检查同步录音录像资料的提供情况。

（4）检查所移送的证据材料是否存在缺页、漏页的情况，特别是书证复制件是否存在重页、模糊不清的情况。

➡ 2.2 对于证据移送存在遗漏的，承办人应当要求侦查机关（部门）及时补充移送，侦查机关（部门）最迟应在审查逮捕期限届满前移送完毕。

➡ **3. 审查证据的主要方法**

在审查逮捕时，审查证据的方法主要有以下几种：

（1）比较分析法。所谓比较分析法，是指结合案件的具体情况，将证明同一问题的证据全部罗列在一起，通过逐一对比、逐一分析，达到排除虚伪证据、认定案件事实的方法。

（2）寻根究底法。所谓寻根究底法，是指对于相关证据的细节予以充分地展开，寻根究底地去发现证据之间疑点的证据审查方法。

（3）逻辑推断法。所谓逻辑推断法，是指通过运用逻辑规律来演绎现有证据论证、证明犯罪事实的进程是否顺畅、有无违背逻辑的地方，来审查判断相关证据的一种方法。

（4）讯问释疑法。所谓讯问释疑法，是指在审查逮捕阶段，检察人员运用讯问犯罪嫌疑人的机会，在讯问中了解案件情况、审查判断证据的一种方法。

（5）模拟试验法。所谓模拟试验法，是指为了审查判断某一现象在一定的时间内或情况下能否发生，而依法要求侦查人员将该现象发生的过程加以重演或再现的一种活动和方法。

（6）综合认定法。所谓综合认定法，是指通过对全案证据进行整体审查、全面分析、综合认证，最终认定案件的性质、情节、手段、后果等影响定罪、量刑证据的一种审查方法。

▶ 4. 对法定证据的审查内容及重点

在审查逮捕时，承办人对刑事诉讼法所规定的八大类法定证据，应当注意分别从以下方面重点进行审查：

▶ 4.1 对物证、书证，应重点审查以下内容：

（1）物证、书证是否为原物、原件，是否经过辨认、鉴定；物证的照片、录像、复制品或者书证的副本、复制件是否与原物、原件相符，是否由两人以上制作，有无制作人关于制作过程以及原物、原件存放于何处的文字说明和签名。

（2）物证、书证的收集程序、方式是否符合法律、有关规定；经勘验、检查、搜查提取、扣押的物证、书证，是否附有相关笔录、清单，笔录、清单是否经侦查人员、物品持有人、见证人签名，没有物品持有人签名的，是否注明原因；物品的名称、特征、数量、质量等是否注明清楚。

（3）物证、书证在收集、保管、鉴定过程中是否受损或者改变。如扣押的烟丝有无因受到人或动物的破坏或阳光、雨水、空气等自然因素的影响而发生了化学变化、物理变化。

（4）物证、书证与案件事实有无关联；对现场遗留与犯罪有关的具备鉴定条件的血迹、体液、毛发、指纹等生物样本、痕迹、物品，是否已作 DNA 鉴定、指纹鉴定等，并与犯罪嫌疑人或者被害人的相应生物检材、生物特征、物品等比对。

▶ 4.2 对证人证言，应当着重审查以下内容：

（1）证言的内容是否为证人直接感知；

（2）证人作证时的年龄，认知、记忆和表达能力，生理和精神状态是否影响作证；

（3）证人与案件当事人、案件处理结果有无利害关系；

（4）询问证人是否个别进行；

（5）询问笔录的制作、修改是否符合法律、有关规定，是否注明询问的起止时间和地点，首次询问时是否告知证人有关作证的权利义务和法律责任，证人对询问笔录是否核对确认；

（6）询问未成年证人时，是否通知其法定代理人或者有关人员到场，其法定代理人或者有关人员是否到场；

（7）证人证言有无以暴力、威胁等非法方法收集的情形；

（8）证言之间以及与其他证据之间能否相互印证，有无矛盾。

▶ 4.3 对被害人陈述的审查重点与对证人证言的审查一样。

▶ 4.4 对犯罪嫌疑人供述和辩解，应当着重审查以下内容：

（1）讯问的时间、地点，讯问人的身份、人数以及讯问方式等是否符合法律有关规定；

（2）讯问笔录的制作、修改是否符合法律、有关规定，是否注明讯问的具体起止时间和地点，首次讯问时是否告知犯罪嫌疑人相关权利和法律规定，犯罪嫌疑人是否核对确认；

（3）讯问未成年犯罪嫌疑人时，是否通知其法定代理人或者有关人员到场，其法定代理人或者有关人员是否到场；

（4）犯罪嫌疑人的供述有无以刑讯逼供等非法方法收集的情形；

（5）犯罪嫌疑人的供述是否前后一致，有无反复以及出现反复的原因；犯罪嫌疑人的所有供述和辩解是否均已随案移送；

（6）犯罪嫌疑人的辩解内容是否符合案情和常理，有无矛盾；

（7）犯罪嫌疑人的供述和辩解与同案人的供述和辩解以及其他证据能否相互印证，有无矛盾。

▶ 4.5 对鉴定意见，应当着重审查以下内容：

（1）鉴定机构和鉴定人是否具有法定资质；

（2）鉴定人是否存在应当回避的情形；

（3）检材的来源、取得、保管、送检是否符合法律、有关规定，与相关提取笔录、扣押物品清单等记载的内容是否相符，检材是否充足、可靠；

（4）鉴定意见的形式要件是否完备，是否注明提起鉴定的事由、鉴定委托人、鉴定机构、鉴定要求、鉴定过程、鉴定方法、鉴定日期等相关内容，是否由鉴定机构加盖司法鉴定专用章并由鉴定人签名、盖章；

（5）鉴定程序是否符合法律、有关规定；

（6）鉴定的过程和方法是否符合相关专业的规范要求；

（7）鉴定意见是否明确；

（8）鉴定意见与案件待证事实有无关联；

（9）鉴定意见与勘验、检查笔录及相关照片等其他证据是否矛盾；

（10）鉴定意见是否依法及时告知相关人员，当事人对鉴定意见有无异议。

▶▶ 4.6 对勘验、检查笔录、辨认笔录、侦查实验笔录，应当着重审查以下内容：

（1）勘验、检查是否依法进行，笔录的制作是否符合法律、有关规定，勘验、检查人员和见证人是否签名或者盖章。

（2）勘验、检查笔录是否记录了提起勘验、检查的事由，勘验、检查的时间、地点，在场人员、现场方位、周围环境等，现场的物品、人身、尸体等的位置、特征等情况，以及勘验、检查、搜查的过程；文字记录与实物或者绘图、照片、录像是否相符；现场、物品、痕迹等是否伪造、有无破坏；人身特征、伤害情况、生理状态有无伪装或者变化等。

（3）补充进行勘验、检查的，是否说明了再次勘验、检查的缘由，前后勘验、检查的情况是否矛盾。

（4）对辨认笔录应当着重审查辨认的过程、方法，以及辨认笔录的制作是否符合有关规定。

（5）对侦查实验笔录应当着重审查实验的过程、方法，以及笔录的制作是否符合有关规定。

▶▶ 4.7 对视听资料、电子数据，应当着重审查以下内容：

（1）是否附有提取过程的说明，来源是否合法。

（2）是否为原件，有无复制及复制份数；是复制件的，是否附有无法调取原件的原因、复制件制作过程和原件存放地点的说明，制作人、原视听资料持有人是否签名或者盖章。

（3）制作过程中是否存在威胁、引诱当事人等违反法律、有关规定的情形。

（4）是否写明制作人、持有人的身份，制作的时间、地点、条件和方法。

（5）内容和制作过程是否真实，有无剪辑、增加、删改等情形。

（6）内容与案件事实有无关联。

▶▶ 4.8 对电子邮件、电子数据交换、网上聊天记录、博客、微博客、手机短信、电子签名、域名等电子数据，应当着重审查以下内容：

（1）是否随原始存储介质移送。在原始存储介质无法封存、不便移动或者依法应当由有关部门保管、处理、返还时，提取、复制电子数据是否由二人以上进行，是否足以保证电子数据的完整性，有无提取、复制过程及原始存储介质存放地点的文字说明和签名。

（2）收集程序、方式是否符合法律及有关技术规范。经勘验、检查、搜查等侦查活动收集的电子数据，是否附有笔录、清单，并经侦查人员、电子数据持有人、见证人签名；没有持有人签名的，是否注明原因；远程调取境外或者异地的电子数据的，是否注明相关情况；对电子数据的规格、类别、文件格式等注明是否清楚。

（3）电子数据内容是否真实，有无删除、修改、增加等情形。

（4）电子数据与案件事实有无关联。

（5）与案件事实有关联的电子数据是否全面收集。

▶ 5. 对同步录音录像资料的审查

▶ 5.1 侦查机关（部门）在讯问犯罪嫌疑人时应当制作同步录音录像资料的案件范围：

（1）可能判处无期徒刑、死刑的案件或者其他重大犯罪案件；

（2）检察机关直接受理立案侦查的案件。

▶ 5.2 对同步录音录像的审查和处理

（1）发现同步录音录像反映侦查人员存在刑讯逼供等非法取证行为的，该讯问笔录应当予以排除，并报请检察长批准后书面通知侦查机关（部门）纠正；构成犯罪的，移送有关部门依法追究刑事责任。

（2）发现同步录音录像与讯问笔录内容存在重大实质性差异的，该讯问笔录不能作为决定逮捕的依据，并报请检察长批准后书面通知侦查机关（部门）纠正。

认定讯问笔录内容与同步录音录像存在"重大实质性差异"，可以根据以下情形予以判断：

①讯问笔录未全面记载犯罪嫌疑人在同步录音录像过程中提出的无罪、罪轻的辩解的；

②讯问笔录中记载了犯罪嫌疑人在同步录音录像过程中未曾供述的犯罪事实或重要情节的；

③讯问笔录未记载犯罪嫌疑人在同步录音录像过程中供述的犯罪事实或重要情节的；

④其他可能导致对讯问笔录内容真实性产生合理怀疑的情形。

（3）发现同步录音录像与讯问笔录内容不一致，但并非重大实质性差异的，应当要求侦查机关（部门）书面作出合理解释。侦查机关（部门）不能作出合理解释的，该讯问笔录不能作为决定逮捕的依据，并根据情节轻重提出纠正意见。必要时可以要求侦查机关（部门）重新讯问。

（4）发现同步录音录像不符合"全程、全部、全面"要求，或者存在其他讯问不规范、讯问过程违法等情形的，应当要求侦查机关（部门）补正或书面作出合理解释。侦查机关（部门）不能补正或作出合理解释的，该讯问笔录不能作为决定逮捕的依据，并根据情节轻重提出纠正意见。必要时，可以要求侦查机关（部门）重新讯问。

（5）案件承办人在审查逮捕意见书中应当对同步录音录像的审查情况予以说明。对审查中发现的问题，侦查监督部门应当逐一列明并向侦查机关（部门）书面提出。

▶ **6. 对非法证据的审查、判断与排除**

在审查逮捕过程中，承办人发现具有下列情形之一时，应当依法排除相关证据，不得作为逮捕的依据。

▶▶ 6.1 下列情形之一的物证、书证：

（1）收集物证、书证不符合法定程序，可能严重影响司法公正的，不能补正或者无法作出合理解释的；

（2）经勘验、检查、搜查提取、扣押的物证、书证，未附有勘验、检查笔录，搜查笔录，提取笔录，扣押清单，不能证明物证、书证来源的；

（3）物证的照片、录像、复制品，不能反映原物的外形和特征的；

（4）书证有更改或者更改迹象不能作出合理解释，或者书证的副本、复制件不能反映原件及其内容的；

（5）对物证、书证的来源及收集过程有疑问，不能作出合理解释的。

▶▶ 6.2 下列情形之一的证人证言（被害人陈述）：

（1）以暴力、威胁等非法手段取得的证人证言（被害人陈述）。

（2）处于明显醉酒、中毒或者麻醉等状态，不能正常感知或者正确表达的证人所提供的证言。

（3）证人的猜测性、评论性、推断性的证言，但根据一般生活经验判断符合事实的除外。

（4）具有下列情形之一的证人证言：

①询问证人没有个别进行的；

②书面证言没有经证人核对确认的；

③询问聋哑人或者不通晓当地通用语言、文字的少数民族人员、外国人，应当提供通晓聋、哑手势的人员或者翻译而未提供的。

▶▶ 6.3 下列情形之一的犯罪嫌疑人供述：

（1）采用刑讯逼供等非法手段取得的犯罪嫌疑人供述。

（2）具有下列情形之一的犯罪嫌疑人供述：

①讯问笔录没有经犯罪嫌疑人核对确认的；

②讯问聋哑人、不通晓当地通用语言、文字的人员时，应当提供通晓聋、哑手势的人员或者翻译人员而未提供的。

▶▶ 6.4 下列情形之一的鉴定意见：

（1）鉴定机构不具备法定资质，或者鉴定事项超出该鉴定机构业务范围、技术条件的；

（2）鉴定人不具备法定资质，不具有相关专业技术或者职称，或者违反回避规定的；

（3）送检材料、样本来源不明，或者因污染不具备鉴定条件的；

（4）鉴定对象与送检材料、样本不一致的；

（5）鉴定程序违反规定的；

（6）鉴定过程和方法不符合相关专业的规范要求的；

（7）鉴定文书缺少签名、盖章的；

（8）鉴定意见与案件待证事实没有关联的；

（9）违反有关规定的其他情形。

▶▶ 6.5 勘验、检查笔录存在明显不符合法律、有关规定的情形，不能作出合理解释或者说明的。

▶▶ 6.6 下列情形之一的辨认笔录：

（1）辨认不是在侦查人员主持下进行的；

（2）辨认前使辨认人见到辨认对象的；

（3）辨认活动没有个别进行的；

（4）辨认对象没有混杂在具有类似特征的其他对象中，或者供辨认的对象数量不符合规定的；

（5）辨认中给辨认人明显暗示或者明显有指认嫌疑的；

（6）违反有关规定、不能确定辨认笔录真实性的其他情形。

▶▶ 6.7 侦查实验的条件与事件发生时的条件有明显差异，或者存在影响实验结论科学性的其他情形的侦查实验笔录。

▶▶6.8 下列情形之一的视听资料、电子数据：

（1）经审查或者鉴定无法确定真伪的；

（2）制作、取得的时间、地点、方式等有疑问，不能提供必要证明或者作出合理解释的。

▶ 7. 对瑕疵证据的审查认定与处理

在审查逮捕时，承办人发现证据存在瑕疵的，应当根据不同情形，分别作出处理：

▶ 7.1 可以补证或作出合理解释的瑕疵证据。

▶▶ 7.1.1 物证、书证的收集程序、方式有下列瑕疵，经补正或者作出合理解释的，可以采用：

（1）勘验、检查、搜查、提取笔录或者扣押清单上没有侦查人员、物品持有人、见证人签名，或者对物品的名称、特征、数量、质量等注明不详的；

（2）物证的照片、录像、复制品，书证的副本、复制件未注明与原件核对无异，无复制时间，或者无被收集、调取人签名、盖章的；

（3）物证的照片、录像、复制品，书证的副本、复制件没有制作人关于制作过程和原物、原件存放地点的说明，或者说明中无签名的；

（4）有其他瑕疵的。

▶▶ 7.1.2 证人证言的收集程序、方式有下列瑕疵，经补正或者作出合理解释的，可以采用：

（1）询问笔录没有填写询问人、记录人、法定代理人姓名以及询问的起止时间、地点的；

（2）询问地点不符合规定的；

（3）询问笔录没有记录告知证人有关作证的权利义务和法律责任的；

（4）询问笔录反映出在同一时段、同一询问人员询问不同证人的。

▶▶ 7.1.3 讯问笔录有下列瑕疵，经补正或者作出合理解释的，可以采用；不能补正或者作出合理解释的，不得作为定案的根据：

（1）讯问笔录填写的讯问时间、讯问人、记录人、法定代理人等有误或者存在矛盾的；

（2）讯问人没有签名的；

（3）首次讯问笔录没有记录告知被讯问人相关权利和法律规定的。

➡ 7.2 对于不可补证或作出合理解释的瑕疵证据的处理。

对于证据形式或取证过程不符合刑事诉讼法的要求，且侦查机关（部门）未作出合理解释或补证的，该证据不能作为定案的依据。

➡ **8. 证据审查时的其他规定**

➡ 8.1 关于对非法证据的处理。

在审查逮捕阶段，经审查认定，侦查机关（部门）所搜集的证据为非法证据时，应当将该证据依法予以排除，不得作为定案的依据。承办人应将排除非法证据的情况在审查逮捕意见书中予以详细载明，并把排除非法证据的情况通报给公诉部门。

➡ 8.2 关于在审查逮捕期间侦查机关（部门）补充提交新证据的处理。

对于缺少定罪关键证据的犯罪案件且侦查机关（部门）能在短时间内取得的，承办人可要求侦查机关（部门）在审查逮捕期限内进行补充取证。对侦查机关（部门）在审查逮捕期限内提交的证据，承办人应当一并进行审查。

➡ 8.3 对于侦查机关（部门）在复议复核期间提交新证据的处理。

对于检察机关作出不捕后，侦查机关（部门）经补充侦查取得影响案件决定的重要证据并同时提起复议复核的，检察机关应当不予受理，告知侦查机关（部门）可以重新对犯罪嫌疑人报捕。

➡ 8.4 证明逮捕社会危险性条件的证据或证明材料。

检察机关受理侦查机关（部门）移送审查逮捕案件时，应当严格审查报捕文书是否未对犯罪嫌疑人具有社会危险性的情形说明理由或者未移送相关证据材料。没有移送的，检察机关应要求其及时补充说明或移送。如果侦查机关（部门）仍不说明或移送相关证据材料，经全案审查，无法认定犯罪嫌疑人具有法定社会危险性情形的，应当依法作出不批准逮捕决定。

➡ 8.5 证明犯罪嫌疑人违反取保候审、监视居住规定情节严重的证据或证明材料。

对侦查机关（部门）认为犯罪嫌疑人违反取保候审、监视居住规定情节严重向检察机关提请批准逮捕的，应当对犯罪嫌疑人违反取保候审、监视居住规定的情形进行说明，并提供犯罪嫌疑人违反规定情节严重的证据材料，没有进行说明或提供相关证据材料的，经全案审查，无法认定犯罪嫌疑人违反取保候审、监视居住规定情节严重的，应依法作出不批准逮捕决定。

▶ 9. 操作禁忌

▶▶ 9.1 禁止承办人不审查证据的合法性。

▶▶ 9.2 禁止承办人明知是非法证据而予以采信。

▶▶ 9.3 禁止承办人在侦查机关（部门）未进行补证或作出合理解释的情况下采信瑕疵证据。

▶▶ 9.4 禁止承办人只审查有罪证据，忽视审查无罪证据。

▶▶ 9.5 对犯罪嫌疑人辩解有罪供述系侦查机关（部门）非法取证所致，禁止承办人在未经调查核实的情况下即采信该有罪证据。

▶▶ 9.6 禁止在只有犯罪嫌疑人供述，而无其他证据相印证的情况下，仅根据犯罪嫌疑人供述而认定案件事实。

三、复核证据操作规程

【定义】复核证据是指侦查监督部门对侦查机关（部门）提供的证据，通过讯问犯罪嫌疑人、询问证人等方式，对证据的客观性、合法性、关联性进行核实的诉讼活动。

▶ 1. 讯问犯罪嫌疑人

【定义】讯问犯罪嫌疑人是指在审查逮捕环节，为了核实犯罪事实，查明案件事实真相，依照法定程序对犯罪嫌疑人进行审查性问话的诉讼活动。

▶▶ 1.1 讯问主体。

▶▶ 1.1.1 讯问犯罪嫌疑人时，检察人员不得少于两人。

▶▶ 1.1.2 其他讯问参与人包括：

（1）为讯问进行同步录音录像的检察技术人员；

（2）聋哑语、少数民族语言、当地方言和外国语言的翻译人员；

（3）未成年人的法定代理人；

（4）讯问女性未成年犯罪嫌疑人时所需要的女性检察人员；

（5）医护人员等其他协助讯问顺利进行的人员。

▶▶ 1.1.3 翻译人员、医护人员和检察技术人员、讯问女性未成年犯罪嫌疑人时所需要的女性检察人员，均应是与本案无利害关系的人员。其中翻译人员的姓名、性别、工作单位和职业应当依法记录在案。翻译人员依法应当在讯问笔录上签名。

▶▶ 1.1.4 讯问未成年犯罪嫌疑人，应当通知其法定代理人到场，告知法定代理人依法享有的诉讼权利和应当履行的义务。无法通知、法定代理人不能到场或者法定代理人是共犯的，也可以通知未成年犯罪嫌疑人的其他成年亲属，所在学校、单位或居住地的村民委员会、居民委员会、未成年人保护组织的代表到场，并将有关情况记录在案。到场的法定代理人可以代为行使未成年犯罪嫌疑人的诉讼权利，行使时不得侵犯未成年犯罪嫌疑人的合法权益。

到场的法定代理人或者其他人员认为办案人员在讯问中侵犯未成年犯罪嫌疑人合法权益的，可以提出意见。讯问笔录应当交由到场的法定代理人或其他人员阅读或者向其宣读，并由其在笔录上签字、盖章或者捺指印确认。

▶》1.1.5 其他讯问参与人员由检察机关负责聘请或者通知，由办案人员具体办理。

▶》1.2 讯问对象。

▶》1.2.1 侦查监督部门办理审查逮捕案件，可以讯问犯罪嫌疑人。但有下列情形之一的，应当讯问犯罪嫌疑人：

（1）对是否符合逮捕条件有疑问的，主要包括：罪与非罪界限不清的，据以定罪的主要证据之间存在重大矛盾的，犯罪嫌疑人的供述前后矛盾或者违背常理的，有无社会危险性难以把握的，以及犯罪嫌疑人是否达到刑事责任年龄需要确认等情形；

（2）犯罪嫌疑人要求向检察人员当面陈述的；

（3）侦查活动可能有重大违法行为的，主要包括：办案严重违反法律规定的程序的，存在刑讯逼供等严重侵犯犯罪嫌疑人人身权利和其他诉讼权利等情形；

（4）案情重大疑难复杂的，主要包括涉嫌造成被害人死亡的故意杀人案、故意伤害致人死亡案以及其他可能判处无期徒刑以上刑罚的，在罪与非罪认定存在重大争议的；

（5）犯罪嫌疑人系未成年人的；

（6）犯罪嫌疑人是盲、聋、哑人或者是尚未完全丧失辨认或者控制自己行为能力的精神病人的。

▶》1.2.2 在审查逮捕中对被拘留的犯罪嫌疑人不予讯问的，应当送达听取犯罪嫌疑人意见书和犯罪嫌疑人权利义务告知书，由犯罪嫌疑人填写后及时收回审查并附卷。经审查发现应当讯问犯罪嫌疑人的，应当讯问。

▶》1.3 讯问前的准备。讯问犯罪嫌疑人前，应当做好以下准备工作：

（1）全面细致审阅案卷材料，熟悉案情，掌握证据情况；

（2）掌握与本案有关的法律政策和专业知识；

（3）针对犯罪嫌疑人的心理状态和案件整体情况，做好应对预案和相关准备。必要时，应当听取案件侦查人员的意见；

（4）制作讯问提纲，明确讯问重点；

（5）讯问未被拘留的犯罪嫌疑人，讯问前应当征求侦查机关（部门）的意见，做好办案安全风险评估预警工作。

▶▶ 1.4 讯问的时间。一次讯问的时间最长不得超过十二小时。同时，必须保证犯罪嫌疑人合理的休息与饮食的时间。

▶▶ 1.5 讯问的地点。

▶≫ 1.5.1 讯问被羁押的犯罪嫌疑人，应当填写提押证，在看守所进行讯问。

▶≫ 1.5.2 讯问未被羁押的犯罪嫌疑人，应当出示传唤通知书，传唤到犯罪嫌疑人所在市、县内的指定地点或者犯罪嫌疑人的住处进行讯问。讯问被指定居所监视居住的犯罪嫌疑人的地点应当与指定的居所保持适当距离或进行隔离，并分门别户。必要时，可以传唤到人民检察院办案工作区讯问（传唤应当由司法警察执行）。

▶≫ 1.6 讯问告知。

▶≫ 1.6.1 告知身份、出示工作证件。

▶≫ 1.6.2 告知侦查机关（部门）移送、报请审查批准逮捕或审查决定逮捕的时间、案件已进入了审查逮捕程序、本院最迟应当作出决定的时间。

▶≫ 1.6.3 告知犯罪嫌疑人在侦查阶段的权利和义务。

▶≫ 1.6.4 对属于《刑事诉讼法》第三十四条规定情形的，告知犯罪嫌疑人有权获得法律援助。

▶≫ 1.6.5 告知犯罪嫌疑人如实供述自己罪行可以依法从轻处罚的法律规定。

▶≫ 1.6.6 进行同步录音录像的，告知犯罪嫌疑人将对讯问过程同步录音录像。

▶≫ 1.7 讯问内容。

▶≫ 1.7.1 在讯问犯罪嫌疑人的时候，应当首先讯问犯罪嫌疑人是否有犯罪行为，让其陈述有罪的情节或无罪、罪轻的辩解，然后再提出问题。

▶≫ 1.7.2 讯问犯罪嫌疑人一般按照下列顺利进行：

（1）犯罪嫌疑人的基本情况，是否系未成年人，是否患有不宜羁押的严重疾病，对女性犯罪嫌疑人要问清是否怀孕或正在哺乳自己的婴儿等情况，是否系人大代表或者政协委员等特殊身份，是否有违法犯罪记录等。

（2）犯罪嫌疑人被采取强制措施的时间和原因。

（3）立案后，侦查机关（部门）的讯问情况，包括讯问的次数、时间和讯问人员。

（4）侦查人员是否依法文明办案、向侦查人员的供述是否属实、是否自愿亲笔书写了交代材料、所写内容是否真实。

（5）侦查人员是否告知了可以聘请辩护律师的规定、是否聘请了辩护律师、是否与律师会见、没有会见的原因。

（6）针对案件中的疑点问题核实相关情况。犯罪嫌疑人供称之前的供述内容真实，复核主要证据间存在的疑点及矛盾；犯罪嫌疑人翻供，应如实记录，复核翻供的原因；犯罪嫌疑人在承认有罪的情况下对相关细节的供述与之前的供述不一致时，应复核此次供述与之前供述不一致的原因。

（7）侦查活动是否存在违法情形。

▶▶ 1.7.3 对随案移送的犯罪嫌疑人亲笔书写交代材料或供述材料，在讯问过程中，可以出示给犯罪嫌疑人辨认，并核实是否是其亲笔书写、内容是否属实。

1.7.4 辩护律师提出的不构成犯罪、无社会危险性、不适宜羁押、侦查活动有违法犯罪情形等书面意见的，办案人员必须进行审查并列入讯问内容。

▶▶ 1.8 讯问方式方法。

▶▶ 1.8.1 讯问犯罪嫌疑人有以下几种方式：

（1）当面讯问。讯问原则是以当面讯问为主。

（2）视频讯问。当面讯问犯罪嫌疑人有困难的，可以通过检察专网进行视频讯问。视频讯问时，应当确保网络安全、保密。负责讯问的检察人员应当做好讯问笔录，协助讯问的其他检察人员应当配合做好提押、讯问笔录核对、签名等工作。

（3）委托讯问。因交通、通讯不便等原因，不能当面讯问或者视频讯问的，上级人民检察院侦查监督部门可以拟定讯问提纲，委托下级人民检察院侦查监督部门进行讯问。下级人民检察院侦查监督部门讯问后应当及时将讯问笔录报送上级人民检察院侦查监督部门。

▶▶ 1.8.2 讯问犯罪嫌疑人应当个别进行。

■≫ 1.8.3 讯问一般以检察人员发问、犯罪嫌疑人回答的形式进行。

■≫ 1.9 讯问结束处理事项：

■≫ 1.9.1 讯问犯罪嫌疑人应当制作讯问笔录，讯问笔录应当真实、清楚、不失原意，应如实记录犯罪嫌疑人有罪供述、无罪、罪轻的辩解。

■≫ 1.9.2 讯问笔录应交犯罪嫌疑人核对或者向其宣读（只有犯罪嫌疑人不认识字或者主动提出由检察人员宣读，才能使用宣读的方式），对记录有差错或遗漏，犯罪嫌疑人可以更正或者补充；经核对无误后逐页签名、盖章或者捺指印，并在末页写明"以上笔录我看过（向我宣读过），和我说的相符"，同时签名、盖章、捺指印并注明日期，并附卷。对拒绝签名或盖章的，讯问人员应在讯问笔录上注明。犯罪嫌疑人如果确实不会写字，讯问人员将笔录向犯罪嫌疑人宣读后，在笔录的最后一页将上述情况如实注明，并由犯罪嫌疑人捺指印。参与讯问人员、记录人员以及翻译人员应当在讯问笔录上签名。

■≫ 1.9.3 犯罪嫌疑人请求自行书写供述的，应当准许，但不得以自行书写的供述代替讯问笔录。

■≫ 1.9.4 讯问未成年人犯罪嫌疑人，无法通知监护人或者经通知未到场，或者监护人具有有碍侦查的情形而不通知的，应当记录在笔录的最后一页。

■≫ 1.9.5 犯罪嫌疑人检举揭发他人犯罪线索的，应当予以记录，并依照有关规定移送有关部门处理。

■≫ 1.9.6 在讯问中发现犯罪嫌疑人的供述和辩解出现重大变化的，应当及时通知侦查机关（部门）。

■≫ 1.9.7 在讯问中发现侦查活动有违法情形的，应当依照有关规定提出纠正意见。有刑讯逼供、暴力取证等违法犯罪情形的，应当及时移送有关部门处理。

■≫ 1.10 操作禁忌：

■≫ 1.10.1 禁止采取刑讯逼供等非法方法讯问犯罪嫌疑人。

■≫ 1.10.2 禁止只记载犯罪嫌疑人的有罪供述而不记录犯罪嫌疑人无罪或罪轻的辩解。

■≫ 1.10.3 检察人员不得向犯罪嫌疑人讯问与本案无关的问题。

■≫ 1.10.4 讯问犯罪嫌疑人，应有针对性地讯问，注意方法和策略，防止因讯问不当造成犯罪嫌疑人不正常地推翻有罪供述，影响侦查活动顺利进行。

■≫ 1.10.5 禁止将在押的犯罪嫌疑人提出看守所外进行讯问。

▶ **2. 听取辩护律师意见**

【定义】听取辩护律师意见是指为准确把握逮捕条件，保障犯罪嫌疑人和辩护人的辩护权，提高审查逮捕案件质量，防止逮捕错案发生，侦查监督部门检察人员在办理审查逮捕案件中，应犯罪嫌疑人委托的辩护律师要求或主动依职权，听取辩护律师所提出的关于犯罪嫌疑人无罪、罪轻、不应当逮捕、不适宜羁押、侦查活动有违法犯罪情形等意见及理由，对辩护律师提交的相关证据材料进行审查，并对律师意见是否采纳的诉讼活动。

▶ 2.1 听取辩护律师意见主体。

审查逮捕阶段听取辩护律师意见应当由侦查监督部门承办案件的检察人员进行，听取律师意见不得少于两人，其中一人应具备执法资格。

▶ 2.2 案件范围。

▶ 2.2.1 在审查逮捕过程中，犯罪嫌疑人已经委托辩护律师的，侦查监督部门可以听取辩护律师的意见。

▶ 2.2.2 犯罪嫌疑人辩护律师提出要求的，应当听取辩护律师的意见。

▶ 2.2.3 重大、疑难复杂、敏感案件，犯罪嫌疑人已委托辩护律师的，检察机关可主动听取辩护律师意见。

▶ 2.3 受理。

▶ 2.3.1 辩护律师提出要求听取意见要求的，应当向本院案件管理部门由案件管理部门提出，案件管理部门负责审核律师身份并及时通知侦查监督部门。

▶ 2.3.2 侦查监督部门在听取辩护律师意见时，应当审核辩护律师的律师执业证、律师事务所证明和授权委托书或者法律援助公函。经审核相关材料齐备的，应当及时安排；材料不齐备的，应当通知其补充提供；不能提供的，不予受理。

▶ 2.3.3 需要听取律师意见的，应当及时与辩护律师联系，通知听取意见的时间、地点、提取意见时需提交的相关证明材料。

▶ 2.4 当面听取辩护律师意见。

▶ 2.4.1 当面听取辩护意见的，应当在本院律师接待室内进行，未设置专门的律师接待室的，应当在专门的办案场所内进行。

▶ 2.4.2 听取辩护律师意见应当由两名以上侦查监督部门的检察人员参加，检察人员应当出示工作证件。

▶ 2.4.3 在听取意见前应查验辩护律师相关证明材料。

▶》2.4.4 辩护律师发表的口头律师意见应当制作谈话笔录，交其核对无误并签名捺指印后附卷。

▶》2.4.5 当面听取辩护律师意见时，律师向检察人员提交的书面意见、证据材料或者提供证据线索的，检察人员应当收取和记录，必要时应询问证据或者线索的来源、收集方式并要求其提供相关人员的联系方式。对于收取的书面意见、证据材料，应当向律师出具接收清单。

▶》2.5 接收律师书面意见。

▶》2.5.1 辩护律师提供书面意见的，原则上由案件管理部门负责接收，对辩护律师的资格进行审查后，将接收的书面意见及时移送侦查监督部门审查。

▶》2.5.2 辩护律师直接向侦查监督部门提交书面意见的，由侦查监督部门审核辩护律师身份。经审查辩护律师身份证明齐备的，应当予以接收；身份证明不齐备的，应当通知其补充提供；不能提供齐备的身份证明或者无法联系的，一般对该书面意见不予审查。

▶》2.6 对律师意见的审查和处理。

▶》2.6.1 对于辩护律师提交的证据犯罪嫌疑人无罪不应当逮捕、无逮捕必要、不适于羁押、侦查存在违法行为的证据材料，应分情况进行核实：

（1）辩护律师提出在侦查中未调取、证明犯罪嫌疑人无罪、无逮捕必要的证据，应当及时交侦查机关（部门）进行核实；

（2）辩护律师提交的、与侦查机关（部门）在报请（提请）逮捕时报送证据证明内容相矛盾的证据，应当自行核实，必要时请侦查机关（部门）进行配合；

（3）辩护律师提交的关于犯罪嫌疑人身体状况不适于羁押的证据材料，应当核实该证据材料是否真实并提交本院司法技术鉴定人员进行审查，以判断是否确有不适于羁押的严重疾病；

（4）辩护律师提交的证明侦查机关（部门）在侦查案件中存在违法行为的证据材料，应当进行核实，要求侦查机关（部门）对其侦查取证行为的合法性予以证明。

▶》2.6.2 辩护律师提出法律适用意见的，可以要求辩护律师提供有关规范性文件、案例等依据，并结合案情进行综合评判。

▶》2.6.3 辩护律师提出犯罪嫌疑人不构成犯罪意见的，应当慎重审查，可以通过询问证人、被害人、鉴定人等诉讼参与人的方式进行复核。

▶▶ 2.6.4 辩护律师提出犯罪嫌疑人符合取保候审条件意见的，应当结合侦查机关提供的有关社会危险性证明材料进行综合评判。

▶▶ 2.6.5 辩护律师提出犯罪嫌疑人不适宜羁押意见的，应当结合犯罪嫌疑人身体健康状况、家庭等情况进行综合评判。

▶▶ 2.6.6 辩护律师提出侦查活动有违法犯罪情形意见的，应当及时调查核实，对非法证据应当依法排除，并纠正违法。对于瑕疵证据应当要求侦查机关（部门）进行补证或合理解释后方予以采信。

▶▶ 2.6.7 辩护律师所提出的意见有涉及职务犯罪线索的，应当及时移送职务犯罪侦查部门；有涉及刑事立案监督和侦查活动监督线索的，应当认真进行审查核实，经审查认为应予监督的，经检察长或检察委员会同意，依法予以监督。

▶▶ 2.6.8 辩护律师认为在侦查机关（部门）收集的证明犯罪嫌疑人无罪或者罪轻的证据材料未提交，申请调取的，经审查认为辩护律师申请调取的证据已收集并且与报请（提请）逮捕的案件事实相关的，应当予以调取；认为辩护律师申请调取的证据未收集或者与报请（提请）逮捕的案件事实无关的，应当决定不予调取并通知辩护律师。

▶▶ 2.6.9 审查辩护律师意见，必要时可听取侦查机关（部门）的意见。

▶▶ 2.6.10 对辩护律师提出的意见，侦查监督部门案件承办人应当认真审查，并将辩护律师的意见、采纳处理情况及理由在审查逮捕意见书需要说明的问题部分中写明。辩护律师提交的书面意见、材料等应当附卷。

▶▶ 2.7 操作禁忌：

▶▶ 2.7.1 禁止承办人私下接触犯罪嫌疑人所聘请的辩护律师。

▶▶ 2.7.2 审查逮捕阶段听取辩护律师意见应注意保守案件秘密，不得允许辩护律师查阅、摘抄、复制本案的案卷材料，不得向律师透露案件查办情况。

▶ **3. 询问证人**

【定义】询问证人是指在审查逮捕环节，为了核实犯罪事实，查明案件事实真相，依照法定程序以言词方式向知道案件情况的人就其所知道的案件情况进行调查的一种诉讼活动。

▶▶ 3.1 询问主体：

▶▶ 3.1.1 询问证人应当由检察人员进行。询问的时候，检察人员不得少于两人，且其中至少一人具有检察官职务。

■>> 3.1.2 其他询问参与人，适用讯问犯罪嫌疑人的相关规定。

■>> 3.2 询问对象。在审查逮捕环节，根据案件的具体情况，可以询问证人。

■>> 3.3 询问的适用情形。属于下列情形之一的，检察人员可以对证人进行询问：

（1）证人多份证言前后矛盾或违背常理的；

（2）证人证言与犯罪嫌疑人供述有重大矛盾的；

（3）影响到罪与非罪的认定或对是否符合逮捕条件有疑问的；

（4）其他有必要进行询问的。

■>> 3.4 询问时间。一次询问的时间最长不得超过十二小时，同时必须保证证人合理的休息与饮食的时间。

■>> 3.5 询问地点。审查逮捕环节询问证人，可以到证人所在单位、住处或证人提出的地点进行，在必要的时候，可以通知证人到人民检察院提供证言。到证人所在单位、住处或证人提出的地点询问证人，应当出示人民检察院的证明文件。到证人提出的地点进行询问的，应当在笔录中注明。

■>> 3.6 询问方式、内容。

■>> 3.6.1 询问证人应当个别进行。

■>> 3.6.2 询问证人，应当告知证人应当如实地提供证据、证言和有意作伪证或者隐匿罪证应当承担的法律责任。不得向证人泄露案情或者表示对案件的看法，禁止采用羁押、暴力、威胁、引诱、欺骗以及其他非法方法询问证人。

■>> 3.6.3 询问聋、哑或者不通晓当地通用语言文字的人，人民检察院应当为其聘请通晓聋、哑手势或者当地通用语言文字且与本案无利害关系的人员进行翻译。翻译人员的姓名、性别、工作单位和职业应当记录在案。翻译人员应当在讯问笔录上签字。

■>> 3.6.4 询问未成年人证人特殊规定。

（1）询问未成年证人，应当通知未成年证人的法定代理人到场。无法通知、经通知未到场或者法定代理人是共犯的，也可以通知未成年证人的其他成年亲属，所在学校、单位、居住地基层组织或者未成年人保护组织的代表到场，并将有关情况记录在案。到场法定代理人可以代为行使未成年证人的诉讼权利。

（2）到场的法定代理人或者其他人员认为办案人员在询问中侵犯未成年人合法权益的，可以提出意见。询问笔录应当交到场法定代理人或者其他人员阅读或向他宣读。

▶▶3.6.5 询问女性未成年证人，应当有女性工作人员到场。

▶▶3.6.6 代理人或者监护人具有有碍侦查的情形而不通知的，应当记录在案。

▶▶3.6.7 询问证人应问明证人的基本情况以及与当事人的关系，重点复核前期证言的真实性，如证人的多次证言证实的内容不一致，应核实不一致的原因及以哪次证言为准。针对案件的主要事实，如证人证实的主要内容与在卷的其他关键证据存在矛盾，应复核。侦查监督部门询问证人除涉及案情的内容外，还应核实如下内容：

（1）侦查机关（部门）是否出示有关证明文件；

（2）侦查机关（部门）的询问是否个别进行；

（3）侦查机关（部门）的询问有无履行告知义务；

（4）侦查机关（部门）是否是依法进行询问。

▶▶3.7 询问结束处理事项。

▶▶3.7.1 询问证人应当制作询问笔录，询问笔录应当真实、清楚、不失原意。

▶▶3.7.2 询问笔录应交证人核对或者向其宣读，对记录有差错或遗漏，应当更正或者补充；经核对无误后逐页签名、盖章或者捺指印，并在末页写明"以上笔录我看过（向我宣读过），和我说的相符"，同时签名、盖章、捺指印并注明日期，并附卷。对拒绝签名或盖章的，询问人员应在询问笔录上注明；参与询问人员、记录人员以及翻译人员应当在询问笔录上签名。

▶▶3.8 操作禁忌：

▶▶3.8.1 禁止采取暴力取证等非法手段询问证人。

▶▶3.8.2 询问证人，应有针对性地询问，注意方法和策略，防止因询问不当影响侦查活动顺利进行。

▶▶3.8.3 检察人员不得向证人询问与本案无关的问题。

▶ **4. 询问被害人**

【定义】询问被害人是指在审查逮捕环节，为了核实犯罪事实，查明案件事实真相，依照法定程序向直接遭受犯罪行为侵害的人就其所受侵害及犯罪嫌疑人的有关情况进行调查的一种诉讼活动。

▶▶4.1 询问被害人应主要核实被害人向侦查人员陈述是否真实、针对案件中存在疑问的地方有针对性地复核。

▶ 4.2 询问被害人的程序，适用询问证人的相关规定。

▶ **5. 询问鉴定人**

【定义】询问鉴定人是指在审查逮捕环节，为了核实犯罪事实，查明案件事实真相，针对鉴定意见的相关情况依照法定程序向鉴定人进行调查的一种诉讼活动。

▶ 5.1 询问鉴定人的情形。

属于下列情形之一的，可以对鉴定人进行询问：

（1）对案件定罪起关键作用的鉴定意见与其他证据之间存在明显矛盾且不能排除的；

（2）同一案件中对同一专门性问题，有两个或两个以上不同鉴定意见的；

（3）犯罪嫌疑人及其辩护人，被害人及其诉讼代理人提出异议，案件承办人认为应当询问的；

（4）其他有必要进行询问的。

▶ 5.2 询问鉴定人应核实鉴定人是否亲自参加鉴定、鉴定的依据方法，针对案件及鉴定中有疑问需要鉴定人解释的相关问题。

▶ 5.3 询问鉴定人程序适用询问证人的相关规定。

▶ **6. 复勘、复验**

【定义】复勘、复验是指在审查逮捕环节，为了核实犯罪事实，查明案件事实真相，针对勘验、检查中存在的相关情况依照法定程序对与犯罪有关的场所、物品、人身、尸体进行重新勘验或检查的一种诉讼活动。

▶ 6.1 复勘、复验的主体。

▶ 6.1.1 复勘、复验可由检察人员进行。复勘时，应当邀请两名与案件无关的见证人在场。

▶ 6.1.2 侦查监督部门要求侦查机关复勘、复验的，可派员参与复勘、复验过程。

▶ 6.2 复勘、复验的程序。

▶ 6.2.1 在审查逮捕阶段，可以进行复勘、复验的情形：

（1）对案件定罪起关键作用的勘验、检查笔录与其他证据之间存在明显矛盾且不能排除的；

（2）同一案件中对与犯罪有关的同一场所、物品、人身、尸体，有两个或两个以上不同意见的勘验、检查笔录，直接影响到案件认定或逮捕决定作出的；

（3）犯罪嫌疑人及其辩护人，被害人及其诉讼代理人提出异议，且有合理理由的；

（4）关键性勘验、检查笔录的形式要件不完备，真实性、合法性产生疑问的；

（5）其他有必要进行复勘、复验的。

▶▷ 6.2.2 参与复勘、复验的侦查监督干警就复勘、复验的情况应形成书面材料，作为审查逮捕环节采信证据、补充证据或重新鉴定的参考。

▶▷ 6.3 操作禁忌：

▶▷ 6.3.1 人身检查不得采用损害被检查人生命、健康或贬低其名誉或人格的方法。

▶▷ 6.3.2 在复验过程中知悉的被检查人的个人隐私，应当保密。

▶ 7. 提交文证审查

提交文证审查在审查逮捕环节，为了核实犯罪事实，查明案件事实真相，商请检察技术部门对与案件有关的鉴定意见、检验报告进行审查的一种诉讼活动。

▶▷ 7.1 提交文证审查的主体。

审查逮捕环节，侦查监督部门可委托检察技术部门对鉴定意见、检验报告进行文证审查。

▶▷ 7.2 需要进行文证审查的情形。在审查逮捕阶段，当鉴定人或具有专门知识的人运用科学技术手段和方法收集、鉴别证据所形成的鉴定书、检验报告等证据材料有下列情形的，应当委托检察技术部门进行审查：

（1）对案件定罪起关键作用的技术性证据与其他证据之间存在明显矛盾且不能排除的；

（2）同一案件中对同一专门性问题，有两个或两个以上不同意见的；

（3）犯罪嫌疑人及其辩护人，被害人及其诉讼代理人提出异议，案件承办人认为应当审查的；

（4）其他有必要进行审查的。

▶▷ 7.3 文证审查的程序。

▶▷ 7.3.1 侦查监督部门委托检察技术部门进行技术性证据审查，应当填写《委托书》，明确审查要求，经部门负责人批准后，将技术性证据及相关案卷材料一并移送检察技术部门。

▶»7.3.2 对检察技术部门审查后制作《技术性证据审查意见书》，侦查监督部门应该审查是否对送审的技术性证据作出明确的审查意见，承办人是否签名，部门负责人是否审批并加盖专用章。

▶»7.3.3 侦查监督部门对技术性证据审查意见有异议的，可委托上级检察技术部门进行审查。

▶»7.3.4 技术性证据审查可作为审查逮捕环节采集证据、补充证据或重新鉴定提供参考。

▶»7.4 操作禁忌：

▶»7.4.1 禁止在未提交文证审查的情况下，采信存在疑问的鉴定意见。

▶»7.4.2 禁止在文证审查否认原鉴定意见的情况下，采信原鉴定意见。

▶**8. 要求重新组织辨认**

【定义】要求重新组织辨认是指审查逮捕时，审查逮捕承办人对据以定案的关键性辨认笔录的真实性和合法性产生疑问，为慎重起见，要求侦查机关重新组织辨认并重新制作辨认笔录的诉讼活动。

▶8.1 重新组织辨认的条件。在审查逮捕阶段，当侦查机关组织的辨认存在下列情形之一的，可以要求侦查机关重新组织辨认：

（1）主持辨认的侦查人员少于两人的；

（2）没有向辨认人详细询问辨认对象的具体特征的；

（3）对辨认经过和结果没有制作专门的规范的辨认笔录，或者辨认笔录没有侦查人员、辨认人、见证人的签名或盖章的；

（4）辨认笔录过于简单，只有结果没有过程的；

（5）案卷中只有辨认笔录，没有被辨认对象的照片、录像等资料，无法获悉辨认的真实情况的。

▶8.2 注意事项：

侦查监督部门要求侦查机关重新组织辨认的，可派员参与辨认过程，以复核辨认笔录的真实性、合法性、客观性，作为审查逮捕环节采信证据、补充证据的参考。

▶8.3 操作禁忌：

▶»8.3.1 禁止在重新辨认过程中，给辨认人以暗示。

▶»8.3.2 禁止审查逮捕承办人主持重新辨认工作。

四、逮捕条件审查操作规程

【定义】逮捕条件审查是指承办人根据已查明的案件事实和证据，对犯罪嫌疑人是否符合刑事诉讼法所规定的逮捕条件进行审查的活动。

▶ **1. 逮捕条件审查的主体**

由案件承办人负责对犯罪嫌疑人是否符合逮捕条件进行审查。

▶ **2. 逮捕条件审查的内容。** 主要审查其是否符合下列规定：

（1）对有证据证明有犯罪事实，可能判处徒刑以上刑罚的犯罪嫌疑人，采取取保候审尚不足以防止发生下列社会危险性的，应当予以逮捕：

①可能实施新的犯罪的；

②有危害国家安全、公共安全或者社会秩序的现实危险的；

③可能毁灭、伪造证据，干扰证人作证或者串供的；

④可能对被害人、举报人、控告人实施打击报复的；

⑤企图自杀或者逃跑的。

（2）对有证据证明有犯罪事实，可能判处十年有期徒刑以上刑罚的，或者有证据证明有犯罪事实，可能判处徒刑以上刑罚，曾经故意犯罪或者身份不明的，应当予以逮捕。

（3）被取保候审、监视居住的犯罪嫌疑人违反取保候审、监视居住规定，情节严重的，可以予以逮捕。

▶ **3. 对逮捕事实证据条件的审查**

▶▶ 3.1 逮捕事实证据条件。逮捕的证据条件是指"有证据证明有犯罪事实"，具体是指同时具备下列情形：

（1）有证据证明发生了犯罪事实；

（2）有证据证明该犯罪事实是犯罪嫌疑人实施的；

（3）证明犯罪嫌疑人实施犯罪行为的证据已经查证属实的。

犯罪事实既可以是单一犯罪行为的事实，也可以是数个犯罪行为中任何一个犯罪行为的事实。

▶▶ 3.2 对《逮捕证》据条件的审查认定。在审查时，发现案件具有下列情形之一的，不属于有证据证明有犯罪事实，对犯罪嫌疑人不应逮捕：

（1）证据所证明的事实不构成犯罪的；

（2）仅有犯罪嫌疑人的有罪供述，而无其他证据印证的；

（3）证明犯罪嫌疑人有罪和无罪的主要证据之间存在重大矛盾且难以排除的；

（4）共同犯罪案件中，同案犯的供述存在重大矛盾，且无其他证据证明犯罪嫌疑人实施了共同犯罪行为的；

（5）没有直接证据，而间接证据不能相互印证的；

（6）证明犯罪的证据中，对于采用刑讯逼供等非法手段取得的犯罪嫌疑人供述和采用暴力、威胁等非法手段取得的证人证言、被害人陈述依法予以排除后，其余的证据不足以证明有犯罪事实的；

（7）现有证据不足以证明犯罪主观方面要件的；

（8）虽有证据证明发生了犯罪事实，但无证据证明犯罪事实是该犯罪嫌疑人实施的；

（9）其他不能证明有犯罪事实的情形。

▶ 4. 对逮捕刑罚条件的审查

▶ 4.1 逮捕的刑罚条件是指可能判处有期徒刑以上刑罚。这里"可能判处徒刑以上刑罚"是指根据已查明的犯罪事实和情节，可以判定犯罪嫌疑人可能判处徒刑以上刑罚。

▶ 4.2 具有以下情形之一的，不属于"可能判处徒刑以上刑罚"：

（1）涉嫌犯罪的法定最高刑没有徒刑以上刑罚的；

（2）情节显著轻微、危害不大，不认为是犯罪的；

（3）犯罪已过追诉时效期限的；

（4）经特赦令免除刑罚的；

（5）依照刑法告诉才处理的犯罪，没有告诉或者撤回告诉的；

（6）犯罪嫌疑人死亡的；

（7）其他法律规定免予追究刑事责任的；

（8）对犯罪情节轻微，依照刑法规定不需要判处刑罚或者免除刑罚的。

▶ 4.3 承办人具体可以参照《人民法院量刑指导意见》和近期本地区类似案例的判决情况予以综合判断。

▶ 4.4 对被取保候审、监视居住的可能判处徒刑以下刑罚的犯罪嫌疑人，违反取保候审、监视居住规定，严重影响诉讼活动正常进行的，可以予以逮捕。

▶ 5. 对逮捕社会危险性条件的审查

▶ 5.1 逮捕的社会危险性条件共分为五种情形，具体包括：

（1）可能实施新的犯罪的；

（2）有危害国家安全、公共安全或者社会秩序的现实危险的；

（3）可能毁灭、伪造证据，干扰证人作证或者串供的；

（4）有一定证据证明或者有迹象表明犯罪嫌疑人可能对被害人、举报人、控告人实施打击报复的；

（5）企图自杀或者逃跑的。

▶ 5.2 对侦查机关（部门）移送审查逮捕的案件，就犯罪嫌疑人是否具有社会危险性条件，承办人应当着重审查以下证据或证明性材料：

▶▶ 5.2.1 具有下列情形之一的，应当认定犯罪嫌疑人可能实施新的犯罪：

（1）案发前或者案发后正在策划、组织或者预备实施新的犯罪的；

（2）扬言实施新的犯罪的；

（3）多次作案、连续作案、流窜作案的。其中，流窜作案是指跨市、县管辖范围连续作案，或者在居住地作案后逃跑到外市、县继续作案。以下情形不能视为流窜作案：确属到外市、县旅游、经商、打工、上学、探亲访友等，在当地偶尔犯罪的；在其居住地与外市、县交界处边沿接合部进行犯罪的；

（4）一年内曾因故意实施同类违法行为受到行政处罚的；

（5）以犯罪所得为主要生活来源的；

（6）有吸毒、赌博等恶习以及长期从事同类违法犯罪活动且无稳定收入来源的；

（7）其他可能实施新的犯罪的情形。

▶▶ 5.2.2 有下列情形之一的，应当认定犯罪嫌疑人具有危害国家安全、公共安全或者社会秩序的现实危险：

（1）案发前或者案发后正在积极策划、组织或者预备实施危害国家安全、公共安全或者社会秩序的重大违法犯罪行为的；

（2）曾因危害国家安全、公共安全或者社会秩序受到刑事处罚或者行政处罚的；

（3）在危害国家安全、黑恶势力、恐怖活动、毒品犯罪中起组织、策划、指挥作用或者积极参加的；

（4）其他有危害国家安全、公共安全或者社会秩序的现实危险的情形。

▶▶ 5.2.3 对于公安机关报请逮捕的案件，应当着重审查是否具有下列情形，以认定犯罪嫌疑人可能毁灭、伪造证据，干扰证人作证或者串供：

（1）曾经或者企图毁灭、伪造、隐匿、转移证据的；

（2）曾经或者企图威逼、恐吓、利诱、收买证人，干扰证人作证的；

（3）有同案犯罪嫌疑人或者与其在事实上存在密切关联犯罪的犯罪嫌疑人在逃，重要证据尚未收集到位的；

（4）其他可能毁灭、伪造证据，干扰证人作证或者串供的情形。

▶▶ 5.2.4 对于检察机关报请逮捕的案件，应当着重审查是否具有下列情形，以认定犯罪嫌疑人可能毁灭、伪造证据，干扰证人作证或者串供：

（1）对涉嫌犯罪的主要事实、重要情节作虚假供述或隐瞒同案犯的重要罪行的；

（2）向同案犯通风报信或串供的；

（3）制造假象，实施毁灭、伪造证据或干扰证人作证的；

（4）对犯罪证据、涉案款物等进行转移、隐匿，或拒绝提供本人持有的重要证据的。

▶▶ 5.2.5 具有下列情形之一的，应当认定犯罪嫌疑人可能对被害人、举报人、控告人实施打击报复：

（1）扬言或者准备、策划对被害人、举报人、控告人实施实施诬告、陷害、威胁、恐吓，诋毁人格名誉，利用职权刁难、要挟、胁迫等报复行为，以及采取其他方式滋扰被害人、举报人、控告人正常生活、工作的；

（2）曾经对被害人、举报人、控告人实施打击、要挟、迫害等报复行为的；

（3）采取其他方式滋扰被害人、举报人、控告人的正常生活、工作的；

（4）其他可能对被害人、举报人、控告人实施打击报复的情形。

▶▶ 5.2.6 具有下列情形之一的，应当认定犯罪嫌疑人企图自杀或者逃跑：

（1）着手准备自杀、自残或者逃跑的；

（2）曾经自杀、自残或者逃跑的；

（3）有自杀、自残或者逃跑的意思表示的；

（4）曾经以暴力、威胁手段抗拒抓捕的；

（5）为逃跑制造条件，企图隐匿身份，准备出境、准备逃跑工具或资金等其他企图逃跑的。

▶▶ 5.3 对"社会危险性"的认定应当严格按照法律、司法解释的规定执行，不得任意扩充突破。犯罪嫌疑人是否具有"社会危险性"，应结合犯罪的事实、性质、主观罪过、犯罪情节、在共同犯罪中的作用、认罪悔罪态度、平时社会表现以及监护管教条件等进行综合评判。认定具有"社会危险性"应有相关证据或证明材料证实，不能凭主观臆断。

▶ 6. 对径行逮捕条件的审查

▶ 6.1 径行逮捕是指有证据证明有犯罪事实，可能判处十年有期徒刑以上刑罚的，或者有证据证明有犯罪事实，可能判处徒刑以上刑罚，曾经故意犯罪或者身份不明的，应当予以逮捕。

▶ 6.2 对"可能判处十年有期徒刑以上刑罚"的审查。认定犯罪嫌疑人是否"可能判处十年有期徒刑以上刑罚"，应当根据已查明的犯罪事实和情节，对犯罪嫌疑人的宣告刑（含数罪并罚）是否可能为十年有期徒刑以上刑罚予以判断。具体可以参考人民法院的量刑指导意见。

▶ 6.3 对"曾经故意犯罪"的审查。"曾经故意犯罪"，包括报捕时已经追究以及尚未追究的犯罪。证明犯罪嫌疑人曾经故意犯罪的证据包括法院的判决书、《全国违法犯罪人员信息库》摘录等。

▶ 6.4 对"身份不明"的审查。

▶▶ 6.4.1 侦查机关认为有证据证明有犯罪事实，可能判处有期徒刑以上刑罚，身份不明而应当逮捕的，应当提供反映查找、核实犯罪嫌疑人身份信息的过程和结果的材料。

▶▶ 6.4.2 有以下情形之一的，可认为犯罪嫌疑人"身份不明"：

（1）犯罪嫌疑人不讲身份信息，侦查机关通过指纹比对、网上户籍信息查询等方式无法确定其真实身份的；

（2）犯罪嫌疑人虽有供述，但经网上户籍信息查询或向户籍派出所调查，核实不相符的，或者明显虚假、无法核实的。

▶ 6.5 对于曾经故意或身份不明的犯罪嫌疑人，但罪行轻微，不可能判处有期徒刑的，不应逮捕。

▶ 7. 对转捕条件的审查

【定义】转捕是指被取保候审、监视居住的犯罪嫌疑人违反取保候审、监视居住规定，情节严重的，可以予以逮捕。

▶ 7.1 转捕的条件。

▶▶ 7.1.1 犯罪嫌疑人违反取保候审、监视居住规定，情节严重。

▶▶ 7.1.2 侦查机关（部门）以犯罪嫌疑人"违反取保候审、监视居住规定，情节严重"报请逮捕，应当对犯罪嫌疑人违反取保候审、监视居住规定的情形进行说明，并提供违反规定情节严重的证据或证明材料。

▶ 7.2 应当逮捕的情形。

（1）故意实施新的犯罪行为的；

（2）企图自杀、逃跑，逃避侦查、审查起诉的；

（3）实施毁灭、伪造证据或者串供、干扰证人作证行为，足以影响侦查、审查起诉工作正常进行的；

（4）对被害人、证人、举报人、控告人及其他人员实施打击报复的。

▶ 7.3 可以逮捕的情形。

▶ 7.3.1 犯罪嫌疑人有下列违反监视居住规定的行为，人民检察院可以对犯罪嫌疑人予以逮捕：

（1）未经批准，擅自离开执行监视居住的处所，造成严重后果，或者两次未经批准，擅自离开执行监视居住的处所的；

（2）未经批准，擅自会见他人或者通信，造成严重后果，或者两次未经批准，擅自会见他人或者通信的；

（3）经传讯不到案，造成严重后果，或者经两次传讯不到案的。

▶ 7.3.2 犯罪嫌疑人有下列违反取保候审规定的行为，人民检察院可以对犯罪嫌疑人予以逮捕：

（1）未经批准，擅自离开所居住的市、县，造成严重后果，或者两次未经批准，擅自离开所居住的市、县的；

（2）经传讯不到案，造成严重后果，或者经两次传讯不到案的；

（3）住址、工作单位和联系方式发生变动，未在二十四小时以内向侦查机关报告，造成严重后果的；

（4）违反规定进入特定场所、与特定人员会见或者通信、从事特定活动，严重妨碍诉讼程序正常进行的。

▶ 7.4 审查转捕条件的其他规定。

▶ 7.4.1 对转捕的案件，承办人应当对原案进行审查，即审查案件是否符合逮捕的证据条件。对尚未达到有证据证明有犯罪事实的案件，不得逮捕。

▶ 7.4.2 对犯罪嫌疑人在取保候审、监视居住期间虽未违反相关规定，但经侦查，发现其符合径行逮捕条件的，侦查机关（部门）移送审查逮捕的，检察机关可以对其批准（决定）逮捕。

▶ 8. 操作禁忌

▷▷ 8.1 禁止对不符合刑事诉讼法规定逮捕条件的犯罪嫌疑人批准逮捕。

▷▷ 8.2 禁止对不符合附条件逮捕条件的犯罪嫌疑人作出附条件逮捕决定。

五、制作审查逮捕意见书操作规程

【定义】制作审查逮捕意见书是指审查逮捕承办人按照固定文书格式，在对全案事实和证据进行全面审查的基础上，根据相关法律规定，对犯罪嫌疑人提出是否批准（决定）逮捕意见的诉讼活动。

▶ 1.《审查逮捕意见书》的制作主体

《审查逮捕意见书》由负责审查逮捕的具有检察官资格（指检察员或助理检察员）的承办人制作。如有协办人的，可由协办人负责其中部分内容的制作，承办人和协办人均应在该文书上签名。不具有检察官职称的书记员可以协助承办人从事证据摘录工作，不能单独制作《审查逮捕意见书》，更不能采取挂名的方式办理审查逮捕案件。

▶ 2. 制作《审查逮捕意见书》的时间要求

▷▷ 2.1 一般案件的制作时间。

应在审查逮捕期限届满前一日制作完毕。即对于犯罪嫌疑人被刑事拘留的普通刑事案件承办人应当在六日内制作完毕，对于犯罪嫌疑人未在押的，应当在十四日内制作完毕，特殊情况可以延长五日。对于检察机关受理立案侦查的案件，承办人应当在六日内制作完毕，特殊情况下可延长一日至三日。

▷▷ 2.2 快速办理轻微刑事案件的制作时间。

根据高检院快速办理轻微刑事案件办案期限的规定，轻微刑事案件被羁押的要在三日内作出决定，未被羁押的五日内作出决定，因此文书制作时间应当在上述期限内完成。

▷▷ 2.3 重大疑难复杂案件的制作时间。

对于案情重大疑难复杂、需要提交部门研究或检委会研究的案件，承办人一般应在审查逮捕期限届满前两日完成《审查逮捕意见书》的制作，对于需提交上级人民检察院审批或请示的案件，一般应在审查逮捕期限届满前四日完成《审查逮捕意见书》的制作。

▶ 3. 制作《审查逮捕意见书》的准备工作

▷▷ 3.1 完成对在案材料的审查，全面熟悉案情。

▶▶ 3.2 完成对证据的复核工作。具体包括：

（1）讯问犯罪嫌疑人或听取犯罪嫌疑人、律师意见；

（2）询问证人、被害人及其他诉讼参与人；

（3）复核其他证据材料；

（4）审查同步录音录像资料。

▶▶ 3.3 搜集与案件相关的刑法、刑事诉讼法、司法解释等法律法规。

▶ **4.《审查逮捕意见书》应当具备的基本内容**

《审查逮捕意见书》通常包括以下九大部分，分别为：

（1）受案和审查过程；

（2）犯罪嫌疑人基本情况；

（3）发案、立案、破案经过；

（4）经审查认定的案件事实及证据；

（5）需要说明的问题；

（6）逮捕必要性分析；

（7）办案风险评估及预案；

（8）延伸办案职能的意见和建议；

（9）处理意见。

▶ **5.《审查逮捕意见书》格式**

××××人民检察院
犯罪嫌疑人×××涉嫌××犯罪案件
审查逮捕意见书

××检捕审〔××××〕×号

本院于××年×月×日接到×××以×号文书提请审查逮捕犯罪嫌疑人×
××涉嫌××一案的文书及案卷材料、证据，经承办人检察员（或助理检察员）×××（案件受理和审查过程，应写明承办人在审查逮捕时，根据刑事诉讼法和刑事诉讼规则的要求所做的相关工作，如在适时介入、引导侦查的基础上）审阅了案卷，讯问了犯罪嫌疑人（听取了犯罪嫌疑人意见、听取律师意见或书面审查律师意见等），核实了有关证据，现已依法对本案审查完毕（适用于侦查机关移送审查逮捕的案件）。

本院于××年×月×日接到×××人民检察院以×检〔××××〕×号文书报请审查逮捕犯罪嫌疑人×××涉嫌××一案的文书及案卷材料、证据，经承办人检察员×××审阅了案卷，已讯问犯罪嫌疑人，审查了同步录音录像资料，听取辩护人意见，核实了有关证据（经批准审查期限延长至×月×日），现已审查完毕（适用于上提一级案件）。

本处于××年×月×日接到本院××局以×检〔××××〕×号文书移送审查逮捕犯罪嫌疑人×××涉嫌××罪（犯罪嫌疑人×××、×××涉嫌××罪或犯罪嫌疑人×××涉嫌××罪、犯罪嫌疑人×××涉嫌××罪）一案的文书及案卷材料、证据，经承办人检察员×××（在适时介入、引导侦查的基础上）审阅了案卷，讯问了犯罪嫌疑人，核实了有关证据，现已审查完毕（适用于省级院侦查部门移送审查逮捕案件）。

一、犯罪嫌疑人基本情况

1. 单位犯罪

涉嫌犯罪的单位名称：××××单位；

单位性质：××××（国有企业、集体企业）；

单位住所：××××；

单位犯罪的直接负责的主管人员：

单位犯罪的其他责任人员：

2. 自然人犯罪

犯罪嫌疑人×××（曾用名、绰号，不报姓名的用代号），男（女），现年××岁，××年×月×日生，身份证号码××××，××民族，××受教育状况，户籍所在地××××，住×××。工作单位及职业××××，××××人大代表、政协委员。

××××（简要写明犯罪嫌疑人简历）。

××××（简要写明犯罪嫌疑人家庭情况，如父亲×××，×岁，工作单位，母亲×××，×岁，工作单位，配偶×××，×岁，工作单位，儿女×

××，×岁，工作单位。家庭成员如与案件处理没有影响的可以不写，其他家庭成员如与案件处理有影响的也要写明）。

以上犯罪嫌疑人无行政、刑事处罚记录（如有应写明处罚的时间、结果、刑罚判决、释放情况）；无影响羁押的严重疾病（如系女性，且处于怀孕或哺乳期间，也应写明）。

×××因涉嫌×××于××年×月×日被×××刑事拘留，于×××经批准延长拘留期限至××年×月×日，现羁押于××××看守所（或××年×月×日被×××监视居住或取保候审）。

二、发案、立案、破案经过

××年×月×日×时，（当场抓获、移送、办案发现）××接到×××报案（举报、控告、自首），称××××。××××公安机关遂于×月×日立案侦查。经侦查，犯罪嫌疑人对××一案供认不讳（证人证言的印证情况或有关物证的收缴情况），此案告破。

三、经审查认定的案件事实及证据

1. 侦查机关（部门）认定的犯罪案件事实

侦查机关（部门）认定的案件事实，摘录报捕书认定的案件事实，并精简，要求条理清晰，不失原意，按时间地点次数结果等要素来写。

2. 经审查认定的案件事实及证据

经审查认定：××××。

要依据案卷材料，按时间、地点、动机、目的、手段、对象、情节、后果等要素进行全面表述。要求事实完整、准确，层次分明，无想象、推测成分，即每一个事实、情节均要有证据证实。可以按犯罪事实或罪名来进行排列认定的事实和证据。

（1）经审查，认为侦查机关（部门）认定的案件事实有证据证明的，不再另述经审查认定的事实，应写明"经审查，上述事实有证据证明"。

（2）经审查，承办人认定的案件事实同侦查机关（部门）认定的案件事实有差别的，应当写明经审查认定的案件，即经审查重新认定的案件事实；然后根据案件性质、特点，对证据进行排列，对证据的内容进行必要的摘抄或归纳，并根据其证明力予以分析。分为两种情况：

①侦查机关（部门）认定的案件事实缺乏前因后果或者太简单、不完善，影响案件处理的（包括定性不准，有需要追捕或监督立案的），则应写明审查

认定的事实和证据。

②侦查机关（部门）认定的案件事实不成立，但有证据证明有其他事实的，则应写明经审查认定的案件事实和证据。

（3）经审查，侦查机关（部门）认定的案件事实不能成立，又没有证据证明有其他事实的，则应写明"经审查，认定某某涉嫌犯罪的证据不足"，或者写"经审查，现有证据不足以证明侦查机关（部门）认定的犯罪事实"。

（4）经审查，一部分事实能够认定，一部分事实尚不能认定，能够认定的事实则写明"经审查认定的案件事实及证据"，尚不能认定的事实则写明"经审查尚不能认定的事实"。认定部分犯罪嫌疑人的事实与公安机关认定的一致，认定部分犯罪嫌疑人的事实证据不足，则应写明"经审查，认定犯罪嫌疑人×××、×××涉嫌××罪的事实与公安机关认定的事实一致，但认定×××涉嫌××罪的证据不足"。

（5）经审查，认定侦查机关（部门）认定的案件事实非犯罪嫌疑人所为的，应写明"经审查，没有证据证明犯罪嫌疑人实施了侦查机关（部门）认定的犯罪行为"。

对犯罪嫌疑人具有《刑事诉讼法》第七十九条规定的社会危险性情形并有相关证据、材料证实的，要一并在案件事实、证据中写明，如系《刑事诉讼法》第七十九条第二款、第三款规定的情形的，应一并写明相关身份不明或者违反取保候审、监视居住规定的事实和证据材料。

认定上述事实的证据如下：

（1）犯罪嫌疑人的供述及辩解

犯罪嫌疑人×××，×次于××年×月×日和×日在××（地点）向侦查员×××、×××供述：要对认定犯罪嫌疑人有罪、无罪证据内容进行归纳摘抄，要求内容真实，符合原意、繁简得当。

本案公安机关随案移送了对犯罪嫌疑人讯问时的同步录音录像资料。经审查，该视听资料录制和保存程序合法，其记录的对犯罪嫌疑人讯问全程同步录音录像的内容与讯问笔录一致、未发现刑讯逼供等违法取证行为。

证据分析主要针对证据的合法性、客观性、关联性及证明对象、证明力进行分析，如果犯罪嫌疑人多次供述比较一致，且与承办人认定事实相符，可以只摘抄或归纳一次，其他用"均作如实供述"省略。审查了讯问犯罪嫌疑人全程同步录音录像的，还应结合对同步录音录像资料的审查情况进行分析。

（2）被害人的陈述

被害人×××［男（女）、×岁，住×××，系×××之××］于××年×月×日在×（地点）向侦查员×××、×××报案称（陈述）。

上述证据证实了×××，其内容与犯罪嫌疑人×××供述互相印证。

（3）证人证言

证人×××［男（女），×岁，住×××，系×××之××］于××年×月×日在×（地点）向侦查员×××、×××证实。

上述证据证实了×××，与犯罪嫌疑人×××供述能互相印证。

如果有多名证人的证言且内容比较一致，可以只摘抄或归纳一次，其他用"证明发案过程"或"与某某证言相同"概括；如果同一人对同一事实提供两次以上内容不同的证据，应当具体予以说明，并对其证明力进行分析。

（4）鉴定意见

××鉴定书：由×××、×××于××年×月×日作的××××单位〔××××〕××号××鉴定结论书，结论为：

该鉴定意见证明×××。

（5）勘验、检查、辨认、侦查实验等笔录

××××公安机关侦查员××、××在××年×月×日×时对现场进行了勘查，该证据证明了×××。

犯罪嫌疑人或者证人的辨认笔录，以上证据证明了×××。

（6）物证、书证

①××年×月×日侦查员×××、×××从××处扣押物品清单一份，扣押×××。

以上证据证明了×××。

②犯罪嫌疑人的户籍资料。

××××

以上证据证明了犯罪嫌疑人×××已年满十八周岁，负完全刑事责任。犯罪嫌疑人×××作案时未满十八周岁，负相对刑事责任。犯罪嫌疑人×××作案时未满十四（十六）周岁，不负刑事责任。

③公安机关出具抓获经过、其他法律文书及说明材料。

上述材料证明了犯罪嫌疑人×××在×××地点被××抓获。

④视听资料、电子数据。

以上对单个或一组证据分析，主要是对证据的客观性、关联性、合法性以及证明对象、证明力度进行分析，判断证据反映的事实与待证的案件事实是否存在客观内在的联系或矛盾，各证据之间是否存在联系或矛盾，从而得出各证据的一致性或矛盾点。对于矛盾点和犯罪嫌疑人无罪、罪轻的辩解予以分析，作出是否排除、是否采信的判断。

全案证据分析：综上所述，××××（证据、事实、案件性质综合分析）。是指对在证据摘抄、分析的基础上对全案各证据之间所证明的对象是否一致、证据间是否有矛盾，证据间是否相互印证的情况作出综合性、概括性的分析阐述，主要围绕现有证据是否能达到有证据证明有犯罪事实的证明标准、能否认定犯罪事实系犯罪嫌疑人所为、证明犯罪嫌疑人实施犯罪行为的证据是否经查证属实并对案件定性进行综合分析。

四、需要说明的问题

1. 案件背景、有关领导批示情况

2. 引导公安机关取证事项

3. 立案监督、侦查活动监督有关情况

（1）立案监督情况

本案中××证据证明×××实施了××等行为，已触犯了《中华人民共和国刑法》第×条之规定，涉嫌××罪，依法应当追究其刑事责任，但公安机关未对其立案侦查，根据《中华人民共和国刑事诉讼法》第一百一十一条之规定，建议向公安机关发出《要求说明不立案理由通知书》，进行立案监督。

需要对不应当立案而立案的监督以及对行政执法机关不移送涉嫌犯罪案件的监督事项。

（2）侦查活动监督情况

①追捕事项。本案中，有×证据证明××实施了××行为，主观上有共同犯罪的故意，客观上实施了×××行为，系××罪共犯，可能判处徒刑以上刑罚，有逮捕必要，而公安机关没有提请批准逮捕，根据《人民检察院刑事诉讼规则（试行）》第三百二十一条之规定，建议向公安机关发出《应当逮捕犯罪嫌疑人意见书》，予以追捕。

②纠正违法事项。具体表述存在的违法情形及法律依据。

以上×点问题，建议根据《中华人民共和国刑事诉讼法》第九十八条之规定，向公安机关口头提出纠正意见或发出书面《纠正违法通知书》。（发出书面《纠正违法通知书》的有：严重违反刑事诉讼法的有关规定；对犯罪嫌疑人刑讯逼供、诱供；徇私舞弊、可能放纵包庇犯罪分子的；利用职务之便谋取非法利益，可能影响案件公正处理的；贪污、挪用、调换所扣押、冻结的款物及其孳息的；不执行检察机关批准逮捕、不批准逮捕决定的；违反办案期限规定；超期羁押的；对多次给予口头纠正仍拒不纠正的，等等）需要追究刑事责任的，向有关部门移送犯罪线索。

发现单位存在漏洞的，发《检察建议书》要求整改。

4. 需要补充侦查的事项

引导公安机关取证事项或需要补充侦查的事项可不做区分。

5. 其他需要分析或说明的事项

（1）人大代表、政协委员是否提请许可或通报，外国人、无国籍人是否层报。

（2）律师是否就本案提出意见及分析是否采纳情况。

（3）管辖、时效、正当防卫、紧急避险、立功、自首、刑事和解等。

（4）对改变报捕罪名的说明。如公安机关以××罪报捕不当，犯罪嫌疑人应涉嫌××罪。

五、逮捕必要性分析

本部分要分析案件属于刑事诉讼法规定的一般逮捕条件、径行逮捕条件和转捕三种情形中的何种情形。如果经审查认为犯罪嫌疑人均不符合上述三种情形，应提出犯罪嫌疑人不具有逮捕必要性，应不捕的意见。

六、办案风险评估及预案

按照高检院有关执法办案风险评估的文件精神，对办案风险进行评估，提出预案建议。

风险评估

1. 关于专项打击行动的说明

2. 关于案件督办情况的说明

（1）本案未发现有上级督办、交办案件的文件。

（2）本案未发现有领导批示。

3. 关于案件反映出的重大社会矛盾问题说明

4. 关于重大案件的说明

5. 关于其他社会影响因素的说明

七、延伸办案职能的意见和建议

1. 社会矛盾化解事项分析处理意见

2. 社会管理创新事项分析处理意见

3. 公正廉洁执法事项分析处理意见

（1）需要立案监督事项。

（2）需要纠正违法事项。

（3）需要涉及职务犯罪线索移送事项。

"公正廉洁执法事项分析处理意见"部分的相关内容已在"立案监督、侦查活动监督有关情况"中阐述的，此处可不再叙述。

"办案风险评估及预案"和"延伸办案职能的意见和建议"部分，要根据案件的具体情况，按照高检院有关文件精神，对执法办案风险及有关矛盾化解、社会管理创新等问题进行评估或者分析，简要提出相关建议即可，并不需要对格式规定的内容面面俱到，不需占用较大篇幅。

八、处理意见

承办人意见：

1.【批准逮捕】承办人认为拟批准逮捕的，应当写明："犯罪嫌疑人×××……（对案情进行高度概括），其行为触犯了《中华人民共和国刑法》第××条、第×款、第×项，涉嫌××罪，犯罪嫌疑人×××可能判处徒刑以上刑罚，鉴于（具有社会危险性事实表述），根据《中华人民共和国刑事诉讼法》第七十九条第×款（第×项）之规定，建议以涉嫌××罪批准逮捕犯罪嫌疑人×××"。

2. 拟不批准逮捕的，应根据案件的具体情况，有针对性地写明意见和理由，不宜笼统写为"不符合逮捕条件"：

（1）【无罪不捕】犯罪嫌疑人没有犯罪事实或犯罪事实非犯罪嫌疑人所为及犯罪嫌疑人具有《中华人民共和国刑事诉讼法》第十五条规定的情形的，应写明："犯罪嫌疑人×××的行为……（对案情进行高度概括），但犯罪事实非犯罪嫌疑人所为，或犯罪嫌疑人的行为具有《中华人民共和国刑事诉讼法》第十五条规定的何种情形。根据《中华人民共和国刑事诉讼法》第七十九条、第八十八条之规定（其中犯罪嫌疑人的行为符合刑事诉讼法第十五条规定的不追究刑事责任的情形的，还应同时引用刑事诉讼法第十五条第×项的规定），建议不批准逮捕犯罪嫌疑人×××"。

（2）【存疑不捕】对现有证据不足以证明有犯罪事实而不批准逮捕的，应写明："犯罪嫌疑人×××……（对案情进行高度概括），但现有证据证明犯罪嫌疑人×××的行为涉嫌××犯罪事实不清，证据不足，不符合逮捕条件，根据《中华人民共和国刑事诉讼法》第七十九条、第八十八条之规定，建议不批准逮捕犯罪嫌疑人×××"。

（3）【构罪不捕】对犯罪嫌疑人涉嫌犯罪，但可能判处徒刑以下刑罚或不具有刑事诉讼法第七十九条的社会危险性情形而不批准逮捕的，应写明："犯罪嫌疑人×××……（对案情进行高度概括），其行为触犯《中华人民共和国刑法》第×条第×款第×项之规定，涉嫌×××犯罪，但（具体表述可能判处徒刑以下刑罚或无社会危险性的理由）不符合逮捕条件，根据《中华人民共和国刑事诉讼法》第七十九条、第八十八条之规定，建议不批准逮捕犯罪嫌疑人×××"。

（4）【符合监视居住】因犯罪嫌疑人患有严重疾病、生活不能自理或系正在怀孕、哺乳自己婴儿的妇女或系生活不能自理的人的唯一扶养人而不批准逮捕的，应写明："犯罪嫌疑人×××……（对案情进行高度概括），其行为触犯《中华人民共和国刑法》第×条、第×款、第×项之规定，涉嫌××犯罪，符合逮捕条件，但（具体表述《中华人民共和国刑事诉讼法》第七十二条第一款第（一）项至第（三）项规定的情形）根据《中华人民共和国刑事诉讼法》第七十二条第一款第×项、第八十八条之规定，建议不批准逮捕犯罪嫌疑人×××"。在"综合分析"、"逮捕必要性分析"中对相关问题已进行充分阐述的，在处理意见中可简要提出处理意见，不再论述分析。

承办人：×××

××年×月×日

部门负责人意见：

检察长或检察委员会意见：

▶ 6. 自侦案件审查逮捕意见书中承办人意见部分法条的引用

▶▶ 6.1 下级人民检察院报请逮捕案件。

▶▶▶ 6.1.1 犯罪嫌疑人被刑事拘留的：

（1）决定逮捕的：引用《刑事诉讼法》第七十九条（应具体到款到项）、

第一百六十三条、第一百六十五条、《刑事诉讼规则》第三百二十九条；

（2）决定不予逮捕的：引用《刑事诉讼法》第七十九条、第一百六十五条、第一百六十五条、《刑事诉讼规则》第三百二十九条。

▶≫ 6.1.2 犯罪嫌疑人未被刑事拘留的：

（1）决定逮捕的：引用《刑事诉讼法》第七十九条（应具体到款到项）、第一百六十三条、第一百六十五条、《刑事诉讼规则》第三百二十九条；

（2）决定不予逮捕的：引用《刑事诉讼法》第七十九条、《刑事诉讼规则》第三百二十九条。

▶≫ 6.2 省级人民检察院侦查部门报请逮捕案件。

▶≫ 6.2.1 犯罪嫌疑人被刑事拘留的：

（1）决定逮捕的：引用《刑事诉讼法》第七十九条（应具体到款到项）、第一百六十三条、第一百六十五条、《刑事诉讼规则》第三百四十三条；

（2）决定不予逮捕的：引用《刑事诉讼法》第七十九条、第一百六十五条、《刑事诉讼规则》第三百四十三条。

▶≫ 6.2.2 犯罪嫌疑人未被刑事拘留的：

（1）决定逮捕的：引用《刑事诉讼法》第七十九条（应具体到款到项）、第一百六十三条、第一百六十五条、《刑事诉讼规则》第三百四十三条；

（2）决定不予逮捕的：引用《刑事诉讼法》第七十九条、《刑事诉讼规则》第三百四十三条。

▶ 7. 关于繁简分流制作审查逮捕意见书

▶≫ 7.1 繁简范围。

▶≫ 7.1.1 可以简化的案件：事实清楚、证据充足，对犯罪嫌疑人明显应当逮捕的案件。"事实清楚"是指具有下列情形之一：

（1）单一罪行的案件，查清的事实足以定罪或者与定罪有关的事实已经查清的；

（2）数个罪行的案件，部分罪行已经查清并符合逮捕条件的；

（3）无法查清作案工具、赃物去向，但有其他证据足以对犯罪嫌疑人定罪的；

（4）证人证言、犯罪嫌疑人供述和辩解、被害人陈述的内容中主要情节一致，只有个别情节不一致且不影响定罪的。

▶≫ 7.1.2 "证据充足"是指具备《逮捕证》据所必需的质和量的要求。

▶▶ 7.1.3 "犯罪嫌疑人明显应当逮捕"是指犯罪嫌疑人涉嫌犯罪明显符合《刑事诉讼法》第七十九条规定的逮捕条件，必须对其依法采取逮捕措施。

▶▶ 7.1.4 不能简化的案件：

（1）命案、重大复杂案件；

（2）多人涉嫌多起犯罪事实或者涉嫌多个罪名的共同犯罪条件；

（3）未成年人涉嫌犯罪的案件；

（4）犯罪嫌疑人是人大代表、政协委员、知名人士或有社会影响人士的犯罪案件；

（5）涉外案件；

（6）危害国家安全的犯罪案件；

（7）检察机关直接立案侦查的案件；

（8）不捕案件；

（9）有争议的或其他敏感的案件。

▶▶ 7.2 繁简分流制作审查逮捕意见书的格式内容。

▶▶ 7.2.1 为了全面客观地反映案件情况，审查逮捕意见书仍应采取"报告式"文书格式，而不宜采用表格式，但应按照繁简分流的要求制作。

▶▶ 7.2.2 标题应体现办案单位、犯罪嫌疑人姓名及涉嫌的罪名。例如：××人民检察院（注：以下另起行）×××涉嫌故意伤害犯罪案件审查逮捕意见书，并填写文书编号。

▶▶ 7.2.3 序言应简要写明"受案和审查过程"，并根据新刑事诉讼法和《人民检察院刑事诉讼规则（试行）》（以下简称《刑事诉讼规则》）要求，说明是否讯问犯罪嫌疑人、听取律师意见（或者审查律师书面意见）等情况。

▶▶ 7.2.4 "犯罪嫌疑人基本情况"可不罗列其与认定犯罪、适用逮捕措施无关的简历、家庭情况等内容。"发案、立案、破案经过"应从简阐明。

▶▶ 7.2.5 "案件事实和证据"，是审查逮捕意见书的核心内容，也是繁简分流制作文书的重点。对于案情简单、不存在异议的，应当简要概括侦查机关（部门）认定的案件事实，不必原文引用或者粘贴。同时，写明"经审查，上述事实有证据证明"，并合理列举相关证据，概括归纳其所证明的内容。特别是犯罪嫌疑人有多次供述，或者多名证人的证言证明同一事实的，应进行综合归纳，不必全部照抄照搬。需要排除非法证据的应简要说明理由。

▶▶ 7.2.6 "逮捕必要性分析"可单列为一部分，写明是否具有《刑事诉讼法》第七十九条规定的"应当予以逮捕"或者"可以予以逮捕"的具体情形，并简要阐明理由和根据。

▶▷ 7.2.7 "需要说明的问题"，可根据案件情况，有问题则加以说明，例如：案件是否为上级人民检察院督办；是否有需要立案监督或者纠正违法的事项；有无执法办案风险等。无问题则应从略。

▶▷ 7.2.8 "处理意见"，应用简练的语言阐明犯罪嫌疑人是否构成犯罪、有无逮捕必要，并提出是否批准（决定）逮捕的意见。

▶▷ 7.3 明确繁简分流制作审查逮捕意见书的基本要求。办案人员要在全面客观审查案件事实证据的基础上，根据案件的具体情况简繁得当地制作审查逮捕意见书。基本要求是：

（1）能简化的尽可能简化。对于案情简单、事实清楚、证据充分、不存在分歧的案件，可以用精练的语言加以概括，尽可能简化制作文书，特别要避免完全照抄照搬证据材料，并简要分析是否构成犯罪、是否具有社会危险性或者符合径行逮捕或者违反取保候审、监视居住规定转捕的条件，提出处理意见。

（2）加强对疑难、分歧问题的分析论证。对于案情疑难复杂的；犯罪嫌疑人不认罪、供述不稳定的；经审查认定的事实、证据与侦查机关（部门）不一致的；证据之间、证据与案件事实之间存在矛盾，或者存在非法证据需要排除的等情况，应当加强对疑点、难点、分歧问题的分析论证。

（3）灵活取舍文书格式的内容。全国检察机关统一业务应用系统中，审查逮捕意见书的格式虽然全面列举了审查逮捕案件可能出现的各项内容，但并非要求每个项目都必不可少。工作中应当根据案件的具体情况，按照繁简分流制作要求适当予以取舍，有的项目内容可以省略或者从简。

▶ 8. 审查逮捕意见书的审批

▶▷ 8.1 普通审批程序。案件审批通过统一业务应用系统完成。承办人制作完毕后，提交侦查监督部门负责人审核，最后报请分管副检察长审批。

▶▷ 8.2 特殊审批程序。

▶▷ 8.2.1 若案件经过侦查监督部门研究，侦查监督部门负责人应在"部门负责人意见"一栏中写明其本人意见，并写明集体研究的意见。若侦查监督部门主要负责人是审查逮捕案件承办人，此栏可由侦查监督部门副职填写，并报请分管副检察长审批；若侦查监督部门无副职，可直接由承办人报请分管副检察长审批。

≫ 8.2.2 若案件由分管副检察长报请检察长决定，则由检察长在"检察长或检委会意见"签署意见。

≫ 8.2.3 若案件经过检委会研究或请示程序，由分管副检察长在"检察长或检委会意见"一栏中，填写检委会意见或上级人民检察院意见。

▶ 9. 审查逮捕意见书制作数量及保存

审查逮捕意见书需要制作一份，审批完成后，保存于检察内卷。

▶ 10. 操作禁忌

≫ 10.1 禁止审查逮捕意见书中"经审查认定的案件事实"无证据支撑。

≫ 10.2 禁止证据摘录部分过于烦琐或过于简单。

≫ 10.3 禁止对辩护律师意见不摘录或不进行分析。

第三节　审查逮捕决定类操作规程

一、审查撤回逮捕操作规程

【定义】审查撤回逮捕是指侦查机关（部门）在将案件报捕后、侦查监督部门尚未作出决定以前，根据案件发生变化的具体情况，主动提出将案件撤回提请批准（报请审查）逮捕，侦查监督部门对案件是否符合撤回逮捕条件进行审查，并作出是否同意撤回提请批准（报请审查）逮捕决定的诉讼活动。

▶ 1. 操作主体

≫ 1.1 申请撤回逮捕的主体。

侦查机关（部门）在案件提请决定（报请审查）逮捕后，可以根据案件需要，主动要求将案件撤回。

≫ 1.2 决定是否撤回的主体。

受理案件的侦查监督部门有权决定是否同意侦查机关（部门）撤回逮捕。

▶ 2. 对侦查机关（部门）提出撤回提请批准（报请审查）逮捕意见的审查

≫ 2.1 对侦查机关（部门）提出的撤回提请批准（报请审查）逮捕的书面意见，应当由负责该案审查逮捕的承办人一并进行审查。

≫ 2.2 对于侦查机关（部门）提出的撤回提请批准（报请审查）逮捕的书面意见，承办人应当围绕犯罪嫌疑人是否涉嫌犯罪、应否予以逮捕、侦查机关（部门）提出的撤回意见是否成立、是否有相应的证据或证明材料予以证明，对案件情况进行全面审查。

▶ 2.3 承办人审查后，应结合案件的事实、证据、是否符合撤回条件等，提出是否应当同意侦查机关（部门）撤回案件的意见及理由，交部门负责人审核，必要时，侦查监督部门可组织集体研究。

▶ 2.4 是否同意侦查机关（部门）提出的撤回提请批准（报请审查）逮捕的意见，应报分管副检察长决定；分管副检察长不同意侦监部门集体意见的，应报检察长决定或者检委会决定。

▶ **3. 审查重点**

承办人应当重点审查侦查机关（部门）要求撤回提请批准（报请审查）逮捕的理由是否符合下列情形：

（1）侦查机关（部门）认为需要撤回案件移送其他有管辖权的侦查机关（部门）查办的；

（2）案件事实不清、证据不足，侦查机关（部门）认为不符合逮捕条件而需要进一步侦查的；

（3）行为显著轻微，侦查机关（部门）认为不需要追究刑事责任的；

（4）因同案犯罪嫌疑人被抓获，侦查机关（部门）认为撤回案件后合并处理更为适宜的；

（5）侦查机关（部门）发现犯罪嫌疑人还涉嫌其他犯罪，需要撤回案件补充侦查的；

（6）犯罪嫌疑人社会危险性已经消失或显著降低，无须采取逮捕强制措施的；

（7）其他认为有撤回必要情形的。

▶ **4. 对侦查机关（部门）提出撤回提请批准（报请审查）逮捕意见的处理**

▶ 4.1 对于案件符合《刑事诉讼法》第七十九条规定，应当予以逮捕，并作出不同意侦查机关（部门）的撤回意见。

▶ 4.2 对于报捕机关（部门）确无管辖权的，应当建议侦查机关（部门）移送其他有管辖权的机关侦查的，应同意侦查机关（部门）撤回的意见。

▶ 4.3 对于同案犯罪嫌疑人被抓获，侦查机关（部门）以撤回案件后合并处理更为适宜为由提出撤回逮捕的，承办人应当审查合并处理的必要性，如确属合并处理更为适宜的，可提出同意侦查机关（部门）撤回的意见；如经审查认为分案处理不影响案件顺利侦查的，应不同意侦查机关（部门）撤回的意见。

▶ 4.4 侦查机关（部门）以犯罪行为显著轻微，不需要追究刑事责任为由提出撤回意见的，经审查如确属不需要追究刑事责任的情形，可视案件的具体情况需要，同意侦查机关（部门）撤回的意见，或者以不构成犯罪作出不逮捕决定。

▶ 4.5 侦查机关（部门）以案件事实不清、证据不足，需要进一步补充侦查为由提出撤回意见的，应当不同意侦查机关（部门）撤回的意见，以事实不清、证据不足作出不逮捕决定。

▶ **5. 文书制作及送达**

经检察长、检察委员会决定，同意侦查机关（部门）提出的撤回提请批准（报请审查）逮捕意见的，由承办人制作《准予撤回决定书》，送达侦查机关（部门）执行。

▶ **6. 操作禁忌**

禁止对应当逮捕的犯罪嫌疑人同意侦查机关（部门）撤回逮捕。

二、审核决定操作规程

【定义】审核决定是指侦查监督部门负责人对承办人所提出的意见进行审核后，报请分管副检察长决定是否对犯罪嫌疑人逮捕，必要时由检察长决定或检察委员会研究决定的诉讼活动。

▶ **1. 审核决定的主体**

（1）部门负责人负责审核；

（2）分管副检察长审批决定；

（3）特殊案件提交检察委员会研究决定或由检察长决定。

▶ **2. 部门负责人审核**

【定义】部门负责人审核是指部门负责人根据案件的事实和证据情况，提出同意或不同意承办人的意见的诉讼活动。

▶ 2.1 审核主体。案件审核通常由侦查监督部门正职负责，特殊情况下，经分管副检察长同意，可由部门副职代行为行使审核案件的权力。

▶ 2.2 审核时间。部门负责人应在审查逮捕期限内提出审核意见，并给分管副检察长审批预留出足够时间。

▶ 2.3 审核方式：

（1）审查承办人制作的审查逮捕意见书及案卷材料；

（2）听取承办人对案件的汇报；

（3）听取侦查机关（部门）的意见；

（4）听取辩护律师的意见；

（5）要求承办人对关键证据进行核实；

（6）参与讯问犯罪嫌疑人、询问被害人、证人等其他诉讼参与人；

（7）其他认为有必要的方式。

▶▷ 2.4 部门负责人审核后的处理。对承办人提交审核的审查逮捕案件，部门负责人经审核后，可分别作如下处理：

（1）在全面掌握案情和证据的情况下，对承办人意见提出同意或不同意的意见，并报请分管副检察长决定；

（2）组织侦查监督部门对案件进行集体研究，在综合集体讨论意见的基础上，对承办人意见提出同意或不同意的意见，并报分管副检察长决定；

（3）向分管副检察长、检察长提议召开检察委员会研究。

▶▷ 2.5 部门负责人承办案件的审核程序。

对侦查监督部门主要负责人作为案件承办人时，原则上应由部门副职负责审核，未设立部门副职的，可直接报请分管副检察长决定。

▶▷ 2.6 部门负责人签署审核意见。

▶▷ 2.6.1 部门负责人应当通过检察业务统一应用系统进行签署审核意见，审核意见写入审查逮捕意见书"部门负责人意见"部分。

▶▷ 2.6.2 审核意见应当具体、明确，并写明理由和相关法律依据。

▶▷ 2.7 操作禁忌：

▶▷ 2.7.1 禁止部门负责人在承办人提出审查意见之前对案件提出个人倾向性意见。

▶▷ 2.7.2 禁止部门负责人强行要求承办人改变原来的审查意见。

▶▷ 2.7.3 禁止部门负责人在未认真审阅审查逮捕意见书及听取承办人汇报的情况下，草率签署审核意见。

　▶ **3. 部门集体研究**

【定义】部门集体研究是指侦查监督部门通过组织全体或部分侦查监督干警，对于符合特定条件的审查逮捕案件进行集体讨论，就案件是否逮捕等事项进行充分讨论，并提出处理建议的诉讼活动。

▶▶ 3.1 集体研究的时间。侦查监督部门组织集体研究应当在审查逮捕期限内进行，重大疑难复杂案件的集体研究应当至少在审查逮捕期限届满前一日至两日进行。

▶▶ 3.2 集体研究案件的范围。下列案件，侦查监督部门可以组织集体研究：

（1）重大疑难复杂案件；

（2）承办人建议作出附条件逮捕案件；

（3）案件承办人与部门负责人意见存在重大分歧的案件；

（4）案件承办人、部门负责人或分管副检察长认为需要集体讨论的案件。

▶▶ 3.3 集体研究的发起者和组织者。案件承办人、部门负责人、分管副检察长均可提议对案件组织集体研究，具体由部门负责人组织实施。

▶▶ 3.4 集体研究参与人员。集体研究时，由侦查监督部门全体人员参加，也可由侦查监督部门负责人指定部分人员参加。必要时可以邀请分管副检察长、检察长、公诉部门、侦查机关（部门）等相关参加集体研究。

▶▶ 3.5 集体研究材料的准备。侦查监督部门进行集体研究时，承办人应当提交审查逮捕意见书或专门的汇报材料。

▶▶ 3.6 集体研究的程序。

▶▶▶ 3.6.1 集体研究时，一般先由案件承办人介绍案情及状况，重点汇报需要讨论的事项，并提出个人处理意见，后由部门其他检察人员发表意见，最后由部门负责人发表意见。

▶▶▶ 3.6.2 公诉、侦查机关（部门）参加的，其他单位（部门）可在侦查监督部门负责人之前发表意见。

▶▶▶ 3.6.3 分管副检察长、检察长出席集体研究会议的，应当在最后发表意见。

▶▶▶ 3.6.4 部门集体研究不能形成多数意见的，侦查监督部门负责人应将集体研究意见报告给分管副检察长，分管副检察长不同意多数意见的，应当报告检察长或提议召开检察委员会研究。

▶▶ 3.7 案件讨论笔录的制作。

▶▶▶ 3.7.1 讨论案件笔录通常由侦查监督内勤或书记员负责记录，案件承办人原则上不担任案件记录人。

▶▶▶ 3.7.2 讨论案件笔录通常应包括以下内容：案由、犯罪嫌疑人、时间、地点、主持人、参加人和讨论情况。讨论情况应当详细具体，尽量确保符合发言人的原意。发言人不仅应当对案件处理提出明确具体意见，同时应当阐明理由。

>> 3.7.3 讨论笔录制作完毕后，由记录人交各参会人员核对无误后，由各参会人员及记录人在讨论笔录末页签字确认，案件讨论笔录装入检察内卷。

>> 3.8 对集体研究意见的报告。分管副检察长未参加集体研究的，承办人或者部门负责人应当向分管副检察长报告集体研究情况。案件提交检察委员会研究时，侦查监督部门负责人应当向检察委员会报告集体研究情况。侦查监督部门负责人同时应当将集体研究情况写入审查逮捕意见书"部门负责人意见"部分，有多种意见的，均需记载，对于部门负责人不同意多数人意见的，应写明个人意见。

>> 3.9 操作禁忌：

>> 3.9.1 禁止检察长、分管副检察长、部门负责人参加部门集体讨论时，首先发表意见。

>> 3.9.2 禁止参与案件讨论的人员在讨论时，只谈结论，不阐述理由。

>> 3.9.3 禁止参加集体研究的人员将参会的个人意见透露给犯罪嫌疑人及其辩护人、被害人及其亲属。

>> 3.9.4 禁止将案件讨论情况向犯罪嫌疑人及其辩护人、被害人及其亲属出示及向社会公众披露。

>> 3.9.5 禁止部门负责人不向分管副检察长、检察长报告集体研究的情况。

▶ 4. 分管副检察长、检察长决定

【定义】分管副检察长、检察长决定是指侦查监督部门对承办人负责审查案件审查后，将案件提交分管副检察长，由分管副检察长决定是否对犯罪嫌疑人逮捕，特殊情况下，分管副检察长报请检察长决定是否对犯罪嫌疑人批准逮捕的活动。

▶ 4.1 分管副检察长、检察长决定的时间。分管副检察长、检察长应当在审查逮捕期限内作出决定。

▶ 4.2 分管副检察长决定程序。

>> 4.2.1 分管副检察长在对侦查监督部门提交的材料包括审查逮捕意见书、案件讨论笔录进行审查的基础上，作出决定。

>> 4.2.2 必要时分管副检察长可以开展以下工作：

（1）查阅案件相关材料和证据；

（2）当面听取承办人对案件的汇报；

（3）听取侦查机关（部门）的意见；

（4）听取辩护律师的意见；

（5）要求侦查监督部门复核相关证据；

（6）参与讯问犯罪嫌疑人、询问被害人、证人等其他诉讼参与人。

■≫ 4.2.3 分管副检察长同意承办人及部门负责人意见的，应在审查逮捕意见书上，通过检察机关统一业务应用系统签署同意意见，并交由承办人执行。

■≫ 4.2.4 分管副检察长的意见应当明确，并写明理由和相关法律依据。

■≫ 4.2.5 分管副检察长不同意集体研究时多数意见，分管副检察长应当报告检察长，由检察长决定，或者向检察长提议召开检察委员会决定。

■≫ 4.3 检察长决定程序。

■≫ 4.3.1 分管副检察长与部门负责人、承办人或集体研究时多数意见不同时，分管副检察长可向检察长报告，由检察长决定。

■≫ 4.3.2 检察长认为有必要时，可以召开检察委员会对案件进行研究。

■≫ 4.3.3 检察长意见与分管副检察长意见一致时，可由分管副检察长在审查逮捕意见书"检察长意见"部分写明检察长决定意见，若检察长与分管副检察长意见不一致时，由检察长本人在审查逮捕意见书"检察长意见"部分写明决定意见。

■≫ 4.4 操作禁忌：

■≫ 4.4.1 禁止分管副检察长在承办人提出审查意见及部门负责人提出审核意见之前对案件提出个人倾向性意见。

■≫ 4.4.2 禁止分管副检察长强行要求承办人及部门负责人改变原来的审查意见。

■≫ 4.4.3 禁止分管副检察长在未认真审阅审查逮捕意见书及听取承办人汇报的情况下，草率签署审核意见。

■≫ 4.4.4 禁止分管副检察长在意见与侦查监督部门多数意见不一致的情况下，未报告检察长而直接作出决定。

▶ 5. 检察委员会研究决定

【定义】检察委员会研究决定是指检察委员会委员对侦查监督部门提请研究的审查逮捕案件进行研究，并根据会议多数意见对犯罪嫌疑人作出是否逮捕的决定。

▶ 5.1 案件范围。下列审查逮捕案件可提交检察委员会研究：

（1）重大疑难复杂案件；

（2）检察长、分管副检察长认为应当需要提交检察委员会研究的案件。

▶ 5.2 检察委员会的组织。检察委员会会议由检察长主持。检察长因故未能出席的，可以委托副检察长主持。检察委员会会议必须有检察委员会全体委员的过半数出席，方能举行。检察委员会举行会议，经检察长决定，未担任检察委员会委员的院领导和内设机构负责人可以列席会议；必要时，可以通知本院或者上级人民检察院的相关人员列席会议。

▶ 5.3 检察委员会研究程序的启动。侦查监督部门提请检察委员会研究案件，由承办检察官提出办理意见，承办部门讨论，部门主要负责人签署明确意见，经分管副检察长审核后报检察长决定。

▶ 5.4 检察委员会会议材料准备。会议材料由承办人准备，经部门负责人审核后交由分管副检察长批准使用。准备的材料即可以是审查逮捕意见书。

▶ 5.5 检察委员会的程序。检察委员会审议审查逮捕案件，按照以下程序进行：

（1）承办人员汇报、部门负责人补充汇报科室集体研究意见。

（2）检察委员会委员提问、讨论。

（3）会议主持人发表个人意见、总结讨论情况。

（4）表决并作出决定。检察委员会审议议题，应当制作会议纪要和检察委员会决定事项通知书。纪要和检察委员会决定事项通知书由检察委员会办事机构起草，报检察长或者受委托主持会议的副检察长审批。纪要印发各位委员并同时报上级人民检察院检察委员会办事机构备案；检察委员会决定事项通知书以本院名义印发侦查监督部门执行。

（5）检察长同意多数检察委员会委员的意见，可以直接就案件作出决定，若检察长不同意多数检察委员会委员的意见，应当向上级人民检察院报告，由上级人民检察院作出决定。

▶ 5.6 检察委员会决定的执行。对于检察委员会的决定，承办部门和有关的下级人民检察院应当及时执行。承办部门应当向检察委员会办事机构通报检察委员会决定的执行情况，并在决定执行完毕后五日内填写《检察委员会决定事项执行情况反馈表》，由部门负责人签字后，连同反映执行情况的相关材料，交检察委员会办事机构存档备查。

■▶ 5.7 操作禁忌：

■▶ 5.7.1 禁止参加检察委员会研究的人员将参会的个人意见透露给犯罪嫌疑人及其辩护人、被害人及其亲属。

■▶ 5.7.2 禁止将案件讨论情况向犯罪嫌疑人及其辩护人、被害人及其亲属出示及向社会公众披露。

■▶ 5.7.3 禁止侦查监督部门不执行检委会的决议。

▶ 6. 审查逮捕案件决定的作出与执行

■▶ 6.1 决定的类型。

检察机关对于侦查机关（部门）报捕的案件只能作出批准逮捕（决定逮捕）或者不批准逮捕（不予逮捕）的决定。作出批准逮捕决定（决定逮捕）的，连同案卷材料送达侦查机关执行；作出不批准逮捕决定的，人民检察院应当说明理由，需要补充侦查的，应当同时通知侦查机关（部门）。

■▶ 6.2 决定作出的时间。

对侦查机关提请批准逮捕的犯罪嫌疑人，已被刑事拘留的，人民检察院应当在收到提请批准逮捕书后的七日以内作出是否批准逮捕的决定，对于检察机关直接立案侦查的案件，情况特殊的，可以延长一日至三日；未被刑事拘留的，应当在收到提请批准逮捕书后的十五日以内作出是否批准逮捕的决定，重大、复杂的案件，不得超过二十日。

■▶ 6.3 文书的制作及相关材料的送达。

■▶ 6.3.1 审查逮捕意见书经分管副检察长或检察长签发后，承办人填写《批准逮捕决定书》（《逮捕决定书》），加盖院章，连同案卷材料、证据，一并送达报捕的侦查机关（部门）执行逮捕。同时，把批准逮捕的情况，填写《批准逮捕告知书》，通知本院刑事执行检察部门。侦查机关应当在三日以内，将执行逮捕的情况以及批准逮捕决定书回执送人民检察院。

■▶ 6.3.2 在办理审查逮捕案件过程中，侦查监督部门从侦查监督的职责出发，立足于法庭举证的具体要求，对侦查活动提出具体侦查建议时，可使用《逮捕案件继续取证提纲》，所提的继续取证的事项：一是应围绕犯罪构成要件提出侦查建议；二是所列的侦查建议应当明确具体，并向侦查机关说明取证的目的；三是所列的侦查建议应具有可操作性，对已经灭失或者丧失取证条件的证据不得提出取证建议。

▶ **7. 不捕决定**

【定义】不捕决定是指检察机关对于不符合刑事诉讼法规定的逮捕条件的犯罪嫌疑人依法作出不捕决定，并向侦查机关（部门）说明不捕理由，需要补充侦查的，通知侦查机关予以补充侦查的诉讼活动。

▶▶ 7.1 不捕决定的审批主体。

不捕决定通常由分管副检察长作出，特殊案件由检察长或检察委员会决定。

制作不捕案件的各类法律文书通常由承办人负责草拟，部门负责人负责审核，检察长进行审批。

▶▶ 7.2 无罪不捕的审批。

▶▶ 7.2.1 无罪不捕的条件。对具有下列情形之一的，检察机关应当依法作出无罪不捕决定：

（1）证据所证明的事实不构成犯罪的；

（2）虽有证据证明发生了犯罪事实，但无证据证明犯罪事实是犯罪嫌疑人实施的；

（3）情节显著轻微、危害不大，不认为是犯罪的；

（4）犯罪已过追诉时效期限的；

（5）经特赦令免除刑罚的；

（6）犯罪嫌疑人死亡的；

（7）其他法律规定免予追究刑事责任的。

▶▶ 7.2.2 不捕决定书的制作和审批。

（1）经分管副检察长、检察长审批或经检委会研究，决定对犯罪嫌疑人不捕的，由承办人通过检察机关统一业务应用系统自动生成《不批准逮捕决定书》（适用于侦查机关报捕的案件）或《不予逮捕决定书》（适用于侦查部门报捕的案件），文书生成后，由承办人负责对文书内容进行检查，在确认无误后，提交用印。

（2）无罪不捕案件的不捕决定书中"经本院审查认为"具体填写如下：

①符合《刑事诉讼法》第十五条第一项规定情形的，填写为"犯罪嫌疑人×××的行为，情节显著轻微、危害不大，不认为是犯罪"；

②符合《刑事诉讼法》第十五条第二项规定情形的，填写为"犯罪嫌疑人×××涉嫌×××罪，但已过追诉时效期限"；

③符合《刑事诉讼法》第十五条第三项规定情形的，填写为"犯罪嫌疑人×××涉嫌×××罪，但已经特赦令免除刑罚"；

④符合《刑事诉讼法》第十五条第四项规定情形的，填写为"犯罪嫌疑人×××涉嫌×××罪，系依照刑法告诉才处理的犯罪"；

⑤犯罪嫌疑人没有犯罪事实情形的，填写为"犯罪嫌疑人×××的行为不涉嫌×××罪，""×××罪"填写侦查机关报捕的罪名；

⑥犯罪事实非犯罪嫌疑人所为情形的，填写为"本案的犯罪事实非犯罪嫌疑人×××所为"；

（3）负责院公章管理人员在查阅领导审批单后，对不捕决定书用印。

（4）文书用印后，由承办人打印该文书。不捕文书共有三联，其中第一联由负责审查逮捕的侦查监督部门附卷，第二联送达给侦查机关（部门），第三联为不捕决定书执行回执，也一并送达给报捕机关。

▶≫ 7.2.3 不捕理由说明书的制作和审批。

（1）不捕理由说明书由承办人根据研究的意见拟定草稿，由部门负责人审核，经分管副检察长审批后，即可申请用印。

（2）不捕理由说明书的格式。

①文书首部为××人民检察院《不批准逮捕理由说明书》，对于检察机关直接立案侦查的案件，使用文书为《不予逮捕理由说明书》。

②正文应当首先注明发文对象，内容具体可为："你（分）局××年×月×日以××××文书提请批准逮捕的犯罪嫌疑人×××，经审查，我院对其作出不批准逮捕决定。根据《中华人民共和国刑事诉讼法》第八十八条的规定，现说明理由如下：……（写明不捕的详细理由）。"

③尾部注明年月日，并加盖院章。

（3）对无罪不捕理由的填写。

无罪不捕中的无罪包括事实上的无罪和法律上的无罪。事实上的无罪是指现有证据证明犯罪嫌疑人所实施的行为并不符合刑法规定的任何一个罪名的构成要件或构成犯罪的行为并非犯罪嫌疑人所为。法律上的无罪是指犯罪嫌疑人的行为已符合某种犯罪的构成要件，但由于法律的特殊规定，如具备《刑事诉讼法》第十五条规定的："犯罪已过追诉时效期限，经特赦令免除刑罚，依照刑法规定告诉才处理，没有告诉或者撤回告诉"等情形，而依法不追究刑事责任，对于法律上无罪的不捕案件进行说明时只需提出犯罪嫌疑人符合某项法律规定，应不予追究刑事责任即可，而对于事实上无罪不捕案件，则应围绕犯罪构成要件进行分析，对于其中欠缺的某个构成要件要作出重点说明。

（4）该文书制作两份，一份送达侦查机关，一份存入检察内卷。

▶▶ 7.2.4 文书及相关案卷材料的送达。承办人（或书记员）将盖有院公章的不捕决定书、不捕理由说明书及相关案件材料（包括同步录音录像资料）一并送达侦查机关（部门），经接收人员清点，送达回证上所列明的物品应与实际所送达的物品一致，接收人员应当在送达回证上签名确认并写明送达时间。

▶▶ 7.2.5 不捕决定执行回执的回收。侦查机关（部门）在收到不捕决定书后，应当立即执行，并于三日内将执行回执填写并盖章后，将该回执退给原不捕决定作出机关。负责审查逮捕的侦查监督部门发现侦查机关（部门）未及时执行不捕决定，应当提出纠正违法意见，对于侦查机关（部门）未及时退回执行回执的，应当要求侦查机关（部门）立即退回，仍未退回的，可以口头提出纠正违法意见。

▶▶ 7.2.6 跟踪侦查机关撤案情况。对于检察机关作出无罪不捕的案件，且侦查机关（部门）未启动复议、复核（重新报请逮捕）程序，或经复议复核（重新报请逮捕），维持原无罪不捕决定的，侦查机关（部门）应当作出撤销案件决定，承办人应当督促侦查机关（部门）及时撤销案件，但不宜按监督撤案程序办理。

▶▶ 7.3 存疑不捕案件的审批。

▶▶ 7.3.1 存疑不捕的条件。对犯罪嫌疑人涉嫌犯罪的事实不清、证据不足的案件，应当依法作出存疑不捕决定。具有以下情形之一的，应当作出存疑不捕决定：

（1）仅有犯罪嫌疑人的有罪供述，而无其他证据印证的；

（2）证明犯罪嫌疑人有罪和无罪的主要证据之间存在重大矛盾且难以排除的；

（3）共同犯罪案件中，同案犯的供述存在重大矛盾，且无其他证据证明犯罪嫌疑人实施了共同犯罪行为的；

（4）没有直接证据，间接证据不能相互印证的；

（5）证明犯罪的证据中，对于采用刑讯逼供等非法方法收集的犯罪嫌疑人供述和采用暴力、威胁等非法方法收集的证人证言、被害人陈述依法予以排除后，其余的证据不足以证明有犯罪事实的；

（6）现有证据不足以证明犯罪主观方面要件的；

（7）其他不能证明有犯罪事实的情形。

▶》7.3.2 不捕决定书的制作。对存疑不捕案件的不捕决定书的制作程序与无罪不捕案件相同。其中"经本院审查认为"可填写为："犯罪嫌疑人×××涉嫌××××犯罪的事实不清，证据不足，不符合逮捕条件。"

▶》7.3.3 不捕理由说明书的制作。存疑不捕案件不捕理由说明书的格式与无罪不捕案件相同。存疑不捕案件不捕理由的说明应当围绕证据的客观性和关联性进行分析说理，做到于法有据，逻辑严密。既要写明证明犯罪嫌疑人可能涉嫌犯罪的证据及理由，又要写清证明犯罪嫌疑人涉嫌犯罪的证据尚有欠缺或证据与证据之间存在重大矛盾，无法排除，足以影响案件定罪的理由。对于侦查机关存在违法取证行为的，还应指明侦查机关提供的有罪证据不能作为定案依据的事实及理由，以及排除上述非法证据后，证明犯罪嫌疑人涉嫌犯罪的事实不清，证据不足的理由。

▶》7.3.4 不捕案件补充侦查提纲的制作和审批。

（1）文书的审批。

本文书由承办人拟定草稿，交部门负责人审核，报分管副检察长审批后，即可加盖院章。

（2）不捕案件补充侦查提纲的格式。

对于普通刑事案件，适用的文书为不准逮捕案件补充侦查提纲，对于检察机关直接立案侦查的案件，适用的文书为不予逮捕案件补充侦查提纲，两种文书基本一致，正文内容可为：

"你局提请批准逮捕的犯罪嫌疑人××涉嫌××（罪名）一案，我院对犯罪嫌疑人××作出不批准逮捕决定，根据《中华人民共和国刑事诉讼法》第八十八条之规定，请继续补充侦查下列事项：

一、×××。

……（写明需要补充侦查的事项）

补充侦查完毕后，可以依法提请本院审查逮捕。如撤销案件或者作其他处理，请及时通知本院。"

最后在尾部注明年月日，并加盖院章。

（3）关于文书中所列的补充侦查事项的要求。

①所列的补充侦查事项应当明确具体，并向侦查机关说明取证的目的；

②围绕犯罪构成要件提出需要补充侦查的事项；

③所列的补充侦查事项具有可操作性，对已经灭失或者丧失取证条件的证据不得提出。

（4）本文书一式三份，一份送达侦查机关，一份存入检察内卷，一份抄送公诉部门。

▣≫ 7.3.5 文书及相关案卷材料的送达。承办人（或书记员）将不捕决定书、不捕理由说明书、不捕案件补充侦查提纲及相关案件材料（包括同步录音录像资料）一并送达侦查机关（部门）。

▣≫ 7.4 构罪不捕案件的审批。

▣≫ 7.4.1 构罪不捕的条件。犯罪嫌疑人涉嫌的罪行较轻，且没有其他重大犯罪嫌疑，具有以下情形之一的，可以作出构罪不捕决定：

（1）属于预备犯、中止犯，或者防卫过当、避险过当的；

（2）主观恶性较小的初犯，共同犯罪中的从犯、胁从犯，犯罪后自首、有立功表现或者积极退赃、赔偿损失、确有悔罪表现的；

（3）过失犯罪的犯罪嫌疑人，犯罪后有悔罪表现，有效控制损失或者积极赔偿损失的；

（4）犯罪嫌疑人与被害人双方根据刑事诉讼法的有关规定达成和解协议，经审查，认为和解系自愿、合法且已经履行或者提供担保的；

（5）犯罪嫌疑人系已满十四周岁未满十八周岁的未成年人或者在校学生，本人有悔罪表现，其家庭、学校或者所在社区、居民委员会、村民委员会具备监护、帮教条件的；

（6）年满七十五周岁以上的老年人。

▣≫ 7.4.2 对符合逮捕条件，但具有下列情形的犯罪嫌疑人，人民检察院经审查认为不需要逮捕的，可以作出构罪不捕决定的同时，向侦查机关（部门）提出监视居住的建议。

（1）患有严重疾病、生活不能自理的；

（2）怀孕或者正在哺乳自己婴儿的妇女；

（3）系生活不能自理的人的唯一扶养人。扶养包括父母、祖父母、外祖父母对子女、孙子女、外孙子女的抚养和子女、孙子女、外孙子女对父母、祖父母、外祖父母的赡养以及配偶、兄弟姐妹之间的相互扶养。

▣≫ 7.4.3 不捕决定书的制作。对构罪不捕案件不捕决定书的制作程序同无罪不捕案件的不捕决定书的制作程序。其中"经本院审查认为"可填写为：

（1）不具有《刑事诉讼法》第七十九条规定社会危险性情形的不捕，填写为"犯罪嫌疑人×××的行为涉嫌××××罪，但不具有《中华人民共和国刑事诉讼法》第七十九条规定的社会危险性情形"。

（2）可能判处管制、拘役或者独立适用附加刑的，填写为"犯罪嫌疑人×××的行为涉嫌××××罪，可能判处徒刑以下刑罚"。

（3）符合《刑事诉讼法》第七十二条规定监视居住情形的，具体填写为：

①犯罪嫌疑人×××涉嫌××××罪，但患有严重疾病、生活不能自理，符合监视居住条件；

②犯罪嫌疑人×××涉嫌××××罪，但系怀孕（或者正在哺乳自己婴儿）的妇女，符合监视居住条件；

③犯罪嫌疑人×××涉嫌××××罪，但系生活不能自理的人的唯一扶养人，符合监视居住条件。

▶》7.4.4 不捕理由说明书的制作。构罪不捕案件不捕理由说明书的格式与无罪不捕案件相同。对于构罪不捕的案件，应结合案件具体情况写明犯罪嫌疑人虽已构成犯罪但明显不可能判处徒刑以上刑罚或涉嫌罪行较轻，没有其他重大犯罪嫌疑，且具有防卫过当、悔罪、立功、刑事和解等情节以及采取取保候审足以防止发生社会危险性的理由。可着重从刑事政策、犯罪性质、社会危害程度、具有法定从轻或者减轻、免除处罚情节、认罪悔罪表现、社会效果以及具备取保候审条件，不羁押不至于危害社会、妨碍诉讼等方面进行说明。符合监视居住条件不捕案件应重点阐述符合逮捕条件的犯罪嫌疑人，存在《刑事诉讼法》第七十二第一款第一、二、三项规定的不适宜羁押的情形，如患有严重疾病、生活不能自理，正在怀孕、哺乳自己婴儿以及系生活不能自理的人的唯一扶养人的事实、理由。

▶》7.4.5 文书及相关案卷材料的送达。承办人（或书记员）将不捕决定书、不捕理由说明书及相关案件材料（包括同步录音录像资料）一并送达侦查机关（部门），并将所送达的相关材料在送达回证上予以记载，侦查机关（部门）的接收人员经清点无误后，在送达回证上签名确认。

▶》7.5 操作禁忌：

▶》7.5.1 禁止未向侦查机关（部门）说明不捕理由。

▶》7.5.2 禁止未就存疑不捕案件向侦查机关（部门）发出补充侦查提纲。

三、撤销逮捕（不捕）决定操作规程

【定义1】撤销逮捕决定是指人民检察院对已经作出逮捕决定的案件，经审查后认为逮捕决定确有错误，不宜继续羁押犯罪嫌疑人的；对于适用"附条件逮捕"的案件，发现侦查机关（部门）未继续侦查取证、已经丧失继续侦查取证条件，或者在两个月的侦查羁押期限届满时仍未收集到定罪所必需的证据，无继续羁押必要的，依法撤销原逮捕决定，送达公安机关（通知下级人民检察院送达同级公安机关）执行的诉讼活动。

【定义2】撤销不捕决定是指人民检察院对已经作出不捕决定的案件，发现确有错误，需要逮捕犯罪嫌疑人的，由人民检察院撤销原不捕决定（或由上级人民检察院通知作出不批准逮捕决定的人民检察院撤销原不捕决定），重新作出逮捕决定，送达公安机关执行的诉讼活动。

▶ **1. 本级院撤销逮捕（不捕）决定**

▶▷ 1.1 撤销逮捕决定的主体。作出逮捕决定的人民检察院，具体由该院侦查监督部门办理。

▶▷ 1.2 应当撤销逮捕决定的情形。

▶▷ 1.2.1 发现现有证据不能证明有犯罪事实。

（1）证据所证明的事实不构成犯罪的；

（2）仅有犯罪嫌疑人的有罪供述，而无其他证据印证的；

（3）证明有罪和无罪的主要证据之间存在重大矛盾且难以排除的；

（4）共同犯罪案件中，同案犯的供述存在重大矛盾，且无其他证据证明犯罪嫌疑人实施了共同犯罪行为的；

（5）没有直接证据，而间接证据又未形成相互印证链条的；

（6）证明犯罪的证据中，对于采用刑讯逼供等非法方法收集的犯罪嫌疑人供述和以暴力、威胁等非法方法收集的证人证言、被害人陈述予以排除后，其余的证据不足以证明有犯罪事实的；

（7）虽有证据证明发生了犯罪事实，但无证据证明犯罪事实是犯罪嫌疑人实施的，或对于犯罪嫌疑人是否实施了犯罪证据存在矛盾无法排除的；

（8）其他不能证明有犯罪事实的情形。

▶▷ 1.2.2 依据《刑事诉讼法》第七十九条第一款认定犯罪嫌疑人存在社会危险性而批准（决定）逮捕的案件，经查证表明犯罪嫌疑人不存在社会危险性，或表明其存在社会危险性情形的证据不属实的。

▰≫ 1.2.3 有证据证明犯罪嫌疑人有犯罪事实，但存在以下情形，又无证据反映其存在《刑事诉讼法》第七十九条第一款所列社会危险性的：

（1）虽其法定刑包含十年有期徒刑以上刑罚，但按照其具体情节、有立功表现、真诚认罪悔罪达成刑事和解，依法应当从宽处理，从而不可能在十年以上量刑的；

（2）经查证，依法不可能被判处徒刑以上刑罚，或因身份不明被批准逮捕后，已查明身份的。

▰≫ 1.2.4 发现犯罪嫌疑人存在不适于羁押情形的：

（1）患有严重疾病、生活不能自理的；

（2）女性犯罪嫌疑人已怀孕或者正在哺乳自己婴儿的；

（3）系生活不能自理的人的唯一扶养人。

▰≫ 1.2.5 对于适用"附条件逮捕"的案件，发现侦查机关（部门）未继续侦查取证、已经丧失继续侦查取证条件，或者在两个月的侦查羁押期限届满时仍未收集到定罪所必需的证据，无继续羁押必要，侦查机关（部门）未及时变更强制措施的。

▰≫ 1.3 应当撤销不捕决定的情形。

▰≫ 1.3.1 作出不捕决定时认定无证据证明有犯罪事实存在错误的。

▰≫ 1.3.2 作出不捕决定时认定犯罪嫌疑人不存在社会危险性情形的事实和理由确有错误的。

▰≫ 1.4 撤销逮捕（不捕）决定的启动。

▰≫ 1.4.1 侦查机关立案侦查的普通刑事案件：

（1）侦查机关不服不批准逮捕决定而要求复议的案件；

（2）逮捕后侦查机关发现犯罪嫌疑人未涉嫌犯罪或因其他原因认为不应当逮捕，而通知原批准的人民检察院侦查监督部门的。

▰≫ 1.4.2 省级以下人民检察院立案侦查的案件：

（1）经上级人民检察院决定逮捕后，下级人民检察院发现不应当逮捕，需要撤销逮捕决定而提出报请撤销逮捕意见的。

（2）下级人民检察院认为上级人民检察院作出不予逮捕决定有错误而报请上级人民检察院重新审查的。

▰≫ 1.4.3 适用"附条件逮捕"的案件，侦查监督部门在对侦查机关（部门）

捕后继续侦查取证情况进行监督时，发现侦查机关（部门）未继续侦查取证、已经丧失继续侦查取证条件，或者在两个月的侦查羁押期限届满时仍未收集到定罪所必需的证据。

▶≫ 1.4.4 犯罪嫌疑人、被害人及其法定代理人、近亲属、辩护律师或其他与案件处理有关联的相关人员不服人民检察院逮捕（不捕）决定而提出申诉，转交本院侦查监督部门处理的。

▶≫ 1.4.5 其他在办案工作中发现已作出逮捕（不捕）决定确有错误的。

▶≫ 1.5 作出撤销逮捕（不捕）决定。

▶≫ 1.5.1 对于发现原逮捕（不捕）决定可能存在错误的，侦查监督部门承办人应当围绕犯罪嫌疑人是否涉嫌犯罪、应否予以逮捕、是否有必要继续羁押等相关事实和证据，对案件情况进行全面审查。受理复议案件后应当更换承办人进行审查，并在收到提请复议书和案卷材料后的七日以内作出是否变更的决定。

▶≫ 1.5.2 适用"附条件逮捕"的案件拟作出撤销逮捕决定的，案件承办人员应当着重审查以下内容：

（1）侦查机关（部门）是否继续侦查取证，是否已经收集到定罪所必需的证据；

（2）已经获取的证据之间能否相互印证，足以证实犯罪；

（3）案件是否已经丧失继续侦查取证的条件；

（4）犯罪嫌疑人是否有继续羁押的必要。

▶≫ 1.5.3 拟对适用"附条件逮捕"的案件作出撤销逮捕决定的，应当在侦查羁押期限届满前作出是否撤销逮捕的决定。

▶≫ 1.5.4 承办人审查后，应结合案件的事实、证据、是否应当逮捕（不捕）的法律依据，制作审查报告，提出是否应当撤销逮捕（不捕）决定的意见及理由，提交部门集体讨论。

▶≫ 1.5.5 经讨论，将原逮捕（不捕）决定是否存在确有错误的、适用"附条件逮捕"案件是否存在应当撤销逮捕决定的情形，提出是否改变原决定的集体意见，报分管副检察长决定；分管副检察长不同意侦监部门集体意见的，报检察长或者检委会决定。

▶≫ 1.5.6 决定认为原逮捕（不捕）决定确有错误，应当撤销逮捕（不捕）决定的，由承办人制作相关法律文书：

（1）对于改变原不批准逮捕决定的，应制作撤销不批准逮捕决定（通知）书、批准逮捕决定书；对于因接受公安机关复议而改变原不捕决定的，还应当制作复议决定书。

（2）对于逮捕后发现犯罪嫌疑人未涉嫌犯罪、无社会危险性、"附条件逮捕"案件未达到所附条件要求或因其他原因需撤销原逮捕决定的，应当制作撤销逮捕决定（通知书）。

▶▶ 1.6 撤销逮捕（不捕）决定的执行。

▶▶ 1.6.1 对于撤销本院原批准（不批准）逮捕决定的，应当立即送达同级公安机关执行。

▶▶ 1.6.2 对于下级人民检察院报请审查逮捕的案件，下级人民检察院撤销本院原逮捕（不予逮捕）决定的，应通知下级人民检察院送达同级公安机关执行，同时向下级人民检察院说明撤销逮捕的理由。

▶▶ 1.6.3 最高人民检察院、省级人民检察院办理直接受理立案侦查的案件，经检察长批准撤销逮捕决定的，由本院侦查部门立即通知公安机关执行，同时通知本院侦查监督部门。

▶▶ 1.7 操作禁忌：

▶▶ 1.7.1 禁止发现存在明显错捕情形的，不撤销逮捕决定。

▶▶ 1.7.2 禁止在犯罪嫌疑人已经变更逮捕强制措施的情况下，撤销逮捕决定。

▶▶ 2. 上级人民检察院撤销逮捕（不捕）决定

▶▶ 2.1 撤销逮捕决定的主体。

作出逮捕决定人民检察院的上级人民检察院，具体由上级人民检察院侦查监督部门办理。

▶▶ 2.2 上级人民检察院应当撤销逮捕（不捕）决定的情形。

见本级院撤销逮捕（不捕）决定操作规程1.2及1.3的规定。

▶▶ 2.3 上级人民检察院撤销逮捕（不捕）决定的启动。

▶▶ 2.3.1 公安机关不服不批准逮捕决定而提请上级人民检察院复核的案件。

▶▶ 2.3.2 上级人民检察院在办理备案审查案件中，发现下级人民检察院逮捕（不捕）决定确有错误的。

▶▶ 2.3.3 犯罪嫌疑人、被害人及其法定代理人、近亲属、辩护律师或其他与案件处理有关联的相关人员不服下级人民检察院逮捕（不捕，限于相对不捕、存疑不捕案件）决定而提出申诉，转交本级院侦查监督部门处理的。

▶▶ 2.3.4 其他在办案工作中发现下级人民检察院已作出的逮捕（不捕）决定可能确有错误的。

▶▶ 2.4 作出撤销下级人民检察院逮捕（不捕）决定。

▶▶ 2.4.1 承办人审查：

（1）对于发现下级人民检察院已作出的逮捕（不捕）决定可能存在错误的，上级人民检察院侦查监督部门承办人应当围绕犯罪嫌疑人是否涉嫌犯罪、应否予以逮捕、是否有必要继续羁押等相关事实和证据，对案件情况进行全面审查。

（2）侦查监督承办人员认为下级人民检察院已作出的逮捕（不捕）决定可能存在错误，可以向下级人民检察院了解案件事实、证据和适用法律等情况，必要时可以调卷审查。

（3）承办人应结合案件的事实、证据、下级人民检察院逮捕（不捕）决定是否正确的法律依据，制作审查报告、填制备案审查表，提出下级人民检察院原逮捕（不捕）决定是否正确、是否需要改变原决定的意见及理由，提交部门集体讨论。

▶▶ 2.4.2 经侦查监督部门讨论，认为下级人民检察院逮捕（不捕）决定不正确的，应提出改变原决定的意见，报分管副检察长或者检委会决定。

▶▶ 2.4.3 经检察长或检察委员会决定认为下级人民检察院原逮捕（不捕）决定确有错误，需要改变原决定的，应当书面通知作出逮捕（不捕）决定的下级人民检察院撤销原决定，或者由上级人民检察院直接作出相关决定。

▶▶ 2.4.4 上级人民检察院撤销逮捕（不捕）决定作出后，应由承办人制作相关法律文书：

（1）上级人民检察院认为下级人民检察院原不捕决定错误的，应制作撤销不（予）批准逮捕决定通知书并另行制作批准逮捕决定书；上级人民检察院直接作出批准逮捕决定的，应制作逮捕决定书。对于因接受公安机关复核而改变原不捕决定的还应制作复核决定书。

（2）上级人民检察院决定撤销下级人民检察院原逮捕决定的，应当制作撤销强制措施决定书、通知书。

▶▶ 2.4.5 办案期限。

（1）受理复核案件，应当在收到提请复核意见书和案卷材料后的十五日以内作出是否变更的决定。

（2）办理备案审查案件，应当在收到备案材料之日起十日内办结。

（3）申诉转办等其他案件，一般应当在收到案件材料后十五日内办结。

▶▶ 2.5 撤销下级人民检察院逮捕（不捕）决定的执行。

上级人民检察院改变下级人民检察院原逮捕（不捕）决定的，通知下级人民检察院撤销原逮捕（不捕）决定的，由下级人民检察院通知同级公安机关执行。

上级人民检察院直接作出逮捕（不捕）决定的，在将相关法律文书、案卷送达下级人民检察院时，通知下级人民检察院送达公安机关执行。

▶▶ 2.6 操作禁忌：

禁止下级人民检察院不执行或不及时执行上级人民检察院作出的撤销逮捕决定。

第四节　审查逮捕工作机制类操作规程

一、跟踪监督操作规程

【定义】跟踪监督是指侦查监督部门对于侦查机关（部门）提请批准（报请审查）逮捕决定的案件，在作出逮捕或不捕决定后，定期了解侦查机关（部门）继续侦查、补充侦查获取证据的情况，以督促侦查机关（部门）及时查证犯罪，收集、固定、完善与案件定罪量刑相关的证据，防止捕后发生案件事实、证据、逮捕条件出现重大变化的情形发生的诉讼活动。

▶ **1. 跟踪监督的主体**

跟踪监督的主体为作出逮捕或不捕决定的侦查监督部门，具体由该案件审查逮捕阶段的承办人负责。

▶ **2. 跟踪监督的案件范围**

（1）作出逮捕决定的重大敏感案件；

（2）作出逮捕决定时向侦查机关（部门）发出《提供法庭审判所需材料意见书》的案件；

（3）构罪不捕或存疑不捕案件；

（4）捕后发现案件事实、证据发生重大变化可能导致被撤案、存疑不诉、绝对不诉、判决无罪的案件；

（5）捕后发生撤案、存疑不诉、绝对不诉、判决无罪的案件；

（6）其他认为有必要开展跟踪监督工作的案件。

▶ 3. 跟踪监督的内容

▶ 3.1 捕后侦查机关（部门）继续侦查取证的情况。

（1）执行逮捕后是否对定罪所需证据进一步侦查取证到位；

（2）案件中涉及主体性质、身份的证据，涉案人具体行为及造成后果的证据，反映涉案人动机、地位、作用等关键情节的相关证据是否取证到位；

（3）已经获取的证据之间能否相互印证，足以证实犯罪。

▶ 3.2 捕后案件事实和证据是否发生变化。

（1）捕后继续侦查过程中，案件的关键事实和关键情节是否发生变化，是否影响定罪；

（2）捕后证据是否发生变化，对于出现的矛盾证据，矛盾是否能够得以排除；

（3）犯罪嫌疑人有继续羁押的必要、适于羁押的相关证据是否发生变化；

（4）侦查机关（部门）将案件做撤案处理、公诉部门拟做存疑不诉、绝对不诉，法院判决无罪的原因和理由。

▶ 3.3 不捕案件补充侦查的情况。

（1）案件事实和证据的相关矛盾是否得以排除；

（2）是否就定罪所欠缺的证据进行侦查取证及取证的情况；

（3）案件是否符合逮捕条件。

▶ 4. 监督途径

▶ 4.1 要求侦查机关（部门）报送继续侦查、补充侦查获取的证据。

▶ 4.2 根据《提供法庭审判所需材料意见书》、《补充侦查提纲》所列明需要继续或补充侦查的事项和需进一步收集、补充、完善的证据清单，主动向侦查机关（部门）了解继续侦查取证的情况。

▶ 4.3 参加侦查机关（部门）、公诉部门的案件讨论，阐明侦查监督部门对案件处理的意见及理由。

▶ 5. 监督的具体方法

▶ 5.1 作出逮捕决定的案件，要求在侦查机关（部门）报请延长羁押期限时对以下情况进行说明：

（1）上一阶段的侦查取证情况及延长羁押期限后的取证计划进行详细说明；

（2）案件事实、证据是否发生重大变化，是否足以影响定罪，矛盾证据是否能够得以排除；

（3）犯罪嫌疑人有继续羁押的必要。

▶▶ 5.2 作出逮捕决定时向侦查机关（部门）发出《提供法庭审判所需材料意见书》的案件：

（1）要求侦查机关（部门）在提请批准延长羁押期限时对继续侦查取证情况进行说明；

（2）对于继续侦查取证不到位的案件，要求侦查机关（部门）说明原因并列明取证计划；

（3）及时了解案件移送公诉部门审查起诉的情况，核实侦查机关（部门）是否改变了逮捕强制措施、侦查取证工作是否按要求完成等情况。

▶▶ 5.3 不捕案件。侦查监督部门应当主动向侦查机关（部门）了解补充侦查取证的情况，比照《补充侦查提纲》的内容进行审查，督促侦查机关（部门）及时查明案件事实，排除证据间的矛盾，收集、补充定罪所需证据。

▶▶ 5.4 捕后发现案件事实、证据发生重大变化可能导致被撤案、存疑不诉、绝对不诉、判决无罪的案件：

（1）要求侦查机关（部门）及时报送侦查取证中案件事实、证据发生重大变化的具体情况，对于有条件继续侦查的案件，引导侦查机关（部门）进一步收集、调取相关证据，以查明案件事实、排除证据间的矛盾；

（2）下级人民检察院办理的职务犯罪案件，拟报请批准撤销的，应要求上级人民检察院侦查部门及时告知并征求本院侦查监督部门的意见；

（3）拟撤案、存疑不诉、绝对不诉的案件，作出逮捕决定的侦查监督部门应当对侦查机关（部门）、公诉部门的意见及理由、案件的事实和证据情况进行全面审查，要求参与案件处理讨论，充分阐明侦查监督部门的意见。

▶▶ 5.5 捕后发生撤案、存疑不诉、绝对不诉、判决无罪的案件，要求作出逮捕决定的侦查监督部门写出分析报告，对于逮捕时和被撤案、存疑不诉、绝对不诉、判决无罪时的事实和证据状况、作出决定的依据和理由进行说明，查明原因。

▶ 6. 监督的处理

▶ 6.1 对于出现下列情形，侦查机关（部门）报请延长羁押期限的，应作出不予批准延长侦查羁押期限的决定：

（1）未达到继续侦查取证要求的；

（2）不符合延长羁押期限法定条件的；

（3）案件的关键事实、情节或证据出现重大矛盾可能影响定罪处理，矛盾已然无法排除的；

（4）出现不应当追究刑事责任的新的事实、证据，已经查证属实的；

（5）法律、司法解释有新规定而不认为是犯罪的；

（6）犯罪嫌疑人无继续羁押必要、不再适于羁押的。

▶ 6.2 撤销逮捕决定

对于已经作出逮捕决定的案件，侦查监督部门发现案件的关键事实和关键情节、逮捕条件发生变化，不符合逮捕条件或犯罪嫌疑人已无继续羁押必要的，应当及时撤销逮捕决定。

▶ 6.3 案件事实证据发生重大变化或出现矛盾证据，可能影响案件定罪处理，但未丧失继续侦查条件的，侦查监督部门应当加强对继续侦查取证指导和督促，要求侦查机关（部门）定期报送取证情况，一旦发现丧失继续侦查条件或查明案件不符合定罪要求的，应当及时撤销逮捕决定。

▶ 6.4 案件经过补充侦查后，认为已经取得定罪所需证据且有逮捕必要的，建议侦查机关（部门）重新提请批准（报请审查）逮捕。

▶ 6.5 拟撤案、存疑不诉、绝对不诉的案件，作出逮捕（不捕）决定的侦查监督部门在对侦查机关（部门）、公诉部门的意见及理由、案件的事实和证据情况进行全面审查的基础上，要求参与案件处理讨论，充分阐明侦查监督部门的意见，意见不一致的，应当报请检察长或检察委员会决定。

▶ 7. 操作禁忌

▶ 7.1 禁止对应当开展跟踪监督的案件未开展工作，而导致案件最终作出撤案、存疑不诉、绝对不诉、判决无罪决定。

▶ 7.2 禁止超越法律职权而开展跟踪监督工作。

二、报请上级人民检察院审批案件操作规程

【定义】报请上级人民检察院审批案件是指下级人民检察院按照上级人

民检察院的规定，将侦查机关（部门）报捕的特定范围的案件，报请上级人民检察院审批，由上级人民检察院作出捕与不捕决定的制度。

▶ 1. 报请上级人民检察院审批的主体

▶ 1.1 报请主体是承办特定范围的审查逮捕案件的人民检察院。

▶ 1.2 审批主体是报请主体的上级人民检察院、省级人民检察院和最高人民检察院。

▶ 2. 报请上级人民检察院审批的案件范围

▶ 2.1 报送上级人民检察院审批的审查逮捕案件包括：

（1）律师、记者等特定职业人员在履职过程中涉嫌犯罪的案件；

（2）涉嫌诽谤犯罪拟提起公诉的案件。

▶ 2.2 层报省级人民检察院审批的审查逮捕案件包括：

（1）涉及国家政治安全或社会稳定、有可能或已经引起舆论炒作，检察机关认为可能会造成重大后果或在当地具有较大社会稳定隐患的案件；

（2）涉访违法行为作犯罪处理的案件；

（3）适用兜底条款作入罪处理的非法经营等案件。

▶ 2.3 层报最高人民检察院审批的审查逮捕案件包括：

（1）批准（决定）逮捕外国人、无国籍人涉嫌危害国家安全犯罪的案件；

（2）批准（决定）逮捕外国人、无国籍人涉及国与国之间政治、外交关系的案件；

（3）批准（决定）逮捕外国人、无国籍人在适用法律上确有疑难的案件。

▶ 3. 报请上级人民检察院审批案件的报送时间

▶ 3.1 下级人民检察院对需要呈报审批的案件，应当在审查逮捕期限届满前三日，通过检察机关统一业务应用软件系统呈报至上级人民检察院。

▶ 3.2 层报省级人民检察院审批的案件，应当在审查逮捕期限届满前三日呈报至省级人民检察院。

▶ 3.3 情况紧急时，下级人民检察院可同时持书面呈报审批报告携卷到上级人民检察院当面汇报。

▶ 4. 报请上级人民检察院审批案件应报送的材料

▶ 4.1 下级人民检察院呈报审批时，应当报送以下材料：

（1）呈报审批报告，内容包括：犯罪嫌疑人基本情况，诉讼过程，案件事实及证据，承办人意见及法律依据，部门讨论意见，检察委员会及检察长意见，需请示的问题等。其中有争议的案件需写清争议焦点、具体分歧意见及理由；

（2）报请（提请）逮捕书；

（3）科处室案件讨论笔录或检察委员会讨论笔录；

（4）讯问犯罪嫌疑人笔录或听取犯罪嫌疑人意见书；

（5）询问被害人、证人笔录；

（6）辩护律师提供的书面意见或有关意见；

（7）其他材料。

▶▶4.2 下级人民检察院呈报审批的案件应当先由下级人民检察院侦查监督部门审查，经检察长或检察委员会决定，并以下级人民检察院的名义制作书面请示报告，报送上级人民检察院。

▶ 5. 报请上级人民检察院审批案件的登记与分案

▶▶5.1 案件受理及移送、分案。经检察机关统一业务软件应用系统报送的案件，经案件管理部门接收案件后，由侦查监督部门内勤统一登记。

▶▶5.2 确定审查人员。由内勤指定专人审查下级人民检察院报送的案件材料，特殊案件，经处长同意，指定承办人。

▶ 6. 报请上级人民检察院审批案件的审批

▶▶6.1 承办人应审查报送的案件材料是否齐全，如果需要补充报送相关案件材料的，应当立即要求下级人民检察院补报。下级人民检察院应当按要求及时补报。必要时，上级人民检察院也可以调卷审查。

▶▶6.2 审查人员根据《刑事诉讼法》第七十九条的规定，审查案件是否符合逮捕条件并应在受理报请上级人民检察院审批案件之日起三日以内，提出意见，填写《报请上级人民检察院审批案件审查意见书》，报部门负责人审批。

▶▶6.3 部门负责人审批后，报检察长或检察委员会决定作出批复，并送达呈报审批的人民检察院。

▶▶6.4 基层人民检察院层报省级人民检察院审批的案件，应当先报请市、州人民检察院审查，市、州人民检察院不同意批准（决定）逮捕的，由市、州人民检察院直接批复基层人民检察院不批准（决定）逮捕，不再层报省级人民检察院审批。市级人民检察院侦查监督部门审查后，经检察长或检察委员会决定，拟同意批准（决定）逮捕的，应当制作呈报审批报告，报请省级人民检察院审批。

▶ 7. 上级人民检察院批复的执行

对上级人民检察院的批复，下级人民检察院应当严格执行，并在作出决定后三日内将执行情况报告作出批复的上级人民检察院，同时在审查逮捕意见书"需要说明的问题"中写明向上级人民检察院呈报审批的情况及上级人民检察院的批复意见。

▶ 8. 操作禁忌

▷ 8.1 禁止下级人民检察院不按规定呈报审批，擅自作出逮捕决定。

▷ 8.2 禁止下级人民检察院在收到上级人民检察院批复后，不执行或不及时执行上级人民检察院的决定。

三、备案审查操作规程

【定义】备案审查是指下级人民检察院按照上级人民检察院的规定，将特定范围的已经作出决定的审查逮捕案件，报送上级人民检察院，由上级人民检察院审查并提出意见的制度。

▶ 1. 备案审查的主体

▷ 1.1 备案审查程序的报请主体是承办特定范围的审查逮捕案件的人民检察院。

▷ 1.2 备案审查程序的审查主体是报请主体的上级人民检察院、省级人民检察院。

▶ 2. 备案审查的案件范围

▷ 2.1 报送上级人民检察院备案的审查逮捕案件包括：

（1）批准（决定）逮捕的外国人、无国籍人及同案中国籍人涉嫌犯罪案件；

（2）人大代表涉嫌犯罪案件；

（3）涉嫌危害国家安全犯罪案件；

（4）批准逮捕的群体性事件的刑事犯罪案件；

（5）适用附条件逮捕的案件。

上级人民检察院可以结合实际，确定本地区备案审查案件范围。

▷ 2.2 层报省级人民检察院备案的审查逮捕案件包括：

（1）"法轮功"等邪教组织涉嫌犯罪案件。

（2）当地党委、人大、政府与检察机关存在重大认识分歧，要求检察机

112

关批准（决定）逮捕的案件。

▶ **3. 备案审查案件的报送时间**

▶ 3.1 备案审查案件应当在作出决定之日起三日以内，外国人涉嫌犯罪案件应当在作出逮捕决定后四十八小时以内，由办理案件的人民检察院侦查监督部门填写《逮捕备案登记表》，通过检察机关统一业务应用系统报送上级人民检察院备案。

▶ 3.2 基层人民检察院需要层报省级人民检察院备案的案件，应当由基层人民检察院报送市、州人民检察院备案后，再由市、州人民检察院报送省级人民检察院备案。

▶ **4. 备案审查案件应报送的材料**

下级人民检察院报送备案时，应当报送以下材料：

（1）提请（报请）逮捕书；

（2）审查逮捕意见书；

（3）批准逮捕决定书、逮捕决定书或不批准逮捕决定书、不予逮捕决定书；

（4）讯问犯罪嫌疑人笔录或听取犯罪嫌疑人意见书；

（5）询问被害人、证人笔录；

（6）辩护律师提交的书面意见或有关材料；

（7）讨论案件笔录；

（8）其他工作文书及材料。

如果统一业务应用软件系统已经包含上述材料，可以不再报送检察内卷纸质版。

▶ **5. 备案审查案件的登记与分案**

▶ 5.1 案件受理及移送、分案。经检察机关统一业务软件应用系统报送的案件，经案件管理部门接收案件后，由侦查监督部门内勤统一登记。

▶ 5.2 确定审查人员。由内勤指定专人审查下级人民检察院报送的备案材料，特殊案件，经处长同意，指定承办人。

▶ **6. 备案审查案件的审查**

▶ 6.1 承办人应审查报送的备案材料是否齐全，如果备案材料不齐全，上级人民检察院应当在收到备案材料之日起三日内要求下级人民检察院补报。下级人民检察院应当在收到上级人民检察院通知之日起三日内，按要求补报。

▶▶ 6.2 审查人员对以下内容进行审查：

(1) 案件是否属于作出决定的检察机关管辖；

(2) 案件作出逮捕与否的决定是否正确；

(3) 案件是否有其他应当逮捕的犯罪嫌疑人；

(4) 案件是否存在其他实体性、程序性错误等。

▶▶ 6.3 审查人员应在受理备案案件之日起十日以内，提出是否同意下级人民检察院决定的审查意见，填写备案审查表并报部门负责人审批。

▶▶ 6.4 经部门负责人审批，同意下级人民检察院决定的，将备案审查表送达下级人民检察院。

▶▶ 6.5 经部门负责人审批，认为下级人民检察院逮捕（不捕）决定错误的，或者发现应当逮捕犯罪嫌疑人而未决定逮捕情形的，应当报请检察长或检察委员会决定后，通知下级人民检察院纠正，或者由上级人民检察院直接作出相关决定，通知下级人民检察院执行。

▶▶ 6.6 对基层人民检察院需层报省级人民检察院备案的案件，市、州人民检察院应在五日内审查完毕，经审查发现基层人民检察院决定错误的，应将审查意见通知报送备案的基层人民检察院或者直接予以纠正，并报告省级人民检察院。

▶ **7. 备案审查决定的执行**

▶▶ 7.1 下级人民检察院应当立即执行上级人民检察院的决定，并在收到上级人民检察院的通知或者决定之日起五日以内，将执行情况向上级人民检察院报告。

▶▶ 7.2 下级人民检察院对上级人民检察院的决定有异议的，可以在执行的同时向上级人民检察院报告。

▶ **8. 操作禁忌**

▶▶ 8.1 禁止下级人民检察院应报备而未报备、报备不及时以及违反程序越级报备。

▶▶ 8.2 禁止下级人民检察院不执行上级人民检察院提出的备案审查意见。

四、轻微刑事案件快速办理操作规程

【定义】轻微刑事案件快速办理是指对案情简单、事实清楚、证据确实充分、可能判处三年有期徒刑以下刑罚、犯罪嫌疑人认罪的案件，简化审查逮捕的办案文书，缩短办案期限，提高诉讼效率的工作机制。

▶ 1. 适用快速办理机制办案的原则

▶ 1.1 严格依法原则。快速办理轻微刑事案件，必须严格执行法律规定的程序。快速办理可以简化内部工作流程，缩短各个环节的办案期限，但不能省略法定的办案程序。

▶ 1.2 公正与效率相统一原则。快速办理轻微刑事案件，必须把公正与效率相统一原则贯彻始终，保证既好又快地办理轻微刑事案件。

▶ 1.3 充分保障诉讼参与人诉讼权利原则。在快速办理轻微刑事案件过程中，必须充分保障法律规定的诉讼参与人特别是犯罪嫌疑人、被害人的诉讼权利；对于法律规定的诉讼参与人行使诉讼权利的期限，不能缩短。绝不能为了追求快速办理而忽视对诉讼参与人诉讼权利的保护。

▶ 1.4 及时化解社会矛盾原则。把办理轻微刑事案件同解决社会矛盾紧密结合起来，通过建立快速办案机制，提高化解社会矛盾的效率。

▶ 2. 适用快速办理机制的条件

（1）案情简单，事实清楚，证据确实、充分；

（2）可能判处三年以下有期徒刑、拘役、管制或者单处罚金；

（3）犯罪嫌疑人承认实施了被指控的犯罪；

（4）适用法律无争议。

▶ 3. 应当适用快速办理机制的案件范围

对于符合上述规定条件的下列案件，应当依法快速办理：

（1）未成年人或者在校学生涉嫌犯罪的案件；

（2）七十岁以上的老年人涉嫌犯罪的案件；

（3）盲聋哑人、严重疾病患者或者怀孕、哺乳自己未满一周岁婴儿的妇女涉嫌犯罪的案件；

（4）主观恶性较小的初犯、过失犯；

（5）因亲友、邻里等之间的纠纷引发的刑事案件；

（6）当事人双方已经就民事赔偿、化解矛盾等达成和解的刑事案件；

（7）具有中止、未遂、自首、立功等法定从轻、减轻或者免除处罚情节的案件；

（8）其他轻微刑事案件。

▶ 4. 适用快速办理机制办理案件的人员

▶ 4.1 根据案情的繁简程度，对刑事案件实行繁简分流，分工办理，指定人员专门办理。

▶ 4.2 具备条件的，可以在侦查监督部门成立办案组。

▶ 5. 适用快速办理机制审查批准逮捕期限

▶ 5.1 审查批准逮捕时，犯罪嫌疑人已被刑事拘留的，应当在三日内作出是否批准逮捕的决定。

▶ 5.2 未被刑事拘留的，应当在五日内作出是否批准逮捕的决定。

▶ 6. 适用快速办理机制审查逮捕特别程序

▶ 6.1 适用快速办理机制的轻微刑事案件，应当简化制作审查逮捕意见书。具体要注意把握以下方面：

（1）认定事实与侦查机关一致的，应当予以简要说明，不必重复叙述；

（2）可以简单列明证据的出处及其所能证明的案件事实，不必详细抄录；

（3）应当重点阐述认定犯罪事实的理由和处理意见。

▶ 6.2 建议快速或及时移送审查起诉。

▶ 6.2.1 侦查机关提请批准逮捕的轻微刑事案件，经审查认为符合快速办理条件的，在作出批准逮捕或者因无逮捕必要而作出不批准逮捕决定时，可以填写《快速移送审查起诉建议书》，建议侦查机关及时移送审查起诉；认为证据有所欠缺的，可以建议侦查机关补充证据后移送审查起诉。

▶ 6.2.2 《快速移送审查起诉建议书》应当同时抄送本院公诉部门。

▶ 6.3 适用快速办理机制的审批程序。

▶ 6.3.1 对具体案件是否适用快速办理机制，由承办人审查并提出意见。如需适用快速办理机制，填写《适用快速办理机制办理轻微刑事案件审批表（审查逮捕用）》提交部门负责人决定。

▶ 6.3.2 确定为快速办理的案件，办案人员经审查发现不符合快速办理条件的，应当报告部门负责人决定，转为按普通审查方式办理。

▶ 7. 操作禁忌

▶ 7.1 对于危害国家安全犯罪的案件、涉外刑事案件、故意实施的职务犯罪案件以及其他疑难、复杂的刑事案件，不适用快速办理机制。

▶ 7.2 对于严重刑事犯罪案件，不适用快速办理机制。

▶ 7.3 禁止为了追求快速办理而忽视对诉讼参与人诉讼权利的保护。

▶➤ 7.4 禁止为了片面追求快速办理而忽视案件质量。

▶➤ 7.5 禁止将不符合快速办理条件的案件适用快速办理程序办理。

五、捕诉衔接操作规程

【定义】捕诉衔接是指检察机关为实现审查逮捕、审查起诉环节的有效衔接，在侦查监督部门和公诉部门之间建立的重大疑难复杂案件引导侦查取证、案件会商、诉讼监督、刑事和解衔接、轻微刑事案件快速办理、刑事案件信息通报、数据填报核查相互衔接的联系沟通制度。

▶➤ 1. 重大疑难复杂案件引导侦查取证的衔接

▶➤ 1.1 侦查监督部门对重大、疑难、复杂案件，可以应侦查机关（部门）的要求，及时介入，引导侦查取证，也可以邀请公诉部门派员参加。

▶➤ 1.2 侦查监督部门参与引导侦查取证的人员，可以参加侦查机关（部门）对案件的讨论和其他侦查活动，发现违法情形的，应当通知纠正。

▶➤ 1.3 侦查监督部门参与引导侦查取证的人员，可以就案件定性、侦查取证意见、侦查违法行为等共同进行研究，形成《介入侦查情况登记表》，内容包括：基本案件情况、提出的侦查建议、违法取证情形等。

▶➤ 1.4 侦查监督部门应当将《介入侦查情况登记表》通报公诉部门。

▶➤ 1.5 侦查监督部门根据案件情况，制作《补充侦查提纲》或《逮捕案件继续取证提纲》时，可以征求公诉部门意见，并抄送公诉部门。

▶➤ 1.6 侦查监督部门可以要求公诉部门在审查起诉时，比对《介入侦查情况登记表》、《补充侦查提纲》或《提供法庭审判所需证据材料意见书》，对侦查机关（部门）完善证据的情况进行审查。

▶➤ 1.7 侦查监督部门可以要求公诉部门将侦查机关（部门）完善证据的情况及时予以通告。

▶➤ 2. 案件会商

▶➤ 2.1 对重大疑难复杂案件，侦查监督部门在审查逮捕时可以就案件定性、罪与非罪、证据认定等问题与公诉部门进行会商，听取公诉部门的意见。

▶➤ 2.2 听取意见可以采用书面方式，也可以采用召开案件讨论会的方式。

▶➤ 2.3 对重大疑难复杂案件，侦查监督部门承办人应当制作好案件审查报告，提出需要研究的问题。

▶➤ 2.4 经部门负责人审核，侦查监督部门可以向公诉部门发出书面征询意见的函，听取公诉部门的意见，并要求公诉部门书面予以回复。

▶ 2.5 侦查监督部门在进行案件讨论时，可以邀请公诉部门负责人、业务骨干参加，就案件存在的问题共同进行研究。

▶ 2.6 案件会商时，先由侦查监督部门案件承办人汇报案情及存在的问题；公诉部门的业务骨干、部门负责人就需要研究的问题发表意见，并可以就案件事实和证据方面的问题向案件承办人了解情况；书记员做好案件讨论记录，经各与会人员签名后附卷。

▶ 2.7 公诉部门发表的意见是案件处理的重要参考。侦查监督部门案件承办人应当在《审查逮捕意见书》中将征询意见或案件会商的情况予以说明，特别是：公诉部门发表了什么意见、是否采纳及理由。

▶ 2.8 案件审结后，侦查监督部门应当及时将案件处理情况通报给公诉部门，并对是否采纳公诉部门的意见进行说明。

▶ 2.9 公诉部门对逮捕案件、立案监督案件拟作绝对不诉、存疑不诉处理的，侦查监督部门可以对案件的处理发表意见。

▶ 2.10 侦查监督部门发表意见可以采用书面方式，也可以采用召开案件讨论会的方式。

▶ 2.11 对公诉部门向侦查监督部门发出书面征询意见函，听取侦查监督部门的意见的，侦查监督部门应当指派原案件承办人办理，并提出意见，书面回复公诉部门。

▶ 2.12 公诉部门在进行案件讨论时，侦查监督部门负责人、原案件承办人可以要求参加。

▶ 2.13 案件讨论时：先由公诉部门案件承办人汇报案情、拟作出的决定及理由；侦查监督部门原案件承办人、部门负责人发表意见，并可以就案件事实和证据方面的问题向案件承办人了解情况；书记员做好案件讨论记录，经各与会人员签名后附卷。

▶ 2.14 侦查监督部门发表的意见是案件处理的重要参考。侦查监督部门可以要求公诉部门案件承办人在《案件审结报告》中将征询意见或案件会商的情况予以说明，特别是侦查监督部门发表了什么意见、是否采纳及理由。

▶ 2.15 案件审结后，侦查监督部门可以要求公诉部门及时将案件处理情况通报给侦查监督部门，并对是否采纳侦查监督部门的意见进行说明。

▶ 3. 诉讼监督的衔接

▶ 3.1 立案监督的衔接。

▶ 3.1.1 侦查监督部门立案监督的案件应当通报给公诉部门。通报工作具体由负责立案监督工作的办案人员负责。

▶ 3.1.2 通报的材料包括：《立案监督案件审查意见书》、《要求说明立案理由通知书》、《通知立案书》、《立案决定书》等，对批准逮捕的案件，还应当通报批准逮捕的情况。

▶ 3.1.3 侦查监督部门可以要求公诉部门建立侦查监督部门通报立案监督案件台账，并指定专人负责。

▶ 3.1.4 对公诉部门受理侦查机关（部门）移送审查起诉的立案监督案件，侦查监督部门可以要求公诉部门及时将受案情况通报给侦查监督部门。

▶ 3.1.5 对公诉部门对立案监督案件拟不起诉的，侦查监督部门可以发表意见。发表意见可以采用书面方式，也可以采用召开案件讨论会的方式。

▶ 3.1.6 对公诉部门向侦查监督部门发出书面征询意见函，听取侦查监督部门的意见的，侦查监督部门收到征询意见函后，应当指派原案件承办人办理，并提出意见，书面回复公诉部门。

▶ 3.1.7 公诉部门在进行案件讨论时，侦查监督部门负责人、原案件承办人可以要求参加。

▶ 3.1.8 研究案件时：先由公诉部门案件承办人汇报案情、拟作出的决定及理由；侦查监督部门原案件承办人、部门负责人发表意见，并可以就案件事实和证据方面的问题向案件承办人了解情况；书记员做好案件讨论记录，经各与会人员签名后附卷。

▶ 3.1.9 侦查监督部门发表的意见是案件处理的重要参考。侦查监督部门可以要求公诉部门案件承办人在《案件审结报告》中将征询意见或案件讨论的情况予以说明，特别是侦查监督部门发表了什么意见、是否采纳及理由。

▶ 3.1.10 案件审结后，侦查监督部门可以要求公诉部门及时将案件处理情况通报给侦查监督部门，并对是否采纳侦查监督部门的意见进行说明。

▶ 3.1.11 侦查监督部门可以要求公诉部门对发现立案监督案件线索，及时移送侦查监督部门办理。

▶ 3.1.12 侦查监督部门应当建立公诉部门移送立案监督案件线索台账，并指定专人负责。

■>> 3.1.13 侦查监督部门应及时审查公诉部门移送的立案监督线索，并根据审查情况提出处理意见。

■>> 3.1.14 侦查监督部门拟不进行立案监督的，应当听取公诉部门的意见。听取意见可以采用书面方式，也可以采用召开案件讨论会的方式。

■>> 3.1.15 经部门负责人审核，侦查监督部门可以向公诉部门发出书面征询意见的函，听取公诉部门的意见，并要求公诉部门书面回复。

■>> 3.1.16 侦查监督部门在进行案件讨论时，也可以邀请公诉部门负责人、案件承办人参加，就是否进行立案监督进行研究。

■>> 3.1.17 研究案件时：先由侦查监督部门案件承办人汇报案情及存在的问题；公诉部门的承办人、部门负责人发表意见；书记员做好案件讨论记录，经各与会人员签名后附卷。

■>> 3.1.18 公诉部门发表的意见是案件处理的重要参考。侦查监督部门案件承办人应当在审查报告中将征询意见或案件讨论的情况予以说明，特别是公诉部门发表了什么意见、是否采纳及理由。

■>> 3.1.19 案件审结后，侦查监督部门应当及时将案件处理结果通报给公诉部门，并对是否采纳公诉部门的意见进行说明。

■> 3.2 侦查活动监督。

■>> 3.2.1 侦查监督部门发现侦查机关（部门）存在违法行为并提出书面纠正意见的，应当将《纠正违法通知书》抄送公诉部门。

■>> 3.2.2 侦查监督部门对采用刑讯逼供等非法方法收集的犯罪嫌疑人供述及以暴力、威胁等非法方法收集的证人证言、被害人陈述，依法予以排除后，应当将排除的情况书面通报公诉部门。

■>> 3.2.3 侦查监督部门在审查逮捕期限内无法查清是否系非法证据的，要将疑点通报公诉部门。

■>> 3.2.4 侦查监督部门对有瑕疵的证据，应通知办案侦查机关（部门）予以补正或作出合理解释，并将补正或作出合理解释的情况通报公诉部门。

■>> 3.2.5 侦查监督部门可以要求公诉部门对侦查监督部门通报的侦查活动监督事项建立专门台账，并制定专人负责。

■>> 3.2.6 侦查监督部门可以要求公诉部门在受理侦查机关（部门）移送审查起诉的案件后，审查是否存在侦查监督部门通报的侦查活动监督事项。

■>> 3.2.7 侦查监督部门可以要求公诉部门在审查起诉时，比对侦查监督部门发出的侦查活动监督事项，审查侦查机关（部门）移送的证据。

▣>> 3.2.8 侦查监督部门可以要求公诉部门在案件审结后，将侦查机关（部门）是否补充完善证据的情况通报给侦查监督部门。

▣>> 3.2.9 在审查起诉中需要逮捕犯罪嫌疑人的，由侦查监督部门办理。其中，检察机关直接受理立案侦查的案件按照审查决定逮捕操作规程由上级人民检察院侦查监督部门办理，其他刑事案件按照批准逮捕操作规程由本级院侦查监督部门办理。

▣>> 3.2.10 对公诉部门在审查起诉中变更逮捕强制措施的，侦查监督部门可以要求公诉部门通报情况。

▶ 4. 刑事和解的衔接

▣> 4.1 对达成刑事和解的案件，在审查逮捕阶段，侦查监督部门可以邀请公诉部门共同讨论研究。

▣> 4.2 案件研究由侦查监督部门负责人主持，可以邀请公诉部门负责人、业务骨干参加。侦查监督部门案件承办人汇报完案情后，公诉部门负责人、业务骨干可以就案件事实、是否达成刑事和解等向案件承办人了解情况，并发表是否构成犯罪、是否需要逮捕的意见；书记员应当形成案件讨论记录，经各参会人员签字后附卷。

▣> 4.3 侦查监督部门案件承办人应当在《审查逮捕意见书》中说明公诉部门的意见，是否采纳及理由，一并提交分管副检察长决定。

▣> 4.4 侦查监督部门对达成刑事和解的案件作出决定之后，应及时通报公诉部门。对不批准逮捕的，应将《不批准逮捕案件说明书》抄送公诉部门。

▣> 4.5 对因刑事和解不批准逮捕的犯罪嫌疑人，侦查监督部门可以要求公诉部门在审查起诉过程中，对事实、证据没有出现新的情形的，一般不采取逮捕强制措施。

▣> 4.6 因刑事和解不批准逮捕的犯罪嫌疑人，违反《刑事诉讼规则》第一百条、第一百二十一条的，公诉部门报请采取逮捕强制措施的，侦查监督部门应当受理审查。

▣> 4.7 对逮捕后达成刑事和解的案件，公诉部门改变逮捕强制措施，侦查监督部门可以要求公诉部门通报情况。

▣> 4.8 对因刑事和解而不批准逮捕的犯罪嫌疑人，事实、证据没有发生变化的，检察机关一般作相对不诉处理。

▶▶4.9 公诉部门认为应作出存疑不起诉、绝对不起诉决定或者应向法院提起公诉的，侦查监督部门可以要求共同进行讨论研究。

▶▶4.10 研究案件时，先由公诉部门案件承办人汇报案情、拟作出的决定及理由；侦查监督部门原案件承办人、部门负责人发表意见，并可以就案件事实和证据方面的问题向案件承办人了解情况；书记员做好案件讨论记录，经各与会人员签名后附卷。

▶▶4.11 侦查监督部门发表的意见是案件处理的重要参考。侦查监督部门可以要求公诉部门案件承办人在《案件审结报告》中将案件讨论情况予以说明，特别是侦查监督部门发表了什么意见、是否采纳及理由。

▶▶4.12 公诉部门在决定作出之后，侦查监督部门可以要求公诉部门及时通报决定情况。

▶ 5. 轻微刑事案件快速办理的衔接

▶▶5.1 对于适用快速办理机制的轻微刑事案件，侦查监督部门可以填写《快速移送审查起诉建议书》，建议侦查机关（部门）及时移送审查起诉。

▶▶5.2 对于适用快速办理机制的轻微刑事案件，侦查监督部门认为证据有所欠缺的，可以建议侦查机关（部门）补充证据后及时移送审查起诉。

▶▶5.3 《快速移送审查起诉建议书》应当同时抄送本院公诉部门。

▶▶5.4 侦查监督部门可以要求公诉部门对侦查机关（部门）移送起诉的适用快速办理机制的轻微刑事案件依法快速审结。

▶▶5.5 公诉部门在办理审查起诉案件时，要求侦查监督部门提供内卷材料及电子文档的，侦查监督部门应当及时予以提供。

▶ 6. 刑事案件信息通报

▶▶6.1 侦查监督部门每月应将本级院立案监督、追捕案件书面通报给公诉部门。通报事项由侦查监督部门内勤负责。

▶▶6.2 侦查监督部门可以要求公诉部门建立案件信息通报台账，并指定专人负责。

▶▶6.3 侦查监督部门可以要求公诉部门每月将本级院上述案件的审查起诉和判决情况书面通报给侦查监督部门。

▶▶6.4 侦查监督部门可以要求公诉部门及时将当月捕后绝对不诉、存疑不诉决定书、捕后无罪案件判决书复印件提供给批准（决定）逮捕的侦查监督部门。

▶▷ 6.5 侦查监督部门内勤收到公诉部门的通报后，应当及时转给案件承办人，承办人应当认真研究总结。

▶ 7. 数据填报核查

▶▷ 7.1 侦查监督部门应同公诉部门加强案卡填录和数据统计核对工作，确保相关报表、案卡信息、数据准确，防止错报漏报。

▶▷ 7.2 侦查监督部门应主动与公诉部门核对捕后不诉、判无罪及立案监督、追捕案件的处理情况，及时向公诉部门复制相关法律文书和内部工作文书。

▶▷ 7.3 侦查监督部门可以就公诉部门填报的"是否立案监督案件"、"是否已逮捕"等案卡项目与公诉部门进行核对，准确填报。因未准确填报导致报表数据出现错误的，侦查监督部门可以要求公诉部门书面向案件管理部门作出解释说明。

▶ 8. 操作禁忌

▶▷ 8.1 禁止侦查监督部门未将排除非法证据的情况通报给公诉部门。

▶▷ 8.2 禁止侦查监督内勤在未对公诉部门所填报的有关侦查监督工作的核心数据进行审核的情况下，即同意将数据上报至上级人民检察院统计部门。

第五节　特殊案件审查逮捕类操作规程

一、交办、指定管辖案件审查逮捕操作规程

▶ 1. 公安机关交办指定管辖

▶▷ 1.1 上级公安机关交办、指定下级公安机关管辖的案件，由下级侦查机关向同级人民检察院报送逮捕。

▶▷ 1.2 其操作程序同于普通刑事案件的审查逮捕，在此不再赘述。

▶ 2. 人民检察院交办指定管辖

▶▷ 2.1 省级、分、州、市级检察机关交办、指定下级检察机关管辖的案件，按照职务犯罪案件审查逮捕程序改革的规定，由下级人民检察院向上级人民检察院报请逮捕。最高人民检察院交办、指定省级院管辖的案件，由省级院侦查部门移送本院侦查监督部门审查逮捕。

▶▷ 2.2 省级院将属于本院管辖的案件向市级院交办或指定管辖后，市级院报请逮捕的，应当将省级院的《交办案件决定书》或《指定管辖决定书》归入

案卷，一并报送省级院审查决定。

▶ 2.3 市级院将属于本院管辖的案件以及省级院交办或指定管辖的案件向基层院交办或指定管辖的，应当报请省级院批准。

▶ 2.4 基层院报请逮捕市级院、省级院交办或指定管辖的案件，应当将省级院批准交办或指定管辖的书面批复以及市级院的《交办案件决定书》或《指定管辖决定书》归入案卷，一并报送市级院审查决定。

▶ 2.5 对交办、指定管辖的案件，下级人民检察院报请逮捕时没有报送上级人民检察院的《交办案件决定书》、《指定管辖决定书》或省级院批准交办、指定管辖的书面批复的，上级人民检察院不予受理。

▶ 2.6 受理交办、指定管辖案件后，上级人民检察院依照审查决定逮捕操作规程进行案件办理。

二、审查逮捕人大代表操作规程

▶ 1. 受案审查

▶ 1.1 侦查监督部门承办人应当对被拘留的犯罪嫌疑人是否系人大代表进行审查。

▶ 1.2 侦查监督部门承办人对侦查机关（部门）拘留担任人大代表的犯罪嫌疑人的，应当审查：

（1）担任人大代表的犯罪嫌疑人系现行犯被刑事拘留的，侦查机关（部门）是否已经向该代表所属的人民代表大会主席团或者常务委员会进行了报告；

（2）担任人大代表的犯罪嫌疑人系非现行犯被刑事拘留的，侦查机关（部门）是否已经报请该代表所属的人民代表大会主席团或者常务委员会许可。

▶ 1.3 侦查机关（部门）没有报送其所属的人民代表大会主席团或者常务委员会许可采取强制措施的报告及书面批复的，承办人应当提出将案件退回的意见，经部门负责人同意后，将案件退回给侦查机关（部门）。

▶ 2. 报请许可程序

▶ 2.1 对担任人大代表的犯罪嫌疑人批准（决定）逮捕时，应当报请该代表所属的人民代表大会主席团或者常务委员会许可。报请许可的手续由侦查机关（部门）负责。

▶▶ 2.1.1 对担任本级人民代表大会代表的犯罪嫌疑人批准（决定）逮捕，应当报请本级人民代表大会主席团或者常务委员会许可。

▶▶ 2.1.2 对担任上级人民代表大会代表的犯罪嫌疑人批准（决定）逮捕，应当层报该代表所属的人民代表大会同级的人民检察院报请许可。

▶▶ 2.1.3 对担任下级人民代表大会代表的犯罪嫌疑人批准（决定）逮捕，可以直接报请该代表所属的人民代表大会主席团或者常务委员会许可，也可以委托该代表所属的人民代表大会同级的人民检察院报请许可。

▶▶ 2.1.4 对担任两级以上人民代表大会代表的犯罪嫌疑人批准（决定）逮捕，分别向该代表所属的人民代表大会主席团或者常务委员会报请许可。

▶▶ 2.1.5 对担任办案单位所在省、市、县（区）以外的其他地区人民代表大会代表的犯罪嫌疑人批准（决定）逮捕，应当委托该代表所属的人民代表大会同级的人民检察院报请许可。

▶▶ 2.2 报请许可时，人民检察院应当提交《提请许可逮捕人大代表报告书》，内容包括：犯罪嫌疑人的基本情况、涉嫌的罪名、是否已被刑事拘留、已经查明的案件事实、提请许可的理由和依据。

▶▶ 2.3 未经依法许可，不得对担任人大代表的犯罪嫌疑人批准（决定）逮捕。

▶ **3. 报告程序**

▶▶ 3.1 我国对担任乡、民族乡、镇的人民代表大会代表的犯罪嫌疑人批准（决定）逮捕，实行报告程序。

▶▶ 3.2 县级人民检察院对担任乡、民族乡、镇的人民代表大会代表的犯罪嫌疑人批准（决定）逮捕，由县级人民检察院报告乡、民族乡、镇的人民代表大会。

▶▶ 3.3 分、州、市及其以上人民检察院对担任乡、民族乡、镇的人民代表大会代表的犯罪嫌疑人批准（决定）逮捕，指令该代表所属县的人民检察院向该乡、民族乡、镇的人民代表大会报告。

▶▶ 3.4 批准（决定）逮捕异地乡级人大代表，委托该代表所属县的人民检察院向该乡、民族乡、镇的人民代表大会报告。

▶ **4. 不许可逮捕的救济程序**

▶▶ 4.1 人民检察院认为需要对担任县级以上人大代表的犯罪嫌疑人批准（决定）逮捕，但该犯罪嫌疑人所属的人民代表大会主席团或者常务委员会不许可的，人民检察院不得作出逮捕决定。

▶▷ 4.2 人民检察院对人大主席团或者常务委员会的不许可决定不服的，可以要求说明不许可逮捕的理由。

▶▷ 4.3 人民检察院认为不许可逮捕的理由不成立的，可以向该人大主席团或者常务委员会申请复议。

▶▷ 4.4 人民检察院的复议意见不被接受的，可以通过上级人民检察院向上级人大常委会提请依法撤销下级人大常委会的决定，并指令许可逮捕，由下级人大常委会执行。

▶ **5. 其他规范**

侦查机关（部门）在报请许可采取拘留强制措施时，该犯罪嫌疑人所属的人民代表大会主席团或者常务委员会同时许可采取逮捕强制措施的，对该犯罪嫌疑人批准（决定）逮捕，无须再报请许可，但应当将逮捕情况告知人民代表大会主席团或者常务委员会。

▶ **6. 操作禁忌**

对涉嫌犯罪的县级以上各级人民代表大会代表，未依法报经许可严禁批准（决定）逮捕。

三、审查逮捕政协委员操作规程

▶ **1. 受案审查**

▶▷ 1.1 侦查监督部门承办人应当对被拘留的犯罪嫌疑人是否系政协委员进行审查。

▶▷ 1.2 侦查监督部门承办人对侦查机关（部门）拘留担任政协委员的犯罪嫌疑人的，应当审查侦查机关（部门）是否已经向该政协委员所在的政协组织通报情况。

▶ **2. 通报文书**

▶▷ 2.1 对担任政协委员的犯罪嫌疑人批准（决定）逮捕的，应当事前向其所属的政协组织通报情况；情况紧急的，可以在批准（决定）逮捕的同时或者事后及时通报。

▶▷ 2.2 事前通报的，承办人应当制作通知的函件，内容包括：犯罪嫌疑人的基本情况、涉嫌的罪名、是否已被刑事拘留、已经查明的案件事实、拟批准/决定逮捕的理由和依据，经部门负责人审核、分管检察审批后送达相关的政协组织。

▶▷ 2.3 同时或者事后及时通报的，承办人应当制作《批准/决定逮捕政协委员通知书》，内容包括：犯罪嫌疑人的基本情况、涉嫌的罪名、是否已被刑事拘留、已经查明的案件事实、批准/决定逮捕的理由和依据，经部门负责人审核、分管检察审批后送达相关的政协组织。

▶ **3. 通报程序**

▶▷ 3.1 对担任本级政协组织政协委员的犯罪嫌疑人批准（决定）逮捕，应当通报本级政协组织。

▶▷ 3.2 对担任上级政协组织政协委员的犯罪嫌疑人批准（决定）逮捕，应当层报该代表所在政协组织同级的人民检察院通报。

▶▷ 3.3 对担任下级政协组织政协委员的犯罪嫌疑人批准（决定）逮捕，可以直接通报该委员所在的政协组织，也可以委托该代表所在的政协组织同级的人民检察院通报。

▶▷ 3.4 对担任两级以上政协组织政协委员的犯罪嫌疑人批准（决定）逮捕，分别向该代表所在的政协组织通报。

▶▷ 3.5 对担任办案单位所在省、市、县（区）以外的其他地区政协组织政协委员的犯罪嫌疑人批准（决定）逮捕，应当委托该代表所在的政协组织同级的人民检察院通报。办案单位应当将委托书、通报的函件或者通知书连同送达回证当面或者邮寄送达给受委托的人民检察院。受委托的人民检察院通报后，应当及时将送达回证送达给办案单位。

▶ **4. 操作禁忌**

侦查监督部门承办人应当将通报的函件、通知书连同审批材料、送达回证一并装入审查逮捕内卷。

四、审查逮捕外国人、无国籍人操作规程

▶ **1. 对外国籍、无国籍犯罪嫌疑人身份的认定**

▶▷ 1.1 侦查监督部门承办人应当对犯罪嫌疑人是否系外国人、无国籍人进行审查。

▶▷ 1.2 承办人审查犯罪嫌疑人是否具有外国籍、无国籍时，结合《中华人民共和国国籍法》的规定，区别不同情况予以确认：

（1）犯罪嫌疑人持有合法有效的外国护照或者身份证明的，按其所持护照或者身份证明认定其为具有某国国籍的外国人；

（2）犯罪嫌疑人具有多国护照的，以其入境时使用的护照所记载的国籍为其国籍；

（3）犯罪嫌疑人既持有有效的外国护照，同时又持有中国护照或者居民身份证的，如果其取得中国护照或者身份证的时间在取得外国护照的时间之后，按中国公民对待；如果其取得中国护照或者身份证的时间在取得外国护照的时间之前，按其取得的外国国籍认定外国人身份；

（4）犯罪嫌疑人持有的外国护照、身份证明，经查证有伪造、涂改或者系非法购买的，对护照、证明上记载的国籍不予认定。如果确实无法查清或者有关国家拒绝协助的，对具有明显外国人生理特征，犯罪嫌疑人又不能提供其他真实有效的护照、证明的，以无国籍人论。对具有明显中国人生理特征的，按不讲真实姓名、住址、身份不明的中国人对待。

▶ **2. 介入侦查**

加强与侦查机关的配合，适时介入侦查机关（部门）的侦查活动，熟悉案情，做好审查批准（决定）逮捕的准备工作。

▶ **3. 审查程序**

▶▶ 3.1 案件受理。

▶▶▶ 3.1.1 查明立案侦查和提请批准逮捕的机关（部门）是否符合刑事诉讼法有关管辖的规定。

▶▶▶ 3.1.2 查明外国籍犯罪嫌疑人是否享有外交特权和豁免权。

▶▶▶ 3.1.3 查明涉案犯罪嫌疑人的具体国籍、案由、关押的场所、采取的强制措施种类等，并同时报告上级人民检察院侦查监督部门。

▶▶ 3.2 讯问犯罪嫌疑人。

▶▶▶ 3.2.1 审查逮捕外国籍、无国籍犯罪嫌疑人，对于在押的，应当讯问；讯问未在押的，应当征求侦查机关（部门）的意见。

▶▶▶ 3.2.2 讯问前，应根据涉案犯罪嫌疑人的国籍和使用的语种等，聘请好翻译人员。

▶▶▶ 3.2.3 必要时，上级人民检察院侦查监督部门可以指派承办人参与下级人民检察院侦查监督部门的讯问。

▶▶ 3.3 变更强制措施。

人民检察院审查逮捕外国籍、无国籍犯罪嫌疑人，应当在法定期限以内作出决定，因特殊原因不能在法定期限以内作出决定的，应当及时通知侦查机关

（部门）依法变更强制措施。

■>> 3.4 报请上级人民检察院审批。

■>> 3.4.1 外国籍、无国籍犯罪嫌疑人涉嫌以下犯罪案件，基层院或者市级院审查认为需要逮捕的，应当提出意见，层报最高人民检察院审查：

  （1）危害国家安全犯罪的案件；

  （2）涉及国与国之间政治、外交关系的案件；

  （3）在适用法律上确有疑难的案件。

■>> 3.4.2 最高人民检察院经审查认为需要逮捕的，经征求外交部的意见后，作出批准逮捕的批复。必要时，报请中央批准。

■>> 3.4.3 最高人民检察院经审查认为不需要逮捕的，作出不批准逮捕的批复。

■>> 3.4.4 基层院或者市级院根据最高人民检察院的批复，依法做出批准或者不批准逮捕的决定。

■>> 3.4.5 层报过程中，上级人民检察院经审查认为不需要逮捕的，应当作出不批准逮捕的批复，报送的人民检察院根据批复作出不批准逮捕的决定。

■>> 3.4.6 外国人、无国籍人共同犯罪的案件，受案的基层院或者市级院认为涉案的犯罪嫌疑人至少有一人需要批准逮捕的，应对全案犯罪嫌疑人分别提出处理意见，报上级人民检察院审查决定。

■>> 3.4.7 外国人、无国籍人和中国公民共同犯罪的案件，受案的基层院或者市级院认为需要对外国人批准逮捕的，应对全案犯罪嫌疑人分别提出处理意见，层报上级人民检察院审查决定。

■>> 3.5 直接决定逮捕。

■>> 3.5.1 外国人、无国籍人涉嫌其他普通刑事案件的，基层院或者市级院可以直接作出批准逮捕的决定。

■>> 3.5.2 基层院或者市级院经审查认为不需要逮捕的，可以直接作出不批准逮捕的决定。

■>> 3.5.3 外国人、无国籍人共同犯罪的案件，受案的基层院或者市级院认为涉案的犯罪嫌疑人都不需要采取逮捕强制措施的，可以直接作出不批准逮捕的决定。

■>> 3.5.4 外国人、无国籍人和中国公民共同犯罪的案件，受案的基层院或者市级院认为对中国公民需要批准逮捕，对外国人、无国籍人不需要批准逮捕的,可以直接作出对外国人、无国籍人不批准逮捕和对中国公民批准逮捕的决定。

▶▶3.5.5 外国人、无国籍人涉嫌职务犯罪案件的,由省、市级院作出逮捕(不予)逮捕的决定。

▶ 4. 通报

▶▶4.1 最高人民检察院作出批准逮捕的批复后,同时抄送最高人民法院、外交部、公安部、国家安全部、司法部。

▶▶4.2 基层院、市级院、省级院在直接作出逮捕决定后四十八小时以内向同级人民政府外事部门通报。

▶▶4.3 通报材料包括:书面报告、审查逮捕意见书、逮捕决定书;经最高人民检察院批复批准逮捕的,应当附该批复。

▶ 5. 复议、复核

侦查机关对不批准逮捕的外国籍、无国籍犯罪嫌疑人案件可以提请复议、复核。受理复议、复核的人民检察院按照办理普通刑事案件的复议、复核程序办理。须特别注意的是:

(1)承办人经复议认为须改变原不批准逮捕决定的,应在三日以内提出审查意见,按照审查批准逮捕外国籍、无国籍犯罪嫌疑人案件的特殊程序办理。

(2)上级人民检察院承办人审查侦查机关提请复核的案件后,认为需要作出变更决定的,应及时将普通程序变更为特殊程序办理。上级人民检察院的检察长或者检察委员会认为需要改变原决定的,由上级人民检察院直接作出决定或者上报最高人民检察院审查决定。逮捕决定由上级人民检察院通知下级人民检察院送达提请复核的侦查机关执行。

▶ 6. 报请重新审查

侦查部门对不予逮捕外国籍、无国籍犯罪嫌疑人案件可以报请重新审查,具体操作程序同普通职务犯罪案件的报请重新审查程序。

▶ 7. 备案审查

▶▶7.1 外国人、无国籍人涉嫌其他犯罪案件,决定批准逮捕的人民检察院应当在作出批准逮捕决定后四十八小时以内报上级人民检察院备案。

▶▶7.2 备案应当通过案件管理系统备案。备案材料包括:书面报告、审查逮捕意见书、批准逮捕决定书。

▣》7.3 上级人民检察院应当在十日以内提出书面审查意见。经审查发现错误的，报经分管副检察长、检察长或者检察委员会决定，通知下级人民检察院纠正或者直接予以纠正。

▣ 8. 操作禁忌

人民检察院审查逮捕外国籍、无国籍犯罪嫌疑人的案件材料，需要使用电传报送的，应当使用密码电传。

五、附条件逮捕操作规程

【定义】附条件逮捕是指人民检察院对现有证据所证明的事实已经基本构成犯罪、经过进一步侦查能够收集到定罪所必需的证据、采取取保候审尚不足以防止发生社会危险性的重大案件依法批准（决定）逮捕，并对侦查机关（部门）提出捕后继续侦查取证要求，同时进行跟踪监督，当证实犯罪所欠缺的证据不能取到或取证条件已消失时，撤销逮捕决定的工作制度。

▣ 1. 附条件逮捕案件的办案程序

▣》1.1 侦查监督部门承办人在审查逮捕中，发现案件符合附条件逮捕要求的，可以提出附条件逮捕的意见。

▣》1.2 案件承办人应当讯问犯罪嫌疑人，听取其供述和辩解。必要时，可以询问证人、被害人、鉴定人等诉讼参与人。犯罪嫌疑人聘请辩护律师的，可以听取律师意见；辩护律师提出要求的，应当听取辩护律师意见。

▣》1.3 侦查监督部门应当要求侦查机关（部门）书面说明案件有进一步收集、补充、完善证据的客观依据并提供补充取证的工作方案。必要时，可以就事实认定和补充取证听取公诉部门的意见。

▣》1.4 案件承办人应当说明案件证据情况和可以适用"附条件逮捕"的理由，经分管副检察长审核同意后，报检察长或者检察委员会决定。

▣》1.5 案件承办人应当制作附条件逮捕案件继续取证意见书，列明需要继续侦查的事项和需要补充收集、核实的证据，经部门负责人审核、分管副检察长审批后，连同逮捕决定书一并送达侦查机关（部门）。

▣ 2. 附条件逮捕案件的条件

▣》2.1 重大案件。

▣》2.1.1 犯罪嫌疑人可能被判处十年以上有期徒刑、无期徒刑或者死刑的案件。

▶▶ 2.1.2 犯罪嫌疑人可能被判处五年以上不满十年有期徒刑的下列案件：

（1）危害国家安全和严重危害公共安全的暴力犯罪案件；

（2）恐怖组织、黑社会性质组织等有组织犯罪和集团犯罪案件；

（3）故意杀人、抢劫、绑架、强奸、故意伤害致人重伤、死亡的严重暴力犯罪案件；

（4）毒品犯罪、走私犯罪案件；

（5）严重破坏社会主义市场经济秩序或者严重扰乱社会秩序的涉众型犯罪案件；

（6）情节严重或者造成严重后果的人民检察院直接受理侦查的犯罪案件。

▶▶ 2.2 证据条件。

▶▶ 2.2.1 现有证据所证明的事实已经基本构成犯罪：指依据现有已查证属实的证据，基本上能够认定犯罪嫌疑人的行为已构成犯罪，但证据还略有欠缺或较为薄弱，需要在捕后进一步补充完善定罪所必需的证据。

▶▶ 2.2.2 经过进一步侦查能够收集到定罪所必需的证据：指经过进一步侦查取证，能够完善证据体系，证实犯罪嫌疑人的行为已构成犯罪。

需要结合全案现有证据和欠缺证据的情况以及侦查机关（部门）的侦查方案、取证技术和侦查能力等进行综合判断。

▶▶ 2.3 社会危险性条件。

采取取保候审尚不足以防止发生社会危险性：指具有《刑事诉讼法》第七十九条所列社会危险性，或者犯罪嫌疑人曾经故意犯罪或者身份不明。

▶▶ 2.4 排除情形。

▶▶ 2.4.1 以下情形"不属于有证据证明有犯罪事实"：

（1）证据所证明的事实不构成犯罪的；

（2）仅有犯罪嫌疑人的有罪供述，无其他证据印证的；

（3）证明犯罪嫌疑人有罪和无罪的主要证据之间存在重大矛盾且难以排除的；

（4）共同犯罪案件中，同案犯的供述存在重大矛盾，且无其他证据证明犯罪嫌疑人实施了共同犯罪行为的；

（5）没有直接证据，间接证据不能相互印证的；

（6）证明犯罪的证据中，对于采用刑讯逼供等非法手段取得的犯罪嫌疑人供述和采用暴力、威胁等非法手段取得的证人证言、被害人陈述依法予以排除后，其余证据不足以证明有犯罪事实的；

（7）现有证据不足以证明犯罪主观方面要件的；

（8）虽有证据证明发生了犯罪事实，但无证据证明犯罪事实是该犯罪嫌疑人实施的。

▶» 2.4.2 以下情形不属于"经过进一步侦查能够收集到定罪所必需的证据"：

（1）所欠缺的证据已经灭失；

（2）丧失取证条件，不具备补充完善证据可能的。

▶ **3. 附条件逮捕案件的跟踪监督**

▶» 3.1 执行逮捕后第一个月届满前五日，检察机关原案承办人应当向侦查机关（部门）了解继续侦查取证的情况。

▶» 3.2 执行逮捕后第二个月届满前十日，检察机关原案承办人应当要求侦查机关（部门）报送继续侦查获取的证据，对是否已经收集到定罪所必需的证据进行审查，并制作《附条件逮捕案件补查情况审查意见书》，内容包括：

（1）执行逮捕后是否就所欠缺的证据进一步侦查取证；

（2）已经获取的证据之间能否相互印证，足以证实犯罪；

（3）对犯罪嫌疑人有无继续羁押的必要。

▶» 3.3 已经获取定罪所必需的证据，并且侦查机关（部门）报请延长侦查羁押期限的，可以依照法律规定决定是否批准（决定）延长侦查羁押期限。

▶» 3.4 撤销逮捕决定。

▶» 3.4.1 具有以下情形之一的，报经检察长或者检察委员会决定撤销逮捕决定，并书面向侦查机关（部门）说明理由，通知侦查机关（部门）执行：

（1）侦查侦查机关（部门）未继续侦查取证；

（2）已经丧失继续侦查取证条件；

（3）两个月的侦查羁押期限届满仍未收集到定罪所必需的证据；

（4）无继续羁押必要。

▶» 3.4.2 具有以下情形之一的，检察机关不再另行撤销逮捕决定：

（1）未达到继续侦查取证要求，侦查机关（部门）报请延长侦查羁押期限而不予批准延长的；

（2）侦查机关（部门）已经变更强制措施的。

▶» 3.5 备案审查。

▶» 3.5.1 作出附条件逮捕决定的人民检察院侦查监督部门应当在批准（决

定）逮捕后三日以内，将逮捕决定书、审查逮捕意见书和附条件逮捕案件继续侦查取证意见书等相关材料报上级人民检察院侦查监督部门备案，同时抄送本院公诉部门。

■≫ 3.5.2 作出附条件逮捕决定的人民检察院侦查监督部门应当在撤销逮捕决定作出后五日以内将撤销逮捕决定书和理由报送上级人民检察院侦查监督部门备案，同时抄送本院公诉部门。

■≫ 3.5.3 上级人民检察院侦查监督部门应当在十日以内提出书面审查意见。经审查认为适用"附条件逮捕"有错误的，报经检察长或者检察委员会决定，通知下级人民检察院纠正。

■≫ 3.5.4 下级人民检察院侦查监督部门在收到纠正错误的决定后，应当立即向分管副检察长报告，报经检察长或者检察委员会决定，撤销逮捕决定，通知公安机关执行，并立即将撤销逮捕的决定报告上级人民检察院侦查监督部门。

■≫ 3.5.5 下级人民检察院不自行撤销逮捕决定的，上级人民检察院侦查监督部门应当立即向分管副检察长报告，报经检察长或者检察委员会决定，撤销逮捕决定，送达下级人民检察院通知公安机关执行。

▶ 4. 操作禁忌

■≫ 4.1 禁止为了配合侦查的需要，对不符合附条件逮捕条件的案件作出附条件逮捕的决定。

■≫ 4.2 禁止出于执法质量考评的需要，对应当撤销逮捕决定的案件不及时撤销逮捕决定。

六、办理申诉案件操作规程

【定义】办理申诉案件是指犯罪嫌疑人、被害人及其法定代理人、近亲属对于检察机关侦查监督部门所作出的审查逮捕决定不服，提出申诉的，由侦查监督部门依法进行办理，并答复申诉人的诉讼活动。

▶ 1. 申请主体与办理主体

■≫ 1.1 申请主体。不服人民检察院的有关侦查监督案件的处理决定的犯罪嫌疑人、被害人及其法定代理人、近亲属。

■≫ 1.2 办理主体。各级人民检察院的侦查监督部门。

▶ 2. 侦查监督部门办理的申诉案件范围

（1）不服人民检察院批准或决定逮捕的；

（2）对人民检察院办理的审查逮捕案件，请求追捕犯罪嫌疑人的；

（3）认为人民检察院经复查维持下级人民检察院逮捕决定确有错误的；

（4）不服本院以需要补充侦查或者没有逮捕必要为由作出的不批准逮捕决定或者不予逮捕决定的。

▶ 3. 案件受理

侦查监督部门内勤接收控申部门分流过来的申诉案件及相关材料后，应当将案件分配给原承办人以外的检察人员办理，或者由部门负责人指定专人办理。

▶ 4. 案件审查

▶ 4.1 审查范围。

审查申诉案件应当对原审查案件所认定的事实和适用法律全面审查，不受申诉人提出的申诉范围和理由的限制。

▶ 4.2 审查内容。

侦查监督部门办理申诉案件，重点从以下几个方面进行审查：

（1）申诉人是否提出了足以改变原处理结果的新的事实或者证据；

（2）据以定案的证据是否确实、充分或者证明案件事实的主要证据之间是否存在矛盾；

（3）适用法律是否正确；

（4）处理是否适当；

（5）有无违反案件管辖权限及其他严重违反诉讼程序的情况；

（6）办案人员在办理案件过程中有无贪污受贿、徇私枉法等违法违纪行为。

▶ 4.3 审查方式。

办理申诉案件时，审查案件主要有以下几种方式：

（1）审查案件卷宗，并制作阅卷笔录；

（2）可以询问原案当事人、证人和其他有关人员，并制作调查笔录，调查笔录应当经被调查人确认无误，由其签名或者盖章；

（3）认为需要对与案件有关的场所、物品、人身、尸体等的勘验、检查笔录和鉴定意见复核时，可以进行复核，也可以对专门问题进行鉴定或者补充鉴定；

（4）与申诉人见面，核实相关问题，充分听取意见，做好法律宣传、说服教育工作；

（5）听取原承办人意见，全面了解原案办理情况。如办案中存在问题，应当提出整改意见。

▶ 5. 审查终结

▶▷ 5.1 审查终结的申诉案件，承办人应当制作《申诉案件审查意见书》（样式附后）。

▶▷ 5.2 申诉案件审查意见书内容包括以下几部分：

（1）首部。写明案件来源，审查经过；

（2）犯罪嫌疑人基本情况；

（3）对案件事实的认定及证据；

（4）批准逮捕（决定逮捕）、不批准逮捕（不予逮捕）、维持逮捕、追捕、立案（不立案）的理由；

（5）申诉的理由；

（6）经审查认定的事实及证据；

（7）处理意见。

▶ 6. 审查决定

▶▷ 6.1 申诉案件自收到本院控申部门转送案件之日起六十日内办结，情况复杂，逾期不能办结的，报分管副检察长批准后，可适当延长办理期限，并通知控申部门，延长期限不得超过三十日。

▶▷ 6.2 审查申诉案件应当经集体讨论，部门负责人参加，并指定专人做好案件讨论笔录，经参加讨论者签字确认。

▶▷ 6.3 申诉案件经部门集体讨论，提出处理意见后报分管副检察长决定；重大疑难案件或者意见分歧较大的案件，报请检察决定或者提交检察委员会讨论决定。

▶▷ 6.4 对不服批准逮捕或逮捕决定的申诉，审查后应分别作出如下处理：

（1）原批准逮捕或逮捕决定正确的，予以维持；

（2）原批准逮捕或逮捕决定不当，应当撤销，另行作出不批准逮捕或不予逮捕决定。

▶▷ 6.5 对请求追捕犯罪嫌疑人的申诉，审查后应分别作出以下处理：

（1）符合逮捕条件的，向侦查机关（部门）发出《应当逮捕犯罪嫌疑人意见书》；

（2）不符合逮捕条件的，回复控申部门。

▶▶ 6.6 对不服人民检察院经复查维持下级人民检察院逮捕决定的申诉，审查后应分别作出如下处理：

（1）批准逮捕或逮捕决定正确的，予以维持；

（2）批准逮捕或逮捕决定不当，另行作出不批准逮捕或不予逮捕决定。

▶▶ 6.7 对不服不批准逮捕决定或不予逮捕决定的申诉，审查后应分别作出如下处理：

（1）不批准逮捕决定或不予逮捕决定正确的，予以维持；

（2）不批准逮捕决定或不予逮捕决定不当，需要依法批准逮捕或决定逮捕的，应当撤销不批准逮捕决定或不予逮捕决定，另行作出批准逮捕或逮捕决定。

▶ **7. 申诉案件回复**

▶▶ 7.1 申诉案件办结时，应当制作《控申案件回复函》，回复函包括下列内容：

（1）控告申诉情况；

（2）办理过程；

（3）认定的事实及证据；

（4）处理情况和法律依据；

（5）执法办案风险评估情况等。

▶▶ 7.2 《控申案件回复函》应当送交控申部门，由控申部门答复申诉人。重大、复杂、疑难申诉案件的答复由侦查监督部门和控申部门共同负责，必要时可以举行公开听证。

▶ **8. 操作禁忌**

▶▶ 8.1 申诉案件一般由部门负责人或分管副检察长指定专人具有检察官资格的人员办理，原承办人不得参与办理。

▶▶ 8.2 禁止在办理申诉案件时有错不纠。

附录：《审查意见书》格式

××××人民检察院
申诉案件审查意见书

我科（处）于××年×月×日收到控申部门移送的申诉人×××不服批准逮捕（不批准逮捕、追捕、维持逮捕、不立案、立案、复议决定）××××案件的申诉材料，承办人×××审阅了相关材料，现已审查完毕。

一、犯罪嫌疑人基本情况

犯罪嫌疑人×××（曾用名×××，绰号×××），（性别）×，××年×月×日出生，身份证号码××××，（民族）××，文化程度×××，户籍所在地××××，住×××。工作单位××××。于××年×月×日被××××单位采取××××（强制措施）。

二、对案件事实的认定及证据

……

三、批准逮捕（不批准逮捕、追捕、维持逮捕决定、复议决定）的理由

……

四、申诉的理由

……

五、经审查认定的案件事实及证据

1. 经审查，认为原决定正确，维持原决定的，应重点阐述作出该决定的事实及理由，并按照证据种类，进行必要的摘抄或归纳，并根据其证明力予以分析。

2. 经审查，认为申诉人的申诉理由成立，应当改变原决定的，写明改变原决定的理由，然后按照证据种类，进行必要的摘抄或归纳，并根据其证明力予以分析。

六、处理意见

提出应否维持或变更原决定的意见，写明具体适用的法律依据……

承办人：×××

××年×月×日

第三章　审查逮捕专用操作规程

第一节　审查批准逮捕类专用操作规程

一、审查批准逮捕操作规程

▶ 1. 审查批准逮捕的主体

▶ 1.1 审查主体。审查批准逮捕案件除上级检察机关交办的以外，由侦查机关的同级检察机关侦查监督部门检察人员（承办人）审查，部门负责人审核。

▶ 1.2 决定主体：

（1）一般由检察长授权的分管副检察长决定是否批准逮捕；

（2）分管副检察长与部门负责人、承办人或集体研究多数意见不同时，分管副检察长可向检察长报告，由检察长决定是否批准逮捕；

（3）重大案件应当经检察委员会讨论决定。

▶ 2. 审查批准逮捕工作流程

▶ 2.1 审查批准逮捕的全流程为：受理案件后进行分案，然后由承办人审查案卷，发现不属于本院管辖的退回侦查机关。

▶ 2.2 审查后发现属于本院管辖的，讯问犯罪嫌疑人（或者书面送达听取犯罪嫌疑人意见书）并告知其诉讼权利和义务，之后审查和判断案件证据及事实，之后听取律师意见（非必经程序），然后由承办人制作《审查逮捕案件意见书》，之后部门负责人审查并提出批准逮捕或不批准逮捕的意见，之后侦查监督部门集体讨论（非必经程序），最后由检察长或检察委员会讨论作出决定。

▶ 3. 案件受理

▶ 3.1 侦查机关提请批准逮捕案件、检察机关建议侦查机关提请批准逮捕案件或者检察机关决定不捕后侦查机关经补充侦查重新提请批准逮捕案件，由检察机关案件管理部门初步审查。

▶▶ 3.2 案件管理部门受理侦查机关提请批准逮捕的案件时应当审查所移送的案卷材料和证据是否齐全，是否有合法有效的法律文书，法律手续是否齐备。重点审查以下几个方面：

（1）案件是否属于本院管辖，对指定管辖或者移送管辖的案件，是否有指定或者移送管辖的相关文书。

（2）提请批准逮捕案件是否经县级以上侦查机关负责人批准，提请批准逮捕书是否一式三份，并加盖县级以上侦查机关印章，提请批准逮捕书上是否写明犯罪嫌疑人的社会危险性情形及证据。

（3）侦查卷宗是否装订成册，加编号、目录、页码，册数是否与送达文书所列的数量相符；犯罪嫌疑人姓名、人数及案卷与提请批准逮捕书所列姓名、人数是否相符。

（4）立案、采取强制措施的法律手续和相关诉讼文书是否齐备。

（5）被刑事拘留的犯罪嫌疑人的羁押处所、被取保候审的犯罪嫌疑人居住地是否清楚。

（6）证据材料是否随案移送，案卷材料是否完整。

（7）是否有律师会见函或者委托之类的书面材料。

▶▶ 3.3 案件管理部门经审查符合 3.2 规定的应当受理。发现案件不属于本院管辖的，应当不予受理，退回侦查机关；发现书面材料的第（7）项问题的，通知律师案件已进入审查批准逮捕环节，并告知律师有提出律师意见的权利；发现其他问题的，应当要求侦查机关补齐有关材料。

▶▶ 3.4 案件管理部门受理案件后，在统一业务应用系统里分配或者分流至侦查监督部门，由侦查监督部门内勤分配给承办人办理。卷宗材料由案件管理部门受理后及时通知侦查监督部门内勤领取。

▶▶ 3.5 上级侦查机关指定犯罪地或者犯罪嫌疑人居住地以外的下级侦查机关立案侦查的案件，需要逮捕犯罪嫌疑人的，由侦查该案件的侦查机关提请同级人民检察院批准逮捕，人民检察院应当依法作出批准或者不批准逮捕的决定。

▶ **4. 承办人审查**

▶▶ 4.1 形式审查。

▶▶ 4.1.1 法定时限审查即审查和判断侦查机关提请批准逮捕时间在程序上是

否合法：

（1）提请批准逮捕时间审查。犯罪嫌疑人被刑事拘留的，是否在拘留后七日内提请批准逮捕；特殊情况下可延长至七日内提请批准逮捕；拘留期限延长至三十日提请批准逮捕的，是否属于流窜作案、多次作案、结伙作案的重大嫌疑分子。

（2）犯罪嫌疑人被刑事拘留的，需进一步审查刑事拘留的相关法律文书是否符合形式要件。如文书的文号是否符合规范，文书是否盖有决定机关的印章，对延长了刑事拘留时间的，是否有延长刑事拘留的法律文书。

（3）犯罪嫌疑人被取保候审、监视居住的，是否分别在十二个月、六个月之内提请批准逮捕。

（4）犯罪嫌疑人未被采取拘留等强制措施的，先审查是否已过诉讼时效，已过诉讼时效的，经分管副检察长批准后将案件退回侦查机关。

▶▶ 4.1.2 卷宗材料审查即承办人对卷宗材料是否齐备进行形式上的审查，主要是进一步审查相关法律文书、各种证据材料是否随案移送：

（1）提请批准逮捕书认定的犯罪事实及社会危险性的说明是否有相应的证据证明；

（2）扣押物证、书证的，应随案移送提取笔录、扣押物品清单及物证、书证的刑事摄像照片；

（3）已将赃款赃物退还失主的，应有失主领取赃款赃物的凭据；

（4）对犯罪嫌疑人的住所或有关涉案场所进行搜查的，应有搜查证和搜查笔录；

（5）已让犯罪嫌疑人、证人、被害人进行辨认的，应当有辨认笔录；

（6）已作精神病、伤害程度等鉴定的，应当有司法鉴定意见、鉴定机构及鉴定人资格证明文件；

（7）被害人死亡的，应当有被害人的尸检报告；

（8）已做勘验、检查的或者侦查实验的，应当有勘验、检查或侦查实验笔录；

（9）实行同步录音录像的，应当随案移送同步录音录像资料；

（10）收集有电子数据的，应当对提取的技术手段及提取人资格作出说明；

（11）有律师会函或者委托书之类的书面材料的，应当及时告诉案件管理部门，通知律师已进入审查批准逮捕环节，并告知律师有提出律师意见的权利；

（12）符合刑事和解条件的案件，双方当事人达成刑事和解的，应当有刑事和解协议书、履行和解协议相关凭证等。

▶▶ 4.2 实体审查

按照本分册第二章第三节证据审查操作规程操作。

▶ 5. 审查决定

▶▶ 5.1 审查决定时限。

对侦查机关提请批准逮捕的犯罪嫌疑人，已被刑事拘留的，人民检察院应当在收到提请批准逮捕书后七日内作出是否批准逮捕的决定；未被刑事拘留的，应当在收到提请批准逮捕书的十五日以内作出是否批准逮捕的决定，重大、复杂的案件，不得超过二十日。

▶▶ 5.2 不批准逮捕。

▶▶▶ 5.2.1 不构成犯罪的不批准逮捕。

（1）对具有下列的情形之一的，应当对犯罪嫌疑人作出不构成犯罪的不批准逮捕即绝对不捕决定：

①情节显著轻微、危害不大，不认为是犯罪的；

②犯罪已过追诉时效期限的；

③经特赦令免除刑罚的；

④依照刑法告诉才处理的犯罪，没有告诉或者撤回告诉的；

⑤犯罪嫌疑人死亡的；

⑥其他法律规定免予追究刑事责任的。

（2）实践中，对具有下列情形之一的，也应当对犯罪嫌疑人作出不构成犯罪的不批准逮捕决定：

①没有犯罪事实存在或者有证据证明犯罪行为不是犯罪嫌疑人所为的；

②犯罪嫌疑人的行为，法律无明文规定为犯罪的；

③依照《中华人民共和国刑法》（以下简称《刑法》）第十七条关于刑事责任年龄、第十八条关于刑事责任能力的规定不负刑事责任的；

④属于刑法规定的不可抗力、正当防卫、紧急避险等不负刑事责任情形的；

⑤应由民事、行政、经济等法律法规调整的或者有一般违法行为但尚未构

成犯罪的。

（3）作出不构成犯罪不批准逮捕的，制作不批准逮捕决定书和不捕理由说明书，送达侦查机关执行。

▶》5.2.2 证据不足的不批准逮捕。

（1）有下列情形之一，应当认定为现有证据不足以证明犯罪嫌疑人涉嫌犯罪，并作出证据不足的不批准逮捕即存疑不捕决定：

①尚无确实证据证明犯罪嫌疑人实施犯罪或者尚未查实的；

②虽有一定的证据证明犯罪嫌疑人实施或参与了犯罪行为，但证据之间有矛盾或无法排除犯罪嫌疑人合理辩解的；

③无充分证据证实犯罪嫌疑人已达到刑事责任年龄的；

④现有证据不足以认定犯罪嫌疑人有主观罪过的；

⑤非法证据依法排除后，其他证据不足以证实有犯罪事实的。

（2）对于证据不足不批准逮捕的，应当制作不批准逮捕决定书和不捕理由说明书，同时制作补充侦查提纲，送达侦查机关执行并补充侦查。

（3）对于决定不批准逮捕并通知补充侦查的，侦查机关应当按补充侦查提纲补充侦查。补充侦查完毕，认为符合逮捕条件的，应当重新提请批准逮捕。

▶》5.2.3 无社会危险性不批准逮捕。

（1）犯罪嫌疑人的罪行较轻，且没有其他重大犯罪嫌疑，具有以下情节之一的，可以作出无社会危险性不批准逮捕即相对不捕决定：

①属于预备犯、中止犯，或者防卫过当、避险过当的；

②主观恶性较小的初犯，共同犯罪中的从犯、胁从犯，犯罪后自首、有立功表现或者积极退赃、赔偿损失、确有悔罪表现的；

③过失犯罪的犯罪嫌疑人，犯罪后有悔罪表现，有效控制损失或者积极赔偿损失的；

④犯罪嫌疑人与被害人双方达成和解协议，经审查，认为和解系自愿、合法且已经履行或者提供担保的；

⑤犯罪嫌疑人系已满十四周岁未满十八周岁的未成年人或者在校学生，本人有悔罪表现，其家庭、学校或者所在社区、居民委员会、村民委员会具备监护、帮教条件的；

⑥年满七十五周岁以上的老年人；

⑦已经涉嫌犯罪，现有证据不能证明犯罪嫌疑人具有社会危险性的。

（2）对于虽然符合逮捕条件，但是具有以下情形之一的犯罪嫌疑人可以在作出不批准逮捕的同时，向侦查机关提出监视居住的建议：

①患有严重疾病、生活不能自理的；

②怀孕或者正在哺乳自己婴儿的妇女；

③系生活不能自理的人的唯一扶养人；

④因为案件的特殊情况或者办理案件的需要，采取监视居住措施更为适宜的；

⑤羁押期限届满，案件尚未办结，需要采取监视居住措施的。

（3）无社会危险性不批准逮捕的，制作不批准逮捕决定书和不捕理由说明书，送达侦查机关执行。

▶▶5.3 批准逮捕。

▶▶5.3.1 对具有下列情形之一的犯罪嫌疑人，应当批准逮捕：

（1）有证据证明有犯罪事实，可能判处徒刑以上刑罚，并且具有下列社会危险性之一的：①可能实施新的犯罪；②有危害国家安全、公共安全或者社会秩序的现实危险的；③可能毁灭、伪造证据，干扰证人作证或者串供的；④有一定证据证明或者有迹象表明犯罪嫌疑人可能对被害人、举报人、控告人实施打击报复的；⑤企图自杀或者逃跑的。

（2）有证据证明有犯罪事实，可能判处十年有期徒刑以上刑罚的。

（3）有证据证明有犯罪事实，可能判处徒刑以上刑罚，曾经故意犯罪的。

（4）有证据证明有犯罪事实，可能判处徒刑以上刑罚，身份不明的。

（5）具有以下违反取保候审规定的行为之一的：①故意实施新的犯罪行为的；②企图自杀、逃跑，逃避侦查、审查起诉的；③实施毁灭、伪造证据或者串供、干扰证人作证行为，足以影响侦查、审查起诉工作正常进行的；④对被害人、证人、举报人、控告人及其他人员实施打击报复。故意实施新的犯罪行为的。

（6）具有以下违反监视居住规定的行为之一的：①故意实施新的犯罪行为的；②企图自杀、逃跑，逃避侦查、审查起诉的；③实施毁灭、伪造证据或者串供、干扰证人作证行为，足以影响侦查、审查起诉工作正常进行的；④对被害人、证人、举报人、控告人及其他人员实施打击报复的。

▶▶5.3.2 对实施多个犯罪行为或者共同犯罪案件的犯罪嫌疑人，符合《刑事诉讼规则》第一百三十九条规定，具有下列情形之一的，应当批准逮捕：

（1）有证据证明犯有数罪中的一罪的。

（2）有证据证明实施多次犯罪中的一次犯罪的。

（3）共同犯罪中，已有证据证明有犯罪事实的犯罪嫌疑人。

▶▶ 5.3.3 对具有以下情形之一的犯罪嫌疑人，可以批准逮捕：

（1）具有下列违反取保候审规定的行为之一的：①未经批准，擅自离开所居住的市、县，造成严重后果，或者两次未经批准，擅自离开所居住的市、县的；②经传讯不到案，造成严重后果，或者经两次传讯不到案的；③住址、工作单位和联系方式发生变动，未在二十四小时以内向公安机关报告，造成严重后果的；④违反规定进入特定场所、与特定人员会见或者通信、从事特定活动，严重妨碍诉讼程序正常进行的。

（2）具有下列违反监视居住规定的行为之一的：①未经批准，擅自离开执行监视居住的处所，造成严重后果，或者两次未经批准，擅自离开执行监视居住的处所的；②未经批准，擅自会见他人或者通信，造成严重后果，或者两次未经批准，擅自会见他人或者通信的；③经传讯不到案，造成严重后果，或者经两次传讯不到案的。

▶▶ 5.3.4 对符合上述逮捕条件的，制作批准逮捕决定书，送达侦查机关执行。还可以制作继续侦查取证意见书，对收集证据、适用法律提出意见。

▶ **6. 决定的执行**

▶▶ 6.1 对人民检察院批准逮捕的决定，侦查机关应当立即执行，并将执行回执及时送达作出批准逮捕决定的人民检察院；如果未能执行，也应将回执送达人民检察院，并写明未能执行的原因。

▶▶ 6.2 对人民检察院决定不批准逮捕的，侦查机关在收到不批准逮捕决定书后，应当立即释放在押的犯罪嫌疑人或者变更强制措施，并将执行回执在收到不批准逮捕决定书后的三日以内送达作出不批准逮捕决定的人民检察院。

▶▶ 6.3 对侦查机关提请批准逮捕的案件，侦查监督部门应当将批准、变更、撤销逮捕措施的情况书面通知本院刑事执行检察部门。

▶ **7. 变更审查逮捕决定**

▶▶ 7.1 对已作出的批准逮捕决定发现确有错误的，人民检察院应当撤销原批准逮捕决定，送达侦查机关执行。如果犯罪嫌疑人已经变更逮捕强制措施的，对原逮捕决定不必再撤销。

▶▶ 7.2 对因撤销原批准逮捕决定而被释放的犯罪嫌疑人或者逮捕后侦查机关变更为取保候审、监视居住的犯罪嫌疑人，又发现需要逮捕的，人民检察院应当重新作出逮捕决定。

▶▶ 7.3 对已作出的不批准逮捕决定发现确有错误，需要批准逮捕的，人民检察院应当撤销原不批准逮捕决定，并且重新作出批准逮捕决定，送达侦查机关执行。

▶ **8. 操作禁忌**

▶▶ 8.1 禁止检察机关对侦查机关无管辖权的案件作出逮捕案件。

▶▶ 8.2 禁止对于不符合刑事诉讼法规定逮捕条件的犯罪嫌疑人批准逮捕。

▶▶ 8.3 禁止对不符合附条件逮捕条件的案件作出附条件逮捕决定。

二、不批准逮捕案件复议操作规程

【定义】不批准逮捕案件复议是指侦查机关不服检察机关作出的不批准逮捕决定，要求原作出不批准逮捕决定的检察机关对案件进行重新审查的诉讼活动。

▶ **1. 复议的提出主体**

认为检察机关作出的不批准逮捕决定有错误的侦查机关。

▶ **2. 复议的决定主体**

▶▶ 2.1 审查主体。复议案件由作出不批准逮捕决定的人民检察院侦查监督部门原承办人以外的检察人员审查，部门负责人审核，下列案件可以组织集体讨论：

(1) 重大疑难复杂案件；

(2) 案件承办人与部门负责人存在重大分歧意见的案件；

(3) 案件承办人、部门负责人、分管副检察长认为需要集体研究的案件。

▶▶ 2.2 决定主体。

▶▶▶ 2.2.1 复议案件经部门负责人审核后，一般由分管副检察长决定是否维持原不批准逮捕决定。

▶▶▶ 2.2.2 分管副检察长与部门负责人、承办人或集体研究时多数意见不同时，分管副检察长可向检察长报告，由检察长决定是否维持原不批准逮捕决定。

▶▶▶ 2.2.3 重大案件应当经检察委员会讨论决定。

▶ 3. 复议案件的适用条件

侦查机关要求复议的案件应当同时符合以下条件：

（1）认为同级检察机关不批准逮捕决定有错误，并说明其理由；

（2）必须在收到《不批准逮捕决定书》五日内要求复议；

（3）犯罪嫌疑人被刑事拘留的，必须先释放犯罪嫌疑人或者变更强制措施；

（4）只能以原提请批准逮捕的原有案件事实和证据进行复议。

▶ 4. 复议案件受理

▶ 4.1 复议案件由作出《不批准逮捕决定书》的人民检察院案件管理部门受理。

▶ 4.2 侦查机关要求复议时应当提交以下材料：

（1）《不批准逮捕决定书》；

（2）《要求复议意见书》；

（3）释放犯罪嫌疑人的释放证明或变更为取保候审、监视居住的决定书；

（4）原提请批准逮捕的卷宗材料。

▶ 4.3 案件管理部门在受理案件时应当审查是否符合复议案件的条件，提交的材料是否齐全，并区分情形作以下处理：

（1）符合复议案件条件，但材料不齐的，通知侦查机关及时补齐；

（2）要求复议超出法定期限五日的，不予受理；

（3）人民检察院作出不批准逮捕决定，并且通知侦查机关补充侦查的案件，侦查机关在补充侦查后又提请复议的，案件管理部门应当通知侦查机关重新提请批准逮捕。公安机关坚持复议的，人民检察院不予受理；

（4）对于符合复议案件的条件，材料齐全的，案件管理部门受理案件后在统一业务应用系统中将案件分配给侦查监督部门办理，并通知侦查监督部门内勤签收领取案件材料，并随案移送《受理案件登记表》。

▶ 4.4 侦查监督部门内勤通过统一业务应用系统将案件另行指派办案人员办理，并移送案件材料。

▶ 5. 复议案件审查

▶ 5.1 复议案件更换办案人。对侦查机关要求复议的不批准逮捕的案件，人民检察院侦查监督部门应当另行指派办案人员复议。

▶ 5.2 复议案件的办案期限。检察机关在收到复议意见书和案卷材料后的 7

日以内作出是否变更的决定，通知公安机关。

▶▷ 5.3 复议案件的审查及判断。复议案件应当全面审查，一般只做书面审查，并重点审查侦查机关复议的理由是否成立。

▶▷ 5.4 不批准逮捕案件复议（复核）意见书的制作（范本附后）。

▶▷▷ 5.4.1 复议（复核）意见书的结构。不批准逮捕案件复议意见书分为首部，犯罪嫌疑人基本情况，发案、立案、破案经过，对案件事实的认定及证据，要求复议的理由及依据，经复议认定的案件事实及证据，需要说明的问题，处理意见八个部分。

▶▷▷ 5.4.2 首部。首部主要是简单描述受案、审查的经过。

▶▷▷ 5.4.3 犯罪嫌疑人的基本情况。基本情况包括以下几个方面：姓名、性别、出生年月日（外国人或无国籍人应写明国籍情况），身份证号码，民族，文化程度，户籍所在地，住址。工作单位及职业，是否担任人大代表或政协委员的情况、采取强制措施情况、犯罪嫌疑人简历等。

▶▷▷ 5.4.4 发案、立案、破案经过。这一部分应写清案件受理时间、侦查机关立案时间、立案的罪名、犯罪嫌疑人到案时间、经过及案件侦破经过。

▶▷▷ 5.4.5 对案件事实的认定及证据。

（1）对案件事实的认定及证据包括侦查机关认定的案件事实及理由和检察机关原不批准逮捕的理由两部分（提请复核的案件，还应写明复议维持原不批准逮捕决定的理由）。

（2）侦查机关认定的案件事实及理由部分应写明侦查机关报捕书认定的案件事实及报捕的理由。

（3）检察机关原不批准逮捕的理由、复议维持原不批准逮捕决定的理由应围绕经审查是否有证据证明有犯罪事实，该犯罪事实经查证是否系犯罪嫌疑人所为，犯罪嫌疑人是否可能判处有期徒刑以上刑罚、是否具有社会危险性、是否具有《刑事诉讼法》第十五条所规定不追究刑事责任的情形或《刑事诉讼规则》第一百四十四条规定的可以作出不批准逮捕决定的情形或具有刑事诉讼法第七十二条第一款第一、二、三项规定符合监视居住条件的情形。

▶▷▷ 5.4.6 要求复议（提请复核）的理由及根据。

本部分应写明侦查机关要求复议（提请复核）的理由。包括犯罪嫌疑人是否涉嫌犯罪、涉嫌何罪、是否可能判处有期徒刑以上刑罚、是否具有《刑事诉讼法》第七十九条所规定的应当或可以予以逮捕的情形。

▶≫ 5.4.7 经复议（复核）认定的案件事实及证据。

（1）经审查，认为侦查机关认定的案件事实有证据（或认为下级检察机关复议决定错误的，包括部分错误），应当改变原不批准逮捕决定的，写明改变的理由，然后按照证据种类，进行必要的摘抄或归纳，并根据其证明力予以分析。

（2）经审查，认为原不批准逮捕决定正确，经复议维持原不批准逮捕决定（或认为下级检察机关复议决定正确，经复核维持原复议决定），应当结合侦查机关提请复议（复核）的理由，按照证据种类，进行必要的摘抄或归纳，并根据其证明力予以分析。本部分应注意：

①事实部分既要写明经审查所认定的与是否涉嫌犯罪有关的事实及证据，也要写明是否具有《刑事诉讼法》第七十九条所规定的具体条款项情形、是否具有人民检察院《刑事诉讼规则》第一百四十四条所规定的可以不批准逮捕及《刑事诉讼法》第七十二条第一款第一、二、三项的情形及相关证据、材料。

②对证据要进行客观性、合法性、关联性分析。

③对全案证据进行分析，指出本案哪些事实有证据证实，哪些事实缺乏证据证实，根据有关犯罪构成，对犯罪嫌疑人是否涉嫌犯罪进行分析；同时还要阐明是否有证据证明犯罪嫌疑人具有社会危险性。

（3）经审查，认为应当改变原不批准逮捕决定的，应写明改变的理由；认为原不批准逮捕决定正确拟予以维持原不批准逮捕决定（或拟维持原复议决定）的，应写明维持的理由。

▶≫ 5.4.8 需要说明的问题。需要说明的问题包括以下内容：

（1）上级机关或有关领导对案件的批示、指示意见；

（2）需要进行立案监督或侦查活动监督的事项及处理意见；

（3）需要进行补充侦查或继续侦查的事项；

（4）对不批准逮捕的犯罪嫌疑人需要做其他处理的建议；

（5）其他需要说明的问题。

▶≫ 5.4.9 处理意见。承办人意见应对案情高度概括，写明适用的法律依据，根据犯罪构成要件及逮捕条件，提出应否逮捕的意见及理由；是否维持或撤销原不批准逮捕决定（是否维持或变更下级检察机关复议决定）的意见。意见不同，写法各异，具件如下：

（1）经复议（复核）拟维持原不捕决定的，根据不捕的种类，表述上又有差异：

①无罪不捕：犯罪嫌疑人的行为不涉嫌犯罪或犯罪事实非犯罪嫌疑人所为以及犯罪嫌疑人具有《中华人民共和国刑事诉讼法》第十五条规定情形（其中犯罪嫌疑人具有《中华人民共和国刑事诉讼法》第十五条规定情形应写明属于哪种具体情形并适用相关条款项），建议不批准逮捕犯罪嫌疑人××，根据《中华人民共和国刑事诉讼法》第九十条之规定，拟维持原不批准逮捕决定（拟维持原复议决定）。

②存疑不捕：犯罪嫌疑人×××的行为，涉嫌×××罪的事实不清，证据不符合逮捕条件，建议不批准逮捕犯罪嫌疑人×××，根据《中华人民共和国刑事诉讼法》第九十条之规定，拟维持原不批准逮捕决定（拟维持原复议决定）。

③构罪不捕：犯罪嫌疑人×××的行为，涉嫌×××罪，但不符合逮捕条件（写明不符合逮捕条件的理由），建议不批准逮捕犯罪嫌疑人×××，根据《中华人民共和国刑事诉讼法》第九十条之规定，拟维持原不批准逮捕决定（拟维持原复议决定）。

④符合监视居住不捕：犯罪嫌疑人×××的行为，涉嫌×××罪，但（患有严重疾病，生活不能自理等原因）符合监视居住条件，建议不批准逮捕犯罪嫌疑人×××，根据《中华人民共和国刑事诉讼法》第九十条之规定，拟维持原不批准逮捕决定（拟维持原复议决定）。

（2）经复议（复核）拟改变原不捕决定的：

犯罪嫌疑人×××（表述犯罪事实），根据《中华人民共和国刑法》第×条第×款第×项的规定，涉嫌×××犯罪，可能判处徒刑以上刑罚，同时具有《中华人民共和国刑事诉讼法》第七十九条第×款第×项的情形，符合《中华人民共和国刑事诉讼法》第七十九条规定的逮捕条件，建议批准逮捕犯罪嫌疑人×××，根据《中华人民共和国刑事诉讼法》第九十条之规定，拟变更原不批准逮捕决定。

▶ **6. 复议案件审查决定**

▶▷ 6.1 应当作出撤销原不捕决定的情形有：

（1）出于利益驱动等不正当目的，对于符合逮捕条件的犯罪嫌疑人未采取逮捕措施，而是采取取保候审、监视居住等其他强制措施的。

（2）符合《刑事诉讼规则》第一百三十九条、第一百四十条、第一百四十一条规定的逮捕条件而未逮捕的。

（3）引用《刑事诉讼法》第十五条规定作出不捕决定，而犯罪嫌疑人或案件事实并不符合该条规定的。

（4）其他应当撤销原不捕决定的情形。

▶ 6.2 撤销原不捕决定。

▶▶ 6.2.1 撤销程序。承办人对符合应当撤销不捕决定情形的案件，提出撤销原不捕决定的审查意见，经部门负责人审核后报检察长或检察委员会决定。检察长或检察委员会决定撤销原不捕决定的，人民检察院制作《复议决定书》之外，还应制作《撤销不批准逮捕决定通知书》和《批准逮捕决定书》，连同案卷材料一并退回提请复议的侦查机关执行。

▶▶ 6.2.2 撤销原不捕决定后果。撤销原不捕决定后，对于犯罪嫌疑人产生以下后果：

（1）犯罪嫌疑人将被重新羁押；如果在逃的，将会被侦查机关通缉并追捕到案；

（2）按照刑事诉讼法的相关规定，对犯罪嫌疑人的侦查羁押期限重新开始计算。

▶▶ 6.3 维持原不捕决定。承办人对不符合应当撤销不捕决定情形的案件，提出维持原不捕决定的审查意见，经部门负责人审核后报检察长或检察委员会决定。检察长或检察委员会决定予以维持原不捕决定的，人民检察院应当制作《复议决定书》连同案卷材料一并退回要求复议的公安机关执行。

▶ 7. 注意事项

▶▶ 7.1 要求复议不影响原不批准逮捕决定的执行。

▶▶ 7.2 不得以复议为由不释放犯罪嫌疑人或者不变更强制措施。

▶▶ 7.3 应当坚持实事求是和有错必纠的原则，对符合逮捕条件的坚决改变原不批准逮捕决定，防止复议走过场。

附录:《复议(复核)意见书》格式

××××人民检察院
不批准逮捕案件复议(复核)意见书

××检侦监议(核)〔××××〕×号

我院于××年×月×日收到××××公安局以×号文书提出复议(提请复核)的犯罪嫌疑人×××涉嫌××一案,承办人检察员(助理检察员)×××审阅了案卷(简要写明讯问犯罪嫌疑人、听取犯罪嫌疑人意见、听取辩护人意见、核实有关证据等相关工作情况),现依法对本案审查完毕。

一、犯罪嫌疑人基本情况

依次写明犯罪嫌疑人的姓名(曾用名、绰号,不报姓名的注明代号),性别,出生年月日(外国人或无国籍人应写明国籍情况),身份证号码,民族,文化程度,户籍所在地,住址。工作单位及职业,是否担任人大代表或政协委员的情况。犯罪嫌疑人×××因涉嫌××罪于××年×月×日被××××单位采取×××强制措施(拘留、提请逮捕人大代表或政协委员,应写明是否经过许可或者通报的情况)。本院于××年×月×日对其作出不批准逮捕决定,其于××年×月×日被变更为×××强制措施(释放)。

简要写明犯罪嫌疑人简历。

简要写明犯罪嫌疑人家庭情况。

本人简历,家庭情况包括配偶和直系亲属的基本情况,是否曾受过行政、刑事处罚。如有,应写明处罚的时间、事由、释放情况等,如犯罪嫌疑人具有患有严重疾病、生活不能自理、系正在怀孕、哺乳的妇女、系生活不能自理的人的唯一扶养人等情况,应予注明。

如果犯罪嫌疑人是单位犯罪的直接负责的主管人员和其他直接责任人员,还应写明单位名称,单位性质,单位住所。

二、发案、立案和破案经过

简要写明案件受理、立案和侦破情况。应写清案件受理时间、侦查机关立案时间、立案的罪名、犯罪嫌疑人到案时间、经过及案件侦破经过。

三、对案件事实的认定及证据

1. 侦查机关认定的案件事实及理由。

本部分应写明侦查机关报捕书认定的案件事实及报捕的理由。

2. 检察机关原不批准逮捕的理由（提请复核的案件，还应写明复议维持原不批准逮捕决定的理由）。

本部分应围绕经审查是否有证据证明有犯罪事实，该犯罪事实经查证是否系犯罪嫌疑人所为，犯罪嫌疑人是否可能判处有期徒刑以上刑罚、是否具有社会危险性、是否具有刑事诉讼法第十五条所规定不追究刑事责任的情形或《人民检察院刑事诉讼规则（试行）》第一百四十四条规定的可以作出不批准逮捕决定的情形或具有刑事诉讼法第七十二条第一款第（一）项、第（二）项、第（三）项规定符合监视居住条件的情形。

四、要求复议（提请复核）的理由及根据

本部分应写明侦查机关提请复议、复核的理由。包括犯罪嫌疑人是否涉嫌犯罪、涉嫌何罪、是否可能判处有期徒刑以上刑罚、是否具有刑事诉讼法第七十九条所规定的应当或可予以逮捕的情形。

侦查机关提请复议理由与提请复核的理由不同的，应分别写明。

五、经复议（复核）认定的案件事实及证据

1. 经审查，认为侦查机关认定的案件事实有证据（或认为下级检察机关复议决定错误的，包括部分错误），应当改变原不批准逮捕决定的，写明改变的理由，然后按照证据种类，进行必要的摘抄或归纳，并根据其证明力予以分析。

2. 经审查，认为原不批准逮捕决定正确，经复议维持原不批准逮捕决定（或认为下级检察机关复议决定正确，经复核维持原复议决定），应当结合侦查机关提请复议（复核）的理由，按照证据种类，进行必要的摘抄或归纳，并根据其证明力予以分析。

本部分应注意：

1. 事实部分既要写明经审查所认定的与是否涉嫌犯罪有关的事实及证据，也要写明是否具有刑事诉讼法第七十九条所规定的具体条款项情形、是否具有人民检察院《人民检察院刑事诉讼规则（试行）》第一百四十四条所规定的可以不批准逮捕及刑事诉讼法第七十二条第一款前三项的情形及相关证据、

材料。

2. 对证据要进行客观性、真实性、关联性分析。

3. 对全案证据进行分析，指出本案哪些事实有证据证实，哪些事实缺乏证据证实，根据有关犯罪构成，对犯罪嫌疑人是否涉嫌犯罪进行分析；同时还要阐明是否有证据证明犯罪嫌疑人具有社会危险性。

4. 经审查，认为应当改变原不批准逮捕决定的，应写明改变的理由；认为原不批准逮捕决定正确拟予以维持原不批准逮捕决定（或拟维持原复议决定）的，应写明维持的理由。

六、需要说明的问题

1. 上级机关或有关领导对案件的批示、指示意见。

2. 需要进行立案监督或侦查活动监督的事项及处理意见。

3. 需要进行补充侦查或继续侦查的事项。

4. 对不批准逮捕的犯罪嫌疑人需要做其他处理的建议。

5. 其他需要说明的问题。

七、处理意见

承办人意见：对案情高度概括，写明适用的法律依据，根据犯罪构成要件及逮捕条件，提出应否逮捕的意见及理由；是否维持或撤销原不批准逮捕决定（是否维持或变更下级检察机关复议决定）的意见。

1. 经复议（复核）拟维持原不捕决定的：

（1）无罪不捕：犯罪嫌疑人的行为不涉嫌犯罪或犯罪事实非犯罪嫌疑人所为以及犯罪嫌疑人具有《中华人民共和国刑事诉讼法》第十五条规定情形（其中犯罪嫌疑人具有《中华人民共和国刑事诉讼法》第十五条规定情形应写明属于哪种具体情形并适用相关条款），建议不批准逮捕犯罪嫌疑人×××，根据《中华人民共和国刑事诉讼法》第九十条之规定，拟维持原不批准逮捕决定（拟维持原复议决定）。

（2）存疑不捕：犯罪嫌疑人×××的行为，涉嫌×××罪的事实不清，证据不符合逮捕条件，建议不批准逮捕犯罪嫌疑人×××，根据《中华人民共和国刑事诉讼法》第九十条之规定，拟维持原不批准逮捕决定（拟维持原复议决定）。

（3）构罪不捕：犯罪嫌疑人×××的行为，涉嫌×××罪，但不符合逮捕条件（写明不符合逮捕条件的理由），建议不批准逮捕犯罪嫌疑人×××，根据《中华人民共和国刑事诉讼法》第九十条之规定，拟维持原不批准逮捕决定（拟维持原复议决定）。

（4）符合监视居住不捕：犯罪嫌疑人×××的行为，涉嫌×××罪，但（患有严重疾病，生活不能自理等原因）符合监视居住条件，建议不批准逮捕犯罪嫌疑人×××，根据《中华人民共和国刑事诉讼法》第九十条之规定，拟维持原不批准逮捕决定（拟维持原复议决定）。

2. 经复议（复核）拟改变原不捕决定的：

犯罪嫌疑人×××（表述犯罪事实），根据《中华人民共和国刑法》第×条第×款第×项的规定，涉嫌×××犯罪，可能判处徒刑以上刑罚，同时具有《中华人民共和国刑事诉讼法》第七十九条第×款第×项的情形，符合《中华人民共和国刑事诉讼法》第七十九条规定的逮捕条件，建议批准逮捕犯罪嫌疑人×××，根据《中华人民共和国刑事诉讼法》第九十条之规定，拟变更原不批准逮捕决定（拟变更原复议决定）。

以上意见当否，请领导审批。

承办人：×××（签字）

××年×月×日

三、不批准逮捕案件复核操作规程

【定义】不批准逮捕案件复核是指侦查机关不服检察机关的不批准逮捕决定及复议决定，要求该检察机关的上级人民检察院进行重新审查，并作出是否维持原决定的诉讼活动。

▶ **1. 复核的提出主体**

不服检察机关作出的不批准逮捕决定及复议决定的侦查机关。

▶ **2. 复核的决定主体**

▶ 2.1 审查主体。复核案件由作出不批准逮捕决定的人民检察院的上级人民检察院侦查监督部门承办人审查，部门负责人审核。

▶ 2.2 决定主体。

▶ 2.2.1 一般由分管副检察长决定是否维持原不批准逮捕决定。

▶ 2.2.2 分管副检察长与部门负责人、承办人或集体研究时多数意见不同时，分管副检察长可以向检察长报告，由检察长决定是否维持原不批准逮捕决定。

▶≫ 2.2.3 重大案件应当经检察委员会讨论决定。

▶ **3. 复核案件的条件**

提请复核的案件应当符合以下条件：

（1）已经要求复议，下级检察机关已经维持原不捕决定；

（2）有具体的复核理由，并在《提请复核意见书》中写明；

（3）在收到《复议决定书》后五日内提请。

▶ **4. 复核案件受理**

▶≫ 4.1 复核案件由作出《不批准逮捕决定书》的人民检察院的上级人民检察院案件管理部门受理。

▶≫ 4.2 侦查机关提请复核时应当提交以下材料：

（1）《不批准逮捕决定书》、《复议决定书》；

（2）《提请复核意见书》；

（3）原提请批准逮捕的卷宗材料。

▶≫ 4.3 案件管理部门在受理案件时应当审查是否符合复核案件的条件，提交的材料是否齐全，并区分情形作以下处理：

（1）符合复核案件条件，但材料不齐的，通知侦查机关补齐；

（2）要求复议超出法定期限五日的，不予受理；

（3）对于符合复核案件的条件，材料齐全的，案件管理部门受理案件后在统一业务应用系统中将案件分配给侦查监督部门办理，并通知侦查监督部门内勤签收领取案件材料，并随案移送《受理案件登记表》。

▶≫ 4.4 侦查监督部门内勤通过统一业务应用系统将案件指定承办人办理，并移送案件材料。

▶≫ 4.5 上级人民检察院在收到侦查机关提请复核的案件后，应当要求下级人民检察院提供该案的审查逮捕内卷和复议内卷（含检委会研究案件记录）。

▶ **5. 复核案件审查**

▶≫ 5.1 复核案件的办案期限。检察机关在收到提请复核意见书和案卷材料后的十五日以内作出是否变更的决定，通知下级人民检察院和公安机关执行。

▶≫ 5.2 复核案件的审查及判断。复核案件时应当全案审查，一般只做书面审查，重点审查复核的理由是否成立。

▶≫ 5.3 不批准逮捕案件复核意见书的制作。按照本章本节不批准逮捕案件操作规程及该规程后面的附件进行操作。

▶ 6. 复核案件审查决定

▶ 6.1 撤销原不捕决定。

▶ 6.1.1 撤销程序。承办人对符合前述应当撤销不捕决定情形的案件，提出撤销原不捕决定的审查意见，经部门负责人审核后报检察长或检察委员会决定。检察长或检察委员会决定撤销原不捕决定的，上级人民检察院应制作《复核决定书》和《复核决定通知书》，通知作出原不批准逮捕决定的下级人民检察院，下级人民检察院应制作《撤销不批准逮捕决定书》和《撤销不批准逮捕决定通知书》撤销原决定，并另行制作《批准逮捕决定书》，连同案卷材料一并送达提请复核的侦查机关执行。必要时，上级检察机关也可以直接制作《批准逮捕决定书》，通知下级检察院送达侦查机关执行。

▶ 6.1.2 撤销原不捕决定的后果。

（1）犯罪嫌疑人将被重新羁押；如果在逃的，将会被公安机关通缉并追捕到案；

（2）按照刑事诉讼法的相关规定，对犯罪嫌疑人的侦查羁押期限重新开始计算。

▶ 6.2 维持原不捕决定。承办人对不符合应当撤销不捕决定情形的案件，提出维持原不捕决定的审查意见，经部门负责人审核后报检察长或检察委员会决定。检察长或检察委员会决定予以维持原不捕决定的，人民检察院应当制作《复核决定书》和《复核决定通知书》，通知下级人民检察院连同案卷材料一并送达提请复核的侦查机关执行。

▶ 6.3 复核决定执行。下级人民检察院对上级人民检察院的复核决定必须执行。如有不同意见，可以在执行的同时，书面向上级人民检察院反映。

四、特别程序操作规程

▶ 1. 未成年犯罪嫌疑人审查逮捕操作规程

▶ 1.1 讯问未成年犯罪嫌疑人。

▶ 1.1.1 讯问的重点。

（1）核实案件事实。查清未成年犯罪嫌疑人在案件当中所起的作用，尤其是应当核实是否有被胁迫情节，是否存在成年人教唆、引诱、胁迫、组织未成年人犯罪或者传授犯罪方法、利用未成年人实施犯罪的情况。

（2）重点核实年龄问题。应当重点查清是否已满十四周岁、十六周岁、十八周岁。对作案时刚好接近前述年龄临界点的，讯问时应问清出生日期是公历还是农历，实际年龄与户籍资料是否一致等。

（3）对未成年犯罪嫌疑人进行教育。承办人在讯问前列出详细的讯问教育提纲，根据不同的情形，有针对性地进行讯问教育。讯问中采取适宜未成年人的方式，掌握好语气、语速，尽量融洽气氛，拉近距离，并找准感化点，注重用真心、爱心、诚心感化未成年人，促使涉罪未成年人痛改前非、重塑自我，不再重新犯罪。

▶▶ 1.1.2 讯问告知。

（1）应当告知其有权委托辩护人。审查逮捕中，承办人应当讯问犯罪嫌疑人，并向未成年犯罪嫌疑人及法定代理人了解其委托辩护人的情况，并告知其有权委托辩护人。已经委托辩护人的，检察机关应当听取律师意见。未成年犯罪嫌疑人没有委托辩护人的，应当书面通知法律援助机构指派律师为其辩护（通知书可参照审查起诉阶段《提供法律援助通知书》的样本制作）。

（2）可以告知未成年犯罪嫌疑人及其法定代理人，可以和对方当事人刑事和解。对于符合和解条件的，可以告知其这一事项，也可努力创造条件促使当事人双方自行和解，积极引导并会同公安、学校、居委会、人民调解委员会等单位组织开展刑事和解工作，并将刑事和解作为决定不批准逮捕的依据。

▶▶ 1.1.3 讯问方法。

（1）讯问时应当根据未成年人的特点和案件情况以及未成年人的智力发育程度和心理状态，制定详细的讯问提纲；

（2）讯问采取适宜未成年人的方式进行，一般不得使用械具；

（3）讯问女性未成年犯罪嫌疑人，应当有女性检察人员在场；

（4）在讯问过程中，承办人要及时发现教育感化点，抓住有利时机，有针对性地进行教育、感化、挽救。

▶▶ 1.1.4 通知法定代理人到场。

（1）讯问未成年犯罪嫌疑人，应当通知其法定代理人到场，告知法定代理人依法享有的权利和应当履行的义务；

（2）无法通知、法定代理人不能到场或者法定代理人是共犯的也可以通知未成年犯罪嫌疑人的其他成年家属、所在学校、单位或者居住地的村民委员会、居民委员会、未成年保护组织的代表到场，并将有关情况记录在案；

（3）如果未成年犯罪嫌疑人拒绝合适成年人到场的，检察院准许后必须另行通知其他合适成年人到场，以充分保障未成年人的合法权益。合适成年人应当从未成年犯罪嫌疑人的成年亲属中挑选，或者从具有完全责任能力，品质优秀，热爱、关心青少年工作，有责任心，且具有一定法学、教育学、心理学知识或相关工作经验的成年人中选任；

（4）到场的法定代理人或者其他合适成年人认为办案人员在讯问中侵犯未成年犯罪嫌疑人合法权益的，可以提出意见；

（5）讯问笔录应当交由到场的法定代理人或者其他合适成年人阅读或者向其宣读，并由其在笔录上签字、盖章或者捺指印确认。

▶▶ 1.2 社会调查。

▶▶ 1.2.1 调查的主体。

（1）人民检察院。人民检察院根据情况可以对未成年犯罪嫌疑人的成长经历、犯罪原因、监护教育等情况进行调查，并制作社会调查报告，作为办案和教育的参考。

（2）受委托的单位。人民检察院可以委托有关组织和机构开展社会调查。社会调查主要由未成年犯罪嫌疑人户籍所在地或居住地的司法行政机关社区矫正工作部门负责。司法行政机关社区矫正工作部门可联合相关部门开展社会调查，或委托共青团组织以及其他社会组织、公益代理人协助调查。人民检察院委托进行社会调查的，应当出具委托书，载明调查对象基本信息、调查事项、评估意见及调查时限。

▶▶ 1.2.2 调查的实施。

（1）开展社会调查应当由两名以上工作人员进行；

（2）社会调查可以在被调查人所在单位、学校、社区、村委或者被调查人提出的地点进行；

（3）社会调查时应当当面听取未成年人犯罪嫌疑及其法定监护人或其他近亲属、辩护人和所在学校、社区等单位有关人员的意见；

（4）社会调查应当根据案件具体情况，慎重选择调查方式，避免对未成年犯罪嫌疑人及相关人员造成不良影响，可以采取面谈、调查问卷、书面证明等形式；

（5）接受调查人员应当熟悉未成年犯罪嫌疑人的家庭、生活或者学习、平时表现等情况，包括未成年犯罪嫌疑人及其法定代理人或近亲属、邻居、同学、同事以及未成年人所居住的社区、村委会、学校、单位、户籍所在地或经常居住地的派出所等单位。

▶▶ 1.2.3 调查报告。

（1）人民检察院或受委托的单位应当根据社会调查情况，制作社会调查报告。

（2）社会调查报告主要包括：

①未成年犯罪嫌疑人的基本情况；

②案由和案件来源；

③未成年犯罪嫌疑人的主要情况及对处理结果建议。其中，处理建议应当结合案情对未成年犯罪嫌疑人的社会危害性和人身危险性、社会关系修复情况、社会矫正或帮教条件进行分析。

（3）调查报告应包括未成年犯罪嫌疑人以下主要情况：

①家庭结构、其在家庭中的地位和遭遇、与家庭人员的感情和关系、家庭对其的教育、管理方法；

②性格特点、道德品行、智力结构、身心状况、成长经历即有无犯罪前科，成长过程中对其产生重大影响的人和事，如勒令退学或父母离婚、早逝等；

③在校表现、师生关系及同学关系；

④社区的表现及社会交往情况；

⑤就业情况及在单位的工作表现情况；

⑥犯罪后的行为表现，这主要包括：在犯罪后是否自首、立功、坦白交代、积极赔偿被害人或退回赃物、积极减免、减少犯罪所造成的损失，是否已经取得被害人谅解等；

⑦分析犯罪原因；

⑧就量刑以及后期的帮教、矫治措施提出建议。

（4）对因未成年犯罪嫌疑人不讲真实姓名、住址，身份不明，无法进行社会调查的，社会调查机关应当作出书面说明。

▶▶ 1.2.4 社会调查报告的审查。

（1）公安机关提请人民检察院审查批准逮捕的未成年人刑事案件，应当将未成年犯罪嫌疑人办案期间表现等材料和经公安机关审查的社会调查报告等随案移送人民检察院。

（2）各级人民检察院在办理未成年犯罪嫌疑人审查逮捕案件时，应当认真审查公安机关移送的社会调查报告或无法进行社会调查的书面说明、办案期间表现等材料，全面掌握案情和未成年人的身心特点，作为办案和教育的参考，必要时可以进行补充调查。

（3）对公安机关没有随案移送上述材料的，人民检察院可以要求公安机关提供，公安机关应当提供。

（4）侦查监督部门对公安机关提供的社会调查报告及检察机关委托的单位出具的社会调查报告的审查应从形式和实体两方面进行，并提出是否采纳的意见：

①形式审查。一方面，对社会调查的主体进行审查。社会调查报告是否以单位名义出具，是否由符合法定条件的具体调查人员签字或盖章。另一方面，对社会调查手段进行审查。调查人员在调查时，是否对被调查人员采用暴力、威胁、利诱等非法手段。必要时，应找被调查人、具体调查人员等知情人员进行了解核实。如果存在前述非法调查行为，应当予以排除。

②实体审查。实体审查主要从以下三方面进行审查：首先，对社会调查报告的关联性进行审查，调查机构是否全面收集与涉案未成年人犯罪行为、刑事责任以及刑罚裁量相关的材料。其次，对社会调查报告的真实性进行审查，可以通过审查社会调查报告内容的合理性、逻辑性，以及与涉案未成年人的供述进行比对等方法进行判定。最后，对社会调查的客观性进行审查，社会调查报告是否中性、客观、理性的叙述事实、表达结论。

（5）侦查监督部门承办人自行开展社会调查形成的报告，由部门负责人进行审查，并报分管副检察长审核。

■»» 1.3 听取辩护律师意见。

■»» 1.3.1 各级人民检察院审查批准逮捕未成年人犯罪案件，应当听取律师意见。

■»» 1.3.2 对辩护人提出不构成犯罪、无社会危险性、不适宜羁押、侦查活动有违法犯罪情形等书面意见的，办案人员应当审查，并在审查逮捕意见书中提出是否采纳的意见和理由。

■»» 1.4 案件审查。

■»» 1.4.1 审查重点。

对未成年犯罪嫌疑人的审查逮捕，应重点审查以下问题：

（1）注重对犯罪嫌疑人年龄的审查；

（2）注重对犯罪嫌疑人成长经历、家庭环境、个性特点、社会活动等情况的审查；

（3）注重对应当或可以不批准的情形的审查。

➤➤ 1.4.2 年龄审查。

（1）刑事责任年龄划分：

①已满十六周岁的人犯罪，应当负刑事责任。

②已满十四周岁不满十六周岁的人，犯故意杀人、故意伤害致人重伤或者死亡、强奸、抢劫、贩卖毒品、放火、爆炸、投毒罪的，应当负刑事责任。

③已满十四周岁不满十六周岁的人实施《刑法》第十七条第二款规定以外的行为，如果同时触犯了《刑法》第十七条第二款规定的，应当依照《刑法》第十七条第二款的规定确定罪名，定罪处罚。

（2）罪与非罪的界定：

①已满十四周岁不满十六周岁的人偶尔与幼女发生性行为，情节轻微、未造成严重后果的，不认为是犯罪。

②已满十四周岁不满十六周岁的人使用轻微暴力或者威胁，强行索要其他未成年人随身携带的生活、学习用品或者钱财数量不大，且未造成被害人轻微伤以上或者不敢正常到校学习、生活等危害后果的，不认为是犯罪。已满十六周岁不满十八周岁的人具有前款规定情形的，一般也不认为是犯罪。

③已满十六周岁不满十八周岁的人出于以大欺小、以强凌弱或者寻求精神刺激，随意殴打其他未成年人、多次对其他未成年人强拿硬要或者任意损毁公私财物，扰乱学校及其他公共场所秩序，情节严重的，以寻衅滋事罪定罪处罚。

④已满十六周岁不满十八周岁的人实施盗窃行为未超过三次，盗窃数额虽已达到"数额较大"标准，但案发后能如实供述全部盗窃事实并积极退赃，且具有下列情形之一的，可以认定为"情节显著轻微危害不大"，不认为是犯罪：系又聋又哑的人或者盲人；在共同盗窃中起次要或者辅助作用，或者被胁迫；具有其他轻微情节的。已满十六周岁不满十八周岁的人盗窃未遂或者中止的，可不认为是犯罪。已满十六周岁不满十八周岁的人盗窃自己家庭或者近亲属财物，或者盗窃其他亲属财物但其他亲属要求不予追究的，可不按犯罪处理。

⑤已满十四周岁不满十六周岁的人盗窃、诈骗、抢夺他人财物，为窝藏赃物、抗拒抓捕或者毁灭罪证，当场使用暴力，故意伤害致人重伤或者死亡，或

者故意杀人的，应当分别以故意伤害罪或者故意杀人罪定罪处罚。已满十六周岁不满十八周岁的人犯盗窃、诈骗、抢夺罪，为窝藏赃物、抗拒抓捕或者毁灭罪证而当场使用暴力或者以暴力相威胁的，应当依照《刑法》第二百六十九条的规定定罪处罚；情节轻微的，可不以抢劫罪定罪处罚。

（3）真实年龄与户籍资料不符案件的审查：

①一般来讲年龄出现不实有以下几种情况：

一是有些未成年人的身份难以核实。由于原来的户籍管理制度不完善，公安机关移送的户籍资料及个人信息表上没有照片，而讯问时犯罪嫌疑人又能准确地讲出户籍资料上的精确信息，是否属于冒充比自己小的熟悉的人难以确定。

二是登记出生日期不规范，公历、农历不统一造成年龄出现争议。在20世纪90年代，我国相当一部分农村人有以农历出生日期给新生儿报户口的习惯。如果刚好在临界年龄，承办人审查不细的话，将农历日期认为是公历，就会导致认定的年龄比实际年龄大。

三是在户籍登记中故意报大年龄。有的家长或者未成年人本人为了早些找到工作，早些结婚生子而故意报大年龄，也有的家长为逃避计划生育处罚，通过故意报大年龄拉开孩子间的年龄差距。

四是虚报姓名与年龄。有的未成年犯罪嫌疑人为了逃避处罚或者减轻处罚，故意报小年龄。

五是不讲真实姓名或从未上过户口。有些人不讲真实姓名，公安调取户籍资料无从查起。还有些人根本就没有上户口。

②对未成年犯罪嫌疑人年龄的审查：

办案实践中，犯罪嫌疑人刑事责任年龄难以分清的案件时有发生，证明年龄的证据不一的情况相当突出，给办案人员在认定犯罪嫌疑人年龄时带来了诸多不便。审查逮捕时不能简单地采信某一证据，而要根据个案情况，仔细审查，全面分析，甄别真伪。在审查办理犯罪嫌疑人临界于三个刑事责任年龄界限的案件时，检察机关要从以下几个方面审核把关：

一是注重审查户籍证明、身份证。审查犯罪嫌疑人身份证明时，要求公安机关提供加盖公章的户籍证明材料，并附照片，调取身份证原件。如果户籍资料上没有照片，或者户籍资料上的照片与身份证不符的，要与公安机关联系，要求其提取全家人的人口信息表、其曾经上过学的学校的学籍卡的照片等证据，还可结合向其讯问时到场的法定代理人了解情况。

二是通过讯问，认真听取其辩解。由于户籍登记、身份证的正确性、真实性不是绝对的，犯罪嫌疑人的口供往往也是其身份情况的重要证据。对年龄在十四周岁至二十周岁的犯罪嫌疑人，在讯问之前要审查其在接受公安机关的讯问时年龄供述前后是否一致，是否存在矛盾。同时在讯问时应详细讯问以下内容：其供述的出生日期是农历还是公历、属相、生活及学习经历，还要问明父母、兄弟姐妹的年龄。对于已满十六周岁的未成年人，也要认真听取其对年龄的异议，如果有异议则立即通知公安机关查证。

三是对年龄提出异议并提供线索的，应当要求公安机关进一步查证。书证方面：到原籍地计生部门调取其母的计生档案；到其就读的学校及教育局调取学籍档案，根据需要可以调取全班人的出生日期简表；如有族谱的，可以调取族谱中的出生日期。如果有兄弟姐妹的，要审查其子女出生是否符合生理规律。人证方面：应当调取犯罪嫌疑人的父母、医生、接生员、邻居、老师、同龄人的证言。在对上述人员进行核查时应特别注意证言与犯罪嫌疑人的辩解细节是否一致，例如犯罪嫌疑人的属相，出生时的节气、农时、冷暖，有什么特别的事情发生，同龄人哪个先生，哪个后生，谁比谁大几个月，那一年村里生了几个，几个女的，几个男的等细节。对于上述证据应当综合审查，其他证明真实年龄的证据形成完整链条足以推翻户籍资料的，以真实年龄为准。不能形成完整链条的，以户籍证明为准。实际年龄难以判断，影响到是否应负刑事责任的，应当作存疑不捕。

四是不讲真实姓名、没有书面身份证明、户籍材料的应当做骨龄鉴定。骨龄鉴定一般鉴定的年龄是在一定幅度内，而不是精确的年龄，如果幅度在十四周岁以下的，则可以作为定案依据。

▶▶ 1.4.3 制作《审查逮捕意见书》应当体现未成年人案件的特殊性，应当具备以下内容：

（1）未成年犯罪嫌疑的人身份情况应当写明出生年月日，并注明犯罪时的年龄，未成年犯罪嫌疑人的出生地、曾经就读的学校、毕业（肄业）的时间（辍学的注明原因）、身份证号码、所属公安机关（派出所）及社区；

（2）未成年犯罪嫌疑人家庭情况（包括共同居住人）、监护情况、法定代理人或监护人的联系地址和方法。父母离异的应当注明。未成年犯罪嫌疑人亲友照顾的，也应注明亲友的联系地址和方法；

（3）未成年犯罪嫌疑人的平时表现和前科劣迹情况，所受行政处分或刑罚种类、刑期以及末次刑罚的刑满释放时间，以及公安机关查证属实但未被司法机关处罚的情况；

（4）共同犯罪案件，在事实阐述中应当写明未成年犯罪嫌疑人在本案中所处的地位和作用，在证据分析中应当运用证据说明认定的理由；

（5）未成年犯罪嫌疑人身份、年龄的证据，应当单独列出"认定身份、年龄的证据材料"，对出生日期等内容进行摘抄，对出具证明的机关应当予以说明，对认定的理由进行分析；

（6）对未成年犯罪嫌疑人有无逮捕必要性的说明，应当根据未成年犯罪嫌疑人的具体情况，综合其家庭、学校、社区的帮教条件，以及本人是否具有发生社会危险性，影响诉讼活动进行等情况进行详细分析说明。

▶≫ 1.4.4 逮捕必要性审查。

（1）逮捕必要性说明。

①各级人民检察院应当要求公安机关在《提请批准逮捕书》中除叙述未成年犯罪嫌疑人的犯罪事实及证据外，还应专门针对其社会危险性、逮捕必要性进行说明，并附相关证据材料；

②人民检察院根据《刑事诉讼法》第七十九条的规定，决定对未成年犯罪嫌疑人批准逮捕的，也应当在《审查逮捕意见书》中对犯罪嫌疑人的社会危险性、逮捕必要性进行详细说明。

（2）刑事和解。

人民检察院办理未成年人刑事案件，应当注重矛盾化解，认真听取被害人的意见，做好释法说理工作。对于符合和解条件的，要发挥检调对接平台作用，积极促使双方当事人达成和解。已达成和解的，经审查符合规定的，可以作为不捕的依据。

（3）不捕条件。

①应当不捕条件：对于罪行较轻，具备有效监护条件或者社会帮教措施，没有社会危险性或者社会危险性较小，不逮捕不致妨害诉讼正常进行的未成年犯罪嫌疑人，应当不批准逮捕。

②限制不捕条件：对于罪行比较严重，但主观恶性不大，有悔罪表现，具备有效监护条件或者社会帮教措施，具有下列情形之一，不逮捕不致妨害诉讼正常进行的未成年犯罪嫌疑人，可以不批准逮捕：初次犯罪、过失犯罪的；犯

罪预备、中止、未遂的；有自首或者立功表现的；犯罪后如实交代罪行，真诚悔罪，积极退赃，尽力减少和赔偿损失，被害人谅解的；不属于共同犯罪的主犯或者集团犯罪中的首要分子的；属于已满十四周岁不满十六周岁的未成年人或者系在校学生的；其他可以不批准逮捕的情形。

▶≫ 1.4.5 审查决定。

（1）监护情况审查。在作出决定前，办案人员应当审查未成年犯罪嫌疑人的监护情况，参考其法定代理人、学校、居住地公安派出所及居民委员会、村民委员会的意见，在《审查逮捕意见书》中对未成年犯罪嫌疑人是否具备有效监护条件或者社会帮教措施进行具体说明。

（2）审批程序。办案人员经审查后，提出审查意见，经侦查监督部门负责人审核后，报请检察长批准或决定。重大案件应当经检察委员会讨论决定。

（3）不捕决定。

①作出不批准逮捕决定的案件，应当制作不捕说理文书（文书样本附后），与不批准逮捕决定书一并移交公安机关；

②作出不批准逮捕决定的案件，必要时还应当向被害人、同案已捕犯罪嫌疑人及亲属、案件相关利害关系人等说明不逮捕理由。

▶≫ 1.4.6 侦查活动监督。人民检察院审查批准逮捕未成年犯罪嫌疑人，应当同时依法监督侦查活动是否合法，发现有下列违法行为的，应当提出纠正意见；构成犯罪的，将线索移送反渎部门依法追究刑事责任：

（1）违法对未成年犯罪嫌疑人采取强制措施或者采取强制措施不当的；

（2）未依法对未成年犯罪嫌疑人与成年犯罪嫌疑人分别关押、管理的；

（3）对未成年犯罪嫌疑人采取刑事拘留、逮捕措施后，在法定时限内未进行讯问，或者未通知其家属的；

（4）讯问未成年犯罪嫌疑人或者询问未成年被害人、证人时，未依法通知其法定代理人或者合适成年人到场的；

（5）讯问或者询问女性未成年人时，没有女性检察人员参加的；

（6）未依法告知未成年犯罪嫌疑人有权委托辩护人的；

（7）未依法通知法律援助机构指派律师为未成年犯罪嫌疑人提供辩护的；

（8）对未成年犯罪嫌疑人威胁、体罚、侮辱人格、游行示众，或者刑讯逼供、指供、诱供的；

（9）利用未成年人认知能力低而故意制造冤、假、错案的；

（10）对未成年被害人、证人以暴力、威胁、诱骗等非法手段收集证据或者侵害未成年被害人、证人的人格尊严及隐私权等合法权益的；

（11）违反羁押和办案期限规定的；

（12）检察机关已作出不批准逮捕、不起诉决定，公安机关不立即释放犯罪嫌疑人的；

（13）在侦查中有其他侵害未成年人合法权益行为的。

▶ 1.5 心理疏导、帮教观护、回访。

▶▶ 1.5.1 心理疏导及心理测评。

（1）人民检察院根据需要，可以对未成年犯罪嫌疑人、未成年被害人开展心理疏导；

（2）经未成年犯罪嫌疑人及其法定代理人同意，可以对未成年犯罪嫌疑人进行心理测评。

▶▶ 1.5.2 帮教观护。

（1）加强同政府有关部门、共青团、妇联、工会等人民团体，学校、基层组织以及未成年人保护组织的联系和配合，共同对不捕的未成年犯罪嫌疑人进行教育和挽救；

（2）参与规范和深化未成年人社会观护工作，以无监护条件、无固定住所、无经济来源的未成年人为重点，尽力协调，创造条件，推动建立特殊观护帮教机制。

▶▶ 1.5.3 回访。建立回访教育档案，并定期到不捕的未成年犯罪嫌疑人所在的基层组织、学校、家中了解其思想动态、行为举止，及时发现并解决问题，帮助他们增强社会意识、责任意识、法律意识，促使他们成功回归社会。

▶ 1.6 羁押必要性审查。检察机关对未成年犯罪嫌疑人批准逮捕后，应当保持对羁押理由和必要性的持续关注，发现不必要继续羁押的情况，应当立即建议公安机关变更强制措施。

▶ 1.7 操作禁忌：

▶▶ 1.7.1 讯问未成人犯罪嫌疑人一般不使用械具。

▶▶ 1.7.2 开展社会调查时避免向无关人员泄露未成年犯罪嫌疑人的涉罪信息。

▶▶ 1.7.3 对于可能符合犯罪记录封存条件的未成年犯罪嫌疑人，社会调查材料应当保密，未经批准，不得查询、摘录和公开传播。

▶ **2. 对当事人达成和解协议案件的审查批准逮捕操作规程**

【定义】刑事和解是指犯罪行为发生后，在刑事诉讼程序运行过程中，被害人与犯罪嫌疑人以认罪、赔偿、道歉方式达成谅解后，国家专门机关不再追究加害人刑事责任或者对其从轻处罚的一种案件处理方式。即被害人与加害人达成一种协议和谅解，促使司法机关不再追究刑事责任或者从轻处罚的制度。

▶▷ 2.1 刑事和解案件的审查内容。

侦查监督部门在办理审查逮捕案件时，应当对和解的自愿性、合法性进行审查，重点审查以下内容：

（1）双方当事人是否自愿和解；

（2）犯罪嫌疑人是否真诚悔罪，是否向被害人赔礼道歉，经济赔偿数额与其所造成的损害和赔偿能力是否相适应；

（3）被害人及其法定代理人或者近亲属是否明确表示对犯罪嫌疑人予以谅解；

（4）是否符合法律规定；

（5）是否损害国家、集体和社会公共利益或者他人的合法权益；

（6）是否符合社会公德。

▶▷ 2.2 刑事和解案件的审查方式。

在审查刑事和解案件时，办案人员应当听取双方当事人和其他有关人员对和解的意见，告知刑事案件可能从宽处理的法律后果和双方的权利义务，并制作笔录附卷。

▶▷ 2.3 刑事和解案件的审查程序。

▶▷ 2.3.1 实质方面的监督。

（1）合法性审查。审查签订和解协议的主体是否适格、范围是否属于《刑事诉讼法》第二百七十七条的规定，确保协议不违反国家法律、法规的禁止性规定，不损害国家利益、集体利益和他人的合法权益；

（2）自愿性审查。审查双方达成和解的真实性、自愿性，是否存在办案人员滥用职权，诱骗、强迫达成和解，加害人"以钱买法"，受害人被威胁不敢主张权利等现象的出现。注重甄别迫不得已情况下的和解；

（3）悔罪性审查。审查加害人的经济条件，和解协议有无全面履行；

（4）案后的监督。建立案后回访机制，检查刑事和解后双方当事人的反应或态度，杜绝隐患，对加害人进行跟踪教育，进一步矫正其犯罪心理和行为恶习，最大限度减少重新犯罪。

▶》 2.3.2 形式方面的审查。

（1）坚持书面审查和讯问询问双方当事人相结合，并形成书证材料备案。出于中立性考量，不宜主动介入侦查阶段的和解过程；

（2）逐步规范《刑事和解申请书》、《赔偿协议书》、《被害人收到赔偿款收据》、《从宽处罚建议书》等配套司法文书格式，促使刑事和解的证据材料的规范合法。

▶》 2.4 主持制作刑事和解协议书。

▶》 2.4.1 经审查认为双方自愿和解，内容合法，且符合刑事诉讼法规定的范围和条件的，人民检察院应当主持制作和解协议书。和解协议书的主要内容包括：

（1）双方当事人的基本情况；

（2）案件的主要事实；

（3）犯罪嫌疑人真诚悔罪，承认自己所犯罪行，对指控的犯罪没有异议，向被害人赔偿损失、赔礼道歉等；赔偿损失的，应当写明赔偿的数额、履行的方式、期限等；

（4）被害人及其法定代理人或者近亲属对犯罪嫌疑人予以谅解，并要求或者同意公安机关、人民检察院、人民法院对犯罪嫌疑人依法从宽处理。

▶》 2.4.2 和解协议书应当由双方当事人签字，可以写明和解协议书系在人民检察院主持下制作。

▶》 2.4.3 检察人员不在当事人和解协议书上签字，也不加盖人民检察院印章。

▶》 2.4.4 和解协议书一式三份，双方当事人各持一份，另一份交人民检察院附卷备查。

▶》 2.4.5 和解协议书约定的赔偿损失内容，应当在双方签署协议后立即履行，至迟在人民检察院作出从宽处理决定前履行。确实难以一次性履行的，在被害人同意并提供有效担保的情况下，也可以分期履行。

▶》 2.5 刑事和解案件的处理。

▶》 2.5.1 合法有效刑事和解。双方当事人在侦查阶段达成和解协议，公安机关向人民检察院提出从宽处理建议的，人民检察院在审查逮捕时应当充分考虑公安机关的建议。将刑事和解情况作为有无社会危险性或者社会危险性大小的因素予以考虑，经审查认为不需要逮捕的，可以作出不批准逮捕的决定。

▶▶ 2.5.2 当事人反悔的刑事和解。

（1）当事人在不批准逮捕决定作出之前反悔的，可以另行达成和解。不能另行达成和解的，人民检察院应当依法作出批准逮捕或者不批准逮捕决定。

（2）当事人在不批准逮捕决定作出之后反悔的，人民检察院不撤销原决定，但有证据证明和解违反自愿、合法原则的除外。

▶▶ 2.5.3 无效刑事和解。

（1）犯罪嫌疑人或者其亲友等以暴力、威胁、欺骗或者其他非法方法强迫、引诱被害人和解，或者在协议履行完毕之后威胁、报复被害人的，应当认定和解协议无效；

（2）已经作出不批准逮捕或者不起诉决定的，人民检察院根据案件情况可以撤销原决定，对犯罪嫌疑人批准逮捕。

▶▶ 2.6 刑事和解案件的法律监督。

▶▶ 2.6.1 对公安机关开展刑事和解工作的监督。

（1）无论当事人之间在侦查阶段是否达成刑事和解，公安机关应按照普通案件办理程序移送检察机关，不得径行作撤案处理。对符合法律规定条件的和解案件，检察机关可以不批准逮捕。否则检察机关应当以《纠正违法通知书》的形式责令其立案移送。

（2）人民检察院侦查监督部门发现有渎职等犯罪情况的，应当将犯罪线索依法移送本院侦查部门处理。

▶▶ 2.6.2 对检察机关内部的自身监督。

（1）对案件影响大，具有代表性、典型性的案件，如果和解案件作不捕决定的，可以邀请人民监督员参与审查。

（2）探索刑事和解案件听证制度，邀请对案件关注的群众旁听并发表意见，实现办案程序的公开化、透明化。

（3）对于公安机关提出是否适用刑事和解的建议，检察机关要重视并给予答复。如公安机关认为案情重大不应进行和解的，检察机关应当进行复议。公安机关对于复议结果不接受的，可向上级检察机关申请复核，根据上级检察机关的复核结果决定是否适用刑事和解。

▶▶ 2.6.3 法律监督的处理。

对不符合刑事和解的案件，检察机关应当向主持机关提出书面的纠正意见，阐明依据和理由。包括：表面符合和解，实质加害人并未真诚悔罪，被害人只是不得已而接受加害人的赔偿，签订"谅解"协议的。

▶ 2.7 操作禁忌：

▶▶ 2.7.1 杜绝假借"和解"之名而行"花钱买刑"之实。

▶▶ 2.7.2 禁止加害方通过不正当手段强迫或者引诱和解。

▶▶ 2.7.3 禁止办案人员利用和解制度徇私舞弊、贪赃枉法。

附录：《刑事和解协议书》格式

刑事和解协议书

甲方（受害人）：×××，男（女），×族，××年×月×日出生

身份证号：××××

住址：××××

乙方（侵害人）：×××，男（女），×族，××年×月×日出生

身份证号：××××

现关押于××××

乙方代理人：×××，男（女），×族，××年×月×日出生

身份证号：××××

住址：××××

见证人：××××律师事务所　律师：×××

执业证号：××××

地址：××××

纠纷事实与主要责任：

××年×月×日，乙方与甲方发生争执并在争执过程中造成甲方受伤。××年×月×日，乙方因涉嫌故意伤害罪被××××公安局刑事拘留。

由于乙方的过错行为，给甲方造成了身体上的创伤，对此，乙方深有悔意。现双方就本案的赔偿等相关事宜，经过诚恳、友好的协商，一致同意达成和解协议：

1. 乙方对自己的行为给甲方造成的损害，深感歉意，请求甲方予以宽恕。

2. 乙方一次性赔偿甲方各项赔偿金人民币××万元。赔偿金包括但不限于最高人民法院《关于审理人身损害赔偿案件适用法律若干问题的解释》〔2003〕20号之赔偿项目等所有一切与双方伤害有关的诸如今后的后遗症、并发症等全部损害赔偿费用。即此赔偿数额为现在或将来、直接或间接与该次伤害纠纷有关的索赔的最终和全部赔偿数额。

3. 双方于××年×月×日在见证人见证下，乙方或乙方代理人向甲方支付各项赔偿金人民币××万元。乙方或乙方代理人付清上述赔偿款项后，双方因本案纠纷所产生的一切债权债务关系全部终止，甲方不再追究乙方的民事赔偿责任，也不再以其他任何途径和方法索偿。

4. 甲方对乙方的故意伤害行为给予谅解。在见证人见证下，乙方或乙方代理人向甲方支付赔偿金后，甲方撤回附带民事诉讼的书面请求，并向法院出具对乙方的谅解书及从宽处理的书面请求。

5. 双方确认本协议内容是双方在公平、自愿原则下共同商议决定，是各方真实意思表示，不存在欺诈或胁迫情形。

6. 本协议自双方签字之日起生效。本协议一式五份，双方各执一份，××××公安局、××××人民检察院、××××人民法院各存档一份，具有同等法律效力。

甲方签名：

签订时间：××年×月×日

乙方签名：

签订时间：××年×月×日

见证人签名：

签订时间：××年×月×日

第二节 审查决定逮捕类专用操作规程

一、下级人民检察院报请审查决定逮捕操作规程

【定义】下级人民检察院报请审查决定逮捕是指省级以下（不含省级）人民检察院对于人民检察院直接受理立案侦查的案件，对认为需要逮捕犯罪嫌疑人的，在法定时间内按法定程序报请上级人民检察院审查，上级人民检察院侦查监督部门依据事实和法律，对案件事实证据、性质定性、法律适用等方面进行审查以及对下级人民检察院侦查部门的侦查行为是否合法进行监督，并提出审查处理意见，由检察长或检察委员会决定是否逮捕的诉讼活动。

▶ **1. 审查决定逮捕的主体**

▶ 1.1 省级以下（不含省级）人民检察院向上级人民检察院报请审查决定逮捕的案件，由上级人民检察院侦查监督部门指定承办人办理。承办人审阅案卷材料、复核相关证据后，制作《审查逮捕意见书》，提出是否决定逮捕的处理意见后，报部门负责人审核。部门负责人审核后，认为不需要集体研究讨论的，报分管副检察长决定；认为需要集体研究讨论的，组织集体研究，形成集体研究意见，并报分管副检察长决定；必要时，经分管副检察长决定报检察长决定或者提交检察委员会讨论决定。

▶ 1.2 省级以上（含省级）人民检察院侦查部门向本院侦查监督部门移送审查决定逮捕的案件，由本院侦查监督部门指定承办人办理。承办人审阅案卷材料、复核相关证据后，制作《审查逮捕意见书》，提出是否决定逮捕的处理意见后，报部门负责人审核。部门负责人审核后，认为不需要集体研究讨论的，报分管副检察长决定；认为需要集体研究讨论的，组织集体研究，形成集体研究意见，并报分管副检察长决定；必要时，经分管副检察长决定报检察长决定或者提交检察委员会讨论决定。

▶ **2. 报请逮捕的主体**

▶ 2.1 省级以下（不含省级）人民检察院直接受理立案侦查的案件，需要逮捕犯罪嫌疑人的，应当报请上级人民检察院审查决定。

监所、铁路运输等派出人民检察院直接受理立案侦查的案件，需要逮捕犯罪嫌疑人的，应当报请上级人民检察院审查决定。

▶▶ 2.2 下级人民检察院公诉部门办理审查起诉或提出抗诉的直接受理立案侦查案件，需要逮捕犯罪嫌疑人的，应当报请上级人民检察院审查决定。报请工作由公诉部门负责。

▶▶ 2.3 下级人民检察院刑事申诉检察部门办理按照审判监督程序抗诉的直接受理立案侦查案件，需要逮捕原审被告人的，应当报请上级人民检察院审查决定。报请工作由刑事申诉检察部门负责。

▶▶ 2.4 上级人民检察院提办下级人民检察院立案侦查的案件，需要逮捕犯罪嫌疑人的，由上级人民检察院报请逮捕。

▶ 3. 交办或指定管辖案件的特别规定

▶▶ 3.1 省级院将属于本院管辖的案件向市级院交办或指定管辖后，市级院需要逮捕犯罪嫌疑人的，应当将省级院的《交办案件决定书》或《指定管辖决定书》归入案卷，一并报送省级院审查决定。

▶▶ 3.2 市级院将属于本院管辖的案件以及省级院交办或指定管辖的案件向基层院交办或指定管辖的，市级院应当报请省级院批准。

▶▶ 3.3 基层院需要逮捕犯罪嫌疑人的，应当将省级院批准交办或指定管辖的书面批复以及市级院的《交办案件决定书》或《指定管辖决定书》归入案卷，一并报送市级院审查决定。

▶ 4. 报请逮捕需报送的材料

下级人民检察院报请逮捕时，应当报送以下证据及材料：

（1）《报请逮捕书》，报请逮捕书份数为一式三份，且盖有报捕单位的行政公章，报请逮捕书应当对犯罪嫌疑人基本情况、犯罪事实、报捕罪名及是否具有社会危险性有明确表述，犯罪嫌疑人被羁押的，报捕书上应明确载明羁押场所，未被羁押的，应当说明是否采取强制措施及采取强制措施的种类；

（2）与报捕事实有关的全部证据，包括有罪、无罪、罪重、罪轻的证据；

（3）犯罪嫌疑人的全部供述和辩解材料，包括讯问笔录、亲笔供词及同步录音录像资料；

（4）反映犯罪嫌疑人具有社会危险性的证据或证明材料；

（5）辩护律师提供的书面意见或有关材料；

（6）立案决定书、传唤通知书、询问通知书、调取证据通知书、提押证、采取强制措施及查封、扣押、冻结涉案财物等法律文书；

（7）交办、指定管辖案件的上级人民检察院《交办案件决定书》、《指定管辖决定书》或省级院批准交办、指定管辖的书面批复；

（8）犯罪嫌疑人系人大代表，应附其所属的人民代表大会主席团或常务委员会许可采取强制措施的报告及书面批复；

（9）其他材料。

▶ 5. 报请逮捕的时间

下级人民检察院报请逮捕的案件，犯罪嫌疑人已被刑事拘留的，应当在拘留后七日以内将报请逮捕的证据及材料归类入卷报送至上级人民检察院案件管理部门。

▶ 6. 报请逮捕的特别规定

▶▷ 6.1 需要报请逮捕担任政协委员的犯罪嫌疑人的，下级人民检察院应当在报请逮捕前向其所属的政协组织通报情况；情况紧急的，应当在收到逮捕决定书后及时通报情况。

▶▷ 6.2 下级人民检察院报请逮捕时，侦查部门应当同时将报请情况告知犯罪嫌疑人及其辩护律师。

▶ 7. 侦查监督部门收案

▶▷ 7.1 案件管理部门对接收的案卷材料审查后，认为具备受理条件的，应当即时登记，并立即将《接受案件通知书》、《案件受理登记表》及案卷材料移送本院侦查监督部门办理。对具备受理条件，但案卷材料不齐备的，应当及时要求报请单位向侦查监督部门补送相关材料。

▶▷ 7.2 上级人民检察院侦查监督部门对接收的案卷材料审查后，对不符合受理条件的，应当及时移交案件管理部门将案件退回；对符合受理条件但案件材料不齐备的，应当及时要求报请单位补送相关材料。

▶▷ 7.3 下级人民检察院报请逮捕的案件，侦查部门不仅应当收集犯罪嫌疑人有罪、无罪、罪重、罪轻的证据，还应当收集反映犯罪嫌疑人具有社会危险性的证据或证明材料。

▶ 8. 分案

▶▷ 8.1 侦查监督部门内勤在收到报捕的案件材料后，应立即在案件登记本上记载好案件基本信息，包括：报捕单位、受案日期、犯罪嫌疑人姓名、报捕罪名、案卷数量（包括同步录音录像资料）。

▶▷ 8.2 在登记完毕后，由侦查监督部门内勤通过统一业务应用系统指定给承办人办理，特殊案件经部门负责人同意，指定给专人办理。

▶▶ 8.3 在确定承办人之后，由内勤将相关案件材料（包括同步录音录像资料）移送给承办人，由承办人清点无误后，在案件移送本上签名确认。

▶▶ 8.4 操作禁忌：

▶▶ 8.4.1 禁止对无管辖权的案件作出逮捕决定。

▶▶ 8.4.2 对于检察机关直接受理立案侦查案件，在报捕时应当向侦查监督部门报送同步录音录像资料而未报送的，不得作出逮捕决定。

▶▶ 8.4.3 一起审查决定逮捕案件一般指定一名具有承办人办理。对于报捕的犯罪嫌疑人众多，案件特别复杂的，可以指定一名承办人和若干名协办人，承办人和协办人均须对案件质量负责。

▶▶ 8.4.4 所指定的承办人须具有检察官资格（须为检察员或助理检察员），禁止无检察官资格的书记员或辅助人员承办审查逮捕案件。

▶ 9. 犯罪嫌疑人社会危险性审查及判断

▶▶ 9.1 下级人民检察院报请逮捕时，对报请逮捕理由应当在《报请逮捕书》中引用《刑事诉讼法》第七十九条具体的款、项。其中根据刑事诉讼法第七十九条第一款规定报请逮捕的，应当对犯罪嫌疑人的社会危险性逐一分析说明，并将相关证据或证明材料归类入卷，一并报送上级人民检察院。

▶▶ 9.2 认定犯罪嫌疑人符合《刑事诉讼法》第七十九条第一款规定的"社会危险性"，应有一定证据证明或有迹象表明，不能主观臆断。

对于"有一定证据证明"或"有迹象表明"，侦查部门应当收集反映犯罪嫌疑人具有《刑事诉讼法》第七十九条第一款所列社会危险性情形的物证、书证、证人证言、被害人陈述、犯罪嫌疑人供述和辩解、视听资料、电子数据等证据或其他证明材料。

▶▶ 9.3 认定犯罪嫌疑人是否符合《刑事诉讼法》第七十九条第一款第一项规定的"可能实施新的犯罪"，应当根据犯罪嫌疑人是否将要实施新的犯罪或者到案前已经开始策划、预备实施新的犯罪予以判断。

▶▶ 9.4 认定犯罪嫌疑人符合《刑事诉讼法》第七十九条第一款第二项规定的"有危害国家安全、公共安全或者社会秩序的现实危险"，可以根据以下情形予以判断：

（1）涉嫌危害国家安全犯罪、恐怖活动犯罪等严重危害公共安全的犯罪，或以报复社会为目的的犯罪，以及在黑恶势力或有组织犯罪中起组织、领导、策划或其他重要作用的；

（2）在案发前或案发后预谋实施危害国家安全、公共安全或者社会秩序等重大违法犯罪行为的。

▶ 9.5 认定犯罪嫌疑人符合《刑事诉讼法》第七十九条第一款第三项规定的"可能毁灭、伪造证据，干扰证人作证或者串供"，可以根据以下情形予以判断：

（1）对涉嫌犯罪的主要事实、重要情节作虚假供述或隐瞒同案犯的重要罪行的；

（2）向同案犯通风报信或串供的；

（3）制造假象，实施毁灭、伪造证据或干扰证人作证的；

（4）对犯罪证据、涉案款物等进行转移、隐匿，或拒绝提供本人持有的重要证据的。

▶ 9.6 认定犯罪嫌疑人符合《刑事诉讼法》第七十九条第一款第四项规定的"可能对被害人、举报人、控告人实施打击报复"，可以根据以下情形予以判断：

（1）对被害人、举报人、控告人实施诬告、陷害、威胁、恐吓，诋毁人格名誉，或利用职权予以刁难、要挟、胁迫，以及采取其他方式滋扰其正常生活、工作的；

（2）已经着手实施侵害被害人、举报人、控告人合法权益的打击报复行为或者扬言要实施打击报复的。

▶ 9.7 认定犯罪嫌疑人符合《刑事诉讼法》第七十九条第一款第五项规定的"企图自杀或者逃跑"，可以根据以下情形予以判断：

（1）曾经自杀、准备自杀工具或扬言要自杀的；

（2）以暴力、威胁手段抗拒抓捕的；

（3）实施犯罪后逃跑的；

（4）为逃跑制造条件，企图隐匿身份，准备出境、准备逃跑工具或资金等企图逃跑的。

▶ 9.8 认定犯罪嫌疑人是否符合《刑事诉讼法》第七十九条第二款规定的"可能判处十年有期徒刑以上刑罚"，应当根据已查明的犯罪事实和情节，对犯罪嫌疑人的宣告刑（含数罪并罚）是否可能为十年有期徒刑以上刑罚予以判断。

▶ 9.9 认定犯罪嫌疑人是否符合《刑事诉讼法》第七十九条第二款规定的

"曾经故意犯罪"，应当根据犯罪嫌疑人是否曾经因故意犯罪被人民法院依法作出有罪判决予以判断。

▶▶ 9.10 下级人民检察院根据《刑事诉讼法》第七十九条第三款规定以犯罪嫌疑人"违反取保候审、监视居住规定，情节严重"报请逮捕，应当对犯罪嫌疑人违反取保候审、监视居住规定的情形进行说明，并提供违反规定情节严重的证据或证明材料。

▶ 10. 综合审查

▶▶ 10.1 上级人民检察院审查决定逮捕犯罪嫌疑人，由侦查监督部门办理。侦查监督部门办理审查逮捕案件，不另行侦查，不得直接提出采取取保候审措施的意见。

▶▶ 10.2 上级人民检察院应当对报请逮捕案件的事实和证据进行全面审查。对于犯罪嫌疑人符合《刑事诉讼法》第七十九条规定的逮捕条件，同时下级人民检察院提供了反映犯罪嫌疑人具有社会危险性的相应证据或证明材料的，应当决定逮捕；报请逮捕时未被刑事拘留的，除犯罪嫌疑人明显具有社会危险性外，一般不予逮捕。

▶▶ 10.3 上级人民检察院根据《刑事诉讼法》第七十九条第二款规定，审查犯罪嫌疑人可能判处的宣告刑是否为"十年有期徒刑以上刑罚"，应当根据案件性质、情节、法定刑并参考人民法院量刑指导意见予以综合判断。

▶▶ 10.4 上级人民检察院根据《刑事诉讼法》第七十九条第二款规定，审查犯罪嫌疑人是否"曾经故意犯罪"，应当根据下级人民检察院提供的证明犯罪嫌疑人曾经故意犯罪的人民法院判决书、《全国违法犯罪人员信息表》摘录等证据或证明材料进行判断。

▶▶ 10.5 上级人民检察院对"违反取保候审、监视居住规定，情节严重"报请逮捕的案件进行审查时，应当严格按照《人民检察院刑事诉讼规则（试行）》第一百条、第一百二十一条的规定办理。

上级人民检察院在审查犯罪嫌疑人有无违反取保候审、监视居住规定的同时，应当对是否"有证据证明有犯罪事实"进行审查。对于不符合逮捕证据条件的，应当决定不予逮捕。

▶▶ 10.6 对于被取保候审、监视居住的可能判处徒刑以下刑罚的犯罪嫌疑人，违反取保候审、监视居住规定，严重影响诉讼活动正常进行的，可以予以逮捕。

➤➤ 10.7 上级人民检察院在审查案件时，对采用刑讯逼供等非法方法收集的犯罪嫌疑人供述及以暴力、威胁等非法方法收集的证人证言、被害人陈述，应当予以排除。对审查逮捕期限内一时无法查明是否采用非法方法收集言词证据的，应当综合其他证据审查判断，并慎重作出决定。

对物证、书证、鉴定意见、视听资料、电子数据及勘验、检查、辨认笔录等证据的客观性、合法性或关联性产生合理怀疑，可能严重影响司法公正的，应当要求下级人民检察院补正或书面作出合理解释。下级人民检察院不能补正或作出合理解释，该证据不能作为决定逮捕的依据。

在审查逮捕中对依法排除的非法证据和对瑕疵证据的补正或合理解释情况，应当在《审查逮捕意见书》中予以说明。对依法排除的非法证据和未排除合理怀疑不能作为逮捕依据的证据情况，应当及时通报公诉部门。

➤➤ 10.8 同步录音录像的审查。

➤➤ 10.8.1 上级人民检察院侦查监督部门审查同步录音录像时，应当对发现的问题分别作以下处理：

（1）发现同步录音录像反映侦查人员存在刑讯逼供等非法取证行为的，该讯问笔录应当予以排除，并报请检察长批准后书面通知下级人民检察院纠正；构成犯罪的，移送有关部门依法追究刑事责任；

（2）发现同步录音录像与讯问笔录内容存在重大实质性差异的，该讯问笔录不能作为决定逮捕的依据，并报请检察长批准后书面通知下级人民检察院纠正；

（3）发现同步录音录像与讯问笔录内容不一致，但并非重大实质性差异的，应当要求侦查部门书面作出合理解释，侦查部门不能作出合理解释的，该讯问笔录不能作为决定逮捕的依据，并根据情节轻重提出纠正意见，必要时可以要求侦查部门重新讯问；

（4）发现同步录音录像不符合全程、全部、全面要求，或者存在其他讯问不规范、讯问过程违法等情形的，应当要求侦查部门补正或书面作出合理解释，侦查部门不能补正或作出合理解释的，该讯问笔录不能作为决定逮捕的依据，并根据情节轻重提出纠正意见，必要时可以要求侦查部门重新讯问。

《审查逮捕意见书》中应当对同步录音录像的审查情况予以说明；对审查中发现的问题，侦查监督部门应当逐一列明并向侦查部门书面提出。

➤➤ 10.8.2 认定讯问笔录内容与同步录音录像存在"重大实质性差异"，可以根据以下情形予以判断：

（1）讯问笔录未全面记录犯罪嫌疑人在同步录音录像过程中提出的无罪、罪轻的辩解的；

（2）讯问笔录中记录了犯罪嫌疑人在同步录音录像过程中未曾供述的犯罪事实或重要情节的；

（3）讯问笔录未记录犯罪嫌疑人在同步录音录像过程中供述的犯罪事实或重要情节的；

（4）其他可能导致对讯问笔录内容真实性产生合理怀疑的情形。

▶ **11. 审查决定逮捕证据材料的补送**

▶ 11.1 下级人民检察院需要补送在审查逮捕期间继续侦查收集的证据，应当在审查逮捕期限届满前向上级人民检察院报送。

▶ 11.2 上级人民检察院审查中发现对涉及罪与非罪、此罪与彼罪或有无社会危险性等产生重大影响的证据或证明材料没有报送的，应当要求下级人民检察院补送；下级人民检察院应当及时补送，不能补送的应当予以说明。

▶ **12. 听取辩护律师意见**

▶ 12.1 在审查逮捕过程中，犯罪嫌疑人已经委托辩护律师的，上级人民检察院侦查监督部门可以听取辩护律师的意见；辩护律师提出要求的，应当听取意见。对辩护律师的意见应当制作笔录附卷。承办人应当在《审查逮捕意见书》中说明听取辩护律师意见的情况。

▶ 12.2 辩护律师在审查逮捕阶段向案件管理部门提交有关书面材料的，案件管理部门应当及时移送侦查监督部门。

▶ 12.3 报请逮捕后，辩护律师提出不构成犯罪、无社会危险性、不适宜羁押或侦查活动违法等书面意见的，应当在《审查逮捕意见书》中说明是否采纳的情况及理由。

▶ 12.4 辩护律师认为下级人民检察院收集的证明犯罪嫌疑人无罪或罪轻的证据未提交，申请人民检察院调取的，上级人民检察院应当进行审查，分别作以下处理：

（1）发现申请调取的证据已收集并且与案件事实有联系的，应当要求下级人民检察院立即报送；

（2）发现申请调取的证据未收集的，应当要求下级人民检察院立即收集并予以报送；

（3）发现申请调取的证据与案件事实没有联系的，应当决定不予调取并向辩护律师说明理由。

▶ 12.5 下级人民检察院已按要求报送相关证据的，上级人民检察院侦查监督部门应当在三日以内告知辩护律师。

▶ 13. 讯问犯罪嫌疑人

▶ 13.1 审查逮捕中，对具有以下情形之一的，上级人民检察院侦查监督部门应当讯问犯罪嫌疑人：

（1）对是否符合逮捕条件有疑问的；

（2）犯罪嫌疑人要求向检察人员当面陈述的；

（3）侦查活动可能有重大违法行为的；

（4）案情重大、疑难、复杂的；

（5）其他应当讯问的情形。

"是否符合逮捕条件有疑问"主要考虑：罪与非罪是否界限不清，据以定罪的证据之间是否存在矛盾的，犯罪嫌疑人的供述是否前后矛盾或违背常理的，以及有无社会危险性是否难以把握等情形。

"重大违法行为"主要考虑：办案严重违反法律规定的程序，或者存在刑讯逼供等严重侵犯犯罪嫌疑人人身权利和其他诉讼权利等情形。

▶ 13.2 讯问犯罪嫌疑人，可以当面讯问，也可以通过视频讯问。通过视频讯问的，上级人民检察院侦查监督部门应当制作笔录附卷，下级人民检察院侦查监督部门应当协助做好提押、讯问笔录核对、签字等工作。

因交通、通信不便等原因，不能当面讯问或者视频讯问的，上级人民检察院侦查监督部门可以拟定讯问提纲，委托下级人民检察院侦查监督部门进行讯问。下级人民检察院侦查监督部门讯问后应当及时将讯问笔录报送上级人民检察院侦查监督部门。

▶ 13.3 讯问犯罪嫌疑人时，应当首先查明犯罪嫌疑人的基本情况，依法告知其诉讼权利和义务，了解侦查部门在办案时有无严重违反法律程序或者存在刑讯逼供等严重侵犯犯罪嫌疑人人身权利和其他诉讼权利等情形，认真听取其供述和辩解。

▶ 13.4 讯问犯罪嫌疑人时，应当注意方法和策略，防止因讯问不当造成犯罪嫌疑人不正常地推翻有罪供述，影响侦查活动的顺利进行。必要时可以就讯问重点、讯问方法等与下级人民检察院侦查部门交换意见。在讯问中发现犯罪嫌疑人的供述和辩解出现重大变化的，应当及时通知下级人民检察院侦查部门。

▶13.5 讯问未被刑事拘留的犯罪嫌疑人或者询问证人等诉讼参与人，讯问、询问前应当征求下级人民检察院侦查部门的意见，并做好办案安全风险评估预警。

▶13.6 对已被刑事拘留的犯罪嫌疑人，上级人民检察院侦查监督部门拟不讯问的，应当向犯罪嫌疑人送达《听取犯罪嫌疑人意见书》。因交通不便等原因不能及时送达的，可以委托下级人民检察院侦查监督部门代为送达。下级人民检察院侦查监督部门应当及时送达，并在送达后二十四小时以内将犯罪嫌疑人的意见报送上级人民检察院侦查监督部门。

▶14. 审查逮捕期限

▶14.1 犯罪嫌疑人已被刑事拘留的，上级人民检察院应当在受理报请逮捕后七日以内作出是否逮捕的决定，特殊情况下，决定逮捕的时间可以延长一日至三日；犯罪嫌疑人未被刑事拘留的，上级人民检察院应当在受理报请逮捕后十五日以内作出是否逮捕的决定，重大、复杂的案件，不得超过二十日。

▶14.2 报送案卷材料、送达法律文书的路途时间计算在上级人民检察院审查逮捕期限以内。

▶15. 审查逮捕决定

▶15.1 上级人民检察院侦查监督部门应当根据《刑事诉讼法》第七十九条有关款、项的规定，依法提出决定逮捕或不予逮捕的意见，并制作《审查逮捕意见书》。

▶15.2 上级人民检察院侦查监督部门在办理重大、疑难、复杂或拟作不予逮捕决定等案件时，可以邀请下级人民检察院侦查部门或本院侦查部门的相关人员列席案件讨论，听取对案件事实认定、证据采信、适用法律的意见。侦查部门认为有必要的，可以提出列席审查逮捕案件讨论的意见。

▶15.3 审查决定逮捕案件办理中部门负责人审核、集体研究、分管副检察长、检察长决定操作规程参照本书第二章有关规定。

▶16. 跟踪监督

▶16.1 上级人民检察院决定逮捕的案件，侦查监督部门根据案件的具体情况，可以制作《逮捕案件继续侦查取证提纲》，对下级人民检察院侦查部门收集证据、适用法律等提出书面意见。

▶16.2 上级人民检察院决定不予逮捕的案件，应当书面说明理由，需要补充侦查的，侦查监督部门应当制作《不予逮捕案件补充侦查提纲》，列明需要查清的事实和进一步收集、补充、完善的证据清单，送达下级人民检察院侦查部门。

▶ 16.3 侦查监督部门在制作《逮捕案件继续侦查取证提纲》和《不予逮捕案件补充侦查提纲》时，可以征求公诉部门的意见，并抄送公诉部门。

▶ 16.4 上级人民检察院《逮捕案件继续侦查取证提纲》和《不予逮捕案件补充侦查提纲》的制作及文书送达操作规程参照本书第二章有关规定。

▶ 17. 纠正漏捕

对应当逮捕而未报请逮捕的犯罪嫌疑人，上级人民检察院应当通知下级人民检察院报请逮捕。下级人民检察院不同意报请逮捕的，应当说明理由；理由不成立的，上级人民检察院可以依法作出逮捕决定。

▶ 18. 附条件逮捕

▶ 18.1 对人民检察院直接受理立案侦查的重大案件，可以根据相关法律、规定适用附条件逮捕。

▶ 18.2 案件具有适用附条件逮捕可能性的，上级人民检察院侦查监督部门应当采取以下措施：

（1）要求下级人民检察院侦查部门书面说明案件有进一步收集、补充、完善证据的客观依据并提供继续侦查取证的工作方案。必要时，可以就事实认定和继续侦查取证情况听取公诉部门的意见。

（2）讯问犯罪嫌疑人，听取其供述和辩解；必要时，可以询问证人等诉讼参与人。犯罪嫌疑人聘请了辩护律师的，可以听取辩护律师意见；辩护律师提出要求的，应当听取意见。

经审查认为可以适用附条件逮捕，侦查监督部门应当提出审查意见，说明证据情况和适用理由，报请检察长或者检察委员会决定。

▶ 18.3 对适用附条件逮捕的案件，上级人民检察院侦查监督部门应当制作《附条件逮捕案件继续侦查取证意见书》，列明需要继续侦查的事项和进一步收集、补充、完善的证据清单，连同《逮捕决定书》一并送达下级人民检察院侦查部门，并及时通报本院侦查部门。

▶ 18.4 对适用附条件逮捕的案件，上级人民检察院侦查监督部门应当进行跟踪监督。执行逮捕后第一个月届满前五日，应当向下级人民检察院侦查部门了解继续侦查取证的情况；两个月的侦查羁押期限届满前十日，应当要求下级人民检察院侦查部门报送继续侦查获取的证据，对是否已经收集到定罪所必需的证据进行审查，并制作审查意见书。

▶ 18.5 对适用附条件逮捕的案件，经跟踪监督，上级人民检察院应当根据不同情况分别作以下处理：

（1）认为下级人民检察院已经获取定罪所必需的证据，并且报请延长侦查羁押期限的，对符合法律规定的可以批准延长侦查羁押期限；

（2）发现下级人民检察院未继续侦查取证，或者已经丧失继续侦查取证的条件，或者在两个月的侦查羁押期限届满时仍未收集到定罪所必需的证据，或者无继续羁押必要的，应当及时撤销逮捕决定，并书面说明理由，通知下级人民检察院执行；

（3）对没有达到继续侦查取证要求，下级人民检察院报请延长侦查羁押期限而未予批准的，或者下级人民检察院已经变更为其他强制措施的，不再另行撤销逮捕决定。

▶ 19. 审查逮捕决定的执行

▶ 19.1 上级人民检察院决定逮捕的，应当将《逮捕决定书》连同案卷材料一并送达下级人民检察院，由下级人民检察院通知同级公安机关执行；必要时，下级人民检察院可以协助执行。决定逮捕未被刑事拘留的犯罪嫌疑人的，应当立即送交看守所羁押。

▶ 19.2 下级人民检察院应当在公安机关执行逮捕后三日以内，将执行回执报送上级人民检察院案件管理部门；如果未能执行，也应当将回执报送案件管理部门，并写明未能执行的原因。案件管理部门应当即时登记，并及时移送本院侦查监督部门。

▶ 19.3 上级人民检察院决定不予逮捕的，应当将《不予逮捕决定书》连同案卷材料一并送达下级人民检察院。犯罪嫌疑人已被刑事拘留的，下级人民检察院应当通知公安机关立即予以释放，并报告上级人民检察院；案件需要继续侦查的，由下级人民检察院依法决定对犯罪嫌疑人取保候审或监视居住。

▶ 20. 介入侦查和捕后跟踪监督

▶ 20.1 对于重大、疑难、复杂的案件，下级人民检察院侦查部门可以邀请本院侦查监督部门或上级人民检察院侦查监督部门派员介入侦查，通过查阅案卷、参加讨论、发表意见等方式引导取证。侦查监督部门认为必要时，可以报请检察长批准，派员介入侦查，引导取证。

▶▶ 20.2 上级人民检察院侦查部门应当加强对本院交办或指定管辖案件、附条件逮捕案件以及重大、疑难、复杂案件捕后侦查取证的指导，督促下级人民检察院侦查部门收集、补充、完善证据。

▶▶ 20.3 对下级人民检察院报请批准撤案的逮捕案件，上级人民检察院侦查部门应当及时书面征求本院侦查监督部门的意见，必要时可以邀请本院侦查监督部门派员参加案件讨论会商；意见不一致的，应当由上级人民检察院侦查部门或侦查监督部门报请检察长或检察委员会决定。

▶▶ 20.4 下级人民检察院侦查部门在捕后发现案件事实、证据发生重大变化，可能影响案件定罪的，应当及时向上级人民检察院侦查部门和侦查监督部门报告。

▶ 21. 变更逮捕强制措施和撤销逮捕

▶▶ 21.1 对被逮捕的犯罪嫌疑人，下级人民检察院侦查部门应当在逮捕后二十四小时以内进行讯问。发现不应当逮捕的，下级人民检察院应当立即释放犯罪嫌疑人或者变更为其他强制措施。

▶▶ 21.2 犯罪嫌疑人被逮捕后，下级人民检察院决定对犯罪嫌疑人变更为其他强制措施的，应当在三日以内向作出逮捕决定的人民检察院报告，并报送以下材料：

（1）《变更逮捕强制措施报告》。其中，对变更其他强制措施后证据可能发生的变化，应当进行风险评估，并制定相应的防范预案。

（2）变更逮捕强制措施呈批材料。

（3）证明没有羁押必要性的有关材料。其中，因患严重疾病不适宜继续羁押的，应附省级人民政府指定医院出具的相关病情证明材料。

▶▶ 21.3 上级人民检察院侦查监督部门应当认真审查下级人民检察院的报告。下级人民检察院不及时报告或报告后经审查发现其释放或变更强制措施违法的，应当报告检察长予以纠正。

▶▶ 21.4 下级人民检察院对逮捕后已被释放或者变更为取保候审、监视居住的犯罪嫌疑人，又发现需要逮捕的，应当向上级人民检察院重新报请逮捕。

▶▶ 21.5 被逮捕的犯罪嫌疑人，作出逮捕决定的人民检察院发现不应当逮捕的，应当撤销逮捕决定，并通知下级人民检察院送达同级公安机关执行，同时向下级人民检察院说明撤销逮捕的理由。

二、本院移送审查决定逮捕操作规程

【定义】本院移送审查决定逮捕是指最高人民检察院、省级院对于本单位直接受理立案侦查的案件，或者本院监所部门、申诉部门、公诉部门在办理相关案件中，认为需要逮捕犯罪嫌疑人的，将案件移送本院侦查监督部门审查，依据事实和法律，提出审查意见由检察长或检察委员会决定是否逮捕的诉讼活动。

▶ 1. 人民检察院（省级以上）侦查部门移送审查逮捕案件

▶ 1.1 最高人民检察院、省级院办理直接受理立案侦查的案件，需要逮捕犯罪嫌疑人的，由侦查部门制作逮捕犯罪嫌疑人意见书，连同案卷材料、讯问犯罪嫌疑人录音、录像一并移送本院侦查监督部门审查。犯罪嫌疑人已被刑事拘留的，侦查部门应当在拘留后七日以内将案件移送本院侦查监督部门审查。

▶ 1.2 对本院侦查部门移送审查逮捕的案件，犯罪嫌疑人以被刑事拘留的，应当在侦查监督部门收到逮捕犯罪嫌疑人意见书后的七日以内，经检察长或者检察委员会决定是否逮捕，特殊情况下，决定逮捕的时间可以延长一日至三日；犯罪嫌疑人未被刑事拘留的，应当在侦查监督部门收到逮捕犯罪嫌疑人意见书后十五日以内由检察长或者检察委员会决定是否逮捕，重大、复杂的案件，不得超过二十日。

▶ 1.3 侦查监督部门对于本院侦查部门移送审查逮捕的案件，应当参照本章第一节有关规定审查办理，并根据审查情况提出决定逮捕或者不予逮捕的意见，经部门负责人审核，检察长决定，重大案件应当经检察委员会决定后，制作逮捕决定书或者不予逮捕决定书。

▶ 1.4 对本院侦查部门移送审查逮捕的犯罪嫌疑人，经检察长或者检察委员会决定逮捕的，侦查监督部门应当将逮捕决定书连同案卷材料、讯问犯罪嫌疑人录音、录像送交侦查部门，由侦查部门通知公安机关执行，必要时人民检察院可以协助执行，并可以对收集证据、适用法律提出意见。

▶ 1.5 对本院侦查部门移送审查逮捕的犯罪嫌疑人，经检察长或者检察委员会决定作出不予逮捕的，侦查监督部门应当将不予逮捕决定书连同案卷材料、讯问犯罪嫌疑人录音、录像送交侦查部门。犯罪嫌疑人已被刑事拘留的，侦查部门应当通知公安机关立即释放。

▶ 1.6 对于应当逮捕而本院侦查部门未移送审查逮捕的犯罪嫌疑人，侦查监督部门应当向侦查部门提出移送审查逮捕犯罪嫌疑人的建议。建议未被采纳的，侦查监督部门可以报请检察长提交检察委员会决定。

▶▶ 1.7 最高人民检察院、省级院办理直接受理立案侦查的案件，逮捕犯罪嫌疑人后，应当立即将犯罪嫌疑人送看守所羁押。除无法通知的以外，侦查部门应当把逮捕的原因和羁押的处所，在二十四小时以内通知被逮捕人的家属。对于无法通知的，在无法通知的情形消除后，应当立即通知其家属。

▶▶ 1.8 最高人民检察院、省级院办理直接受理立案侦查的案件，对于被逮捕的犯罪嫌疑人，侦查部门应当在逮捕后的二十四小时以内进行讯问。

发现不应当逮捕的，经检察长批准，撤销逮捕决定或者变更为其他强制措施，并通知侦查机关执行，同时通知侦查监督部门。

依照前款规定释放或者被变更逮捕措施的犯罪嫌疑人，又发现需要逮捕的，应当重新移送审查逮捕。

▶▶ 1.9 最高人民检察院、省级院办理直接受理立案侦查的案件，已经作出不予逮捕的决定，又发现需要逮捕犯罪嫌疑人的，应当重新办理逮捕手续。

▶▶ 1.10 人民检察院办理直接受理立案侦查的案件，侦查部门应当将决定、变更、撤销逮捕措施的情况书面通知本院刑事执行检察部门。

▶ 2. 人民检察院（省级以上）公诉部门、监所部门、申诉部门办理相关案件时，认为需要逮捕犯罪嫌疑人或被告人的案件

▶▶ 2.1 省级以上人民检察院（含省级）公诉部门办理审查起诉或提出抗诉的直接受理立案侦查的案件，认为需要逮捕犯罪嫌疑人的，将案件移送本院侦查监督部门审查决定逮捕，适用本节规定。

▶▶ 2.2 省级以上人民检察院（含省级）刑事执行检察部门办理人民检察院直接受理立案侦查的案件，认为需要逮捕犯罪嫌疑人或被告人的，将案件移送本院侦查监督部门审查决定逮捕，适用本节规定。

▶▶ 2.3 省级以上人民检察院（含省级）申诉检察部门办理按照审判监督程序抗诉的人民检察院直接受理立案侦查的案件，认为需要逮捕原审被告人的，将案件移送本院侦查监督部门审查决定逮捕，适用本节规定。

三、报请重新审查决定逮捕操作规程

【定义】报请重新审查决定逮捕是指在办理上提一级案件中，下级人民检察院认为上级人民检察院不予逮捕决定有错误的，依法定程序在规定期限内再次报请上级人民检察院对案件进行重新审查的诉讼活动。

▶ 1. 报请重新审查的案件范围

报请重新审查只适用于下级人民检察院认为上级人民检察院对本院报请逮捕的案件作出不予逮捕决定有错误，且报请重新审查时案件事实和证据状况没有发生变化的案件。如果案件事实和证据状况发生变化，则应向上级人民检察院重新报请逮捕。

▶ 2. 重新审查决定逮捕的主体

下级人民检察院认为上级人民检察院不予逮捕决定有错误报请上级人民检察院重新审查的案件，由上级人民检察院侦查监督部门另行指定承办人办理。承办人审阅案卷材料、复核相关证据后，制作《重新审查逮捕意见书》，提出是否维持原决定或是否决定逮捕犯罪嫌疑人的处理意见后，报部门负责人审核。部门负责人审核后，认为不需要集体研究讨论的，报分管副检察长决定；认为需要集体研究讨论的，组织集体研究，形成集体研究意见，并报分管副检察长决定；必要时，经分管副检察长决定报检察长决定或者提交检察委员会讨论决定。

▶ 3. 报请重新审查的主体

▶ 3.1 省级以下（不含省级）人民检察院认为上级人民检察院对本院报请逮捕的案件作出不予逮捕决定有错误的，可以报请上级人民检察院重新审查。

▶ 3.2 监所、铁路运输等派出人民检察院认为上级人民检察院对本院报请逮捕的案件作出不予逮捕决定有错误的，可以报请上级人民检察院重新审查。

▶ 3.3 下级人民检察院公诉部门办理人民检察院直接受理立案侦查案件审查起诉或提出抗诉时，认为上级人民检察院对本院报请逮捕的案件作出不予逮捕决定有错误的，可以报请上级人民检察院重新审查。报请工作由公诉部门负责。

▶ 3.4 下级人民检察院刑事申诉检察部门办理按照审判监督程序抗诉的人民检察院直接受理立案侦查案件时，认为上级人民检察院对本院报请逮捕的案件作出不予逮捕决定有错误的，可以报请上级人民检察院重新审查。报请工作由刑事申诉检察部门负责。

▶ 4. 报请重新审查的其他规范

▶ 4.1 下级人民检察院认为上级人民检察院对本院报请逮捕的案件作出不予逮捕决定有错误的，拟报请重新审查的，应当在收到《不予逮捕决定书》后五日以内向上级人民检察院提交《报请重新审查逮捕意见书》和案卷材料。

▶ 4.2 下级人民检察院认为上级人民检察院对本院报请逮捕的案件作出不予逮捕决定有错误的，拟报请重新审查的，应当将已被刑事拘留的犯罪嫌疑人立即释放或者变更为其他强制措施。

▶ 5. 报请重新审查案件的收案及审查

▶ 5.1 上级人民检察院在受理报请重新审查案件后，应当将案件交由本院侦查监督部门办理。侦查监督部门应当另行指派办案人员审查。

▶ 5.2 侦查监督部门承办人应当在收到《报请重新审查逮捕意见书》和案卷材料后的七日以内制作《重新审查逮捕意见书》，并在该意见书中载明原承办人处理意见、理由、集体讨论意见及相关领导意见。承办人对案件事实和证据进行审查后，应着重说明是否发现新的案件事实和证据，提出是否变更的意见并阐述理由，报部门负责人审核。

▶ 5.3 部门负责人审核后，认为不需要集体研究讨论的，报分管副检察长决定；认为需要集体研究讨论的，组织集体研究，形成集体研究意见，一并报分管副检察长决定；必要时，经分管副检察长报检察长决定或者提交检察委员会讨论决定。

▶ 5.4 上级人民检察院维持原决定的，应当将《维持不予逮捕决定通知书》连同案卷材料一并送达下级人民检察院；变更原不予逮捕决定的，应当在作出逮捕决定的同时撤销原不予逮捕决定，并将《撤销原不予逮捕决定书》、《逮捕决定书》连同案卷材料一并送达下级人民检察院，由下级人民检察院通知同级公安机关执行。

▶ 5.5 上级人民检察院重新审查案件，适用本书第二章及本章第一节有关规定。

第四章　刑事立案监督专用操作规程

第一节　对侦查机关立案监督类操作规程

一、对应当立案而不立案的监督操作规程

【定义】对应当立案而不立案的监督是指检察机关对公安机关应当立案侦查而不立案侦查情形所实施的法律监督活动。

▶ **1. 监督主体**

▶▷ 1.1 检察机关侦查监督部门承办人具体负责线索审查及相关调查工作，提出审查意见。

▶▷ 1.2 侦查监督部门负责人审核，提出审核意见。

▶▷ 1.3 检察长或者检察委员会作出是否监督公安机关立案的决定。

▶ **2. 受理与审查线索**

▶▷ 2.1 发现线索的途径。

（1）本院控告申诉部门转办。

（2）上级转办。

（3）自行发现。包括：在办理审查逮捕案件中发现、查阅公安机关行政处罚案件台账中发现等。在办理审查逮捕案件中，要注意从以下方面发现立案监督案件线索：

①注意审查是否有遗漏的非同种犯罪事实；

②在审查案情发生重大变化的案件时，注意审查引起案情发生变化的原因；

③在审查证据之间产生重大矛盾的案件时，注意发现人为地制造矛盾的蛛丝马迹，看是否存在包庇、伪证罪等；

④在审查团伙犯罪案件、系列犯罪案件中，在深挖余罪漏犯的同时，注意发现相关犯罪案件线索。如从盗窃犯罪中发现掩饰、隐瞒犯罪所得的犯罪线索；

⑤在审查涉及另案处理、在逃、边缘责任年龄、刑事责任能力等案件时，注意查明真伪；

⑥在讯问犯罪嫌疑人时，注意对其进行政策教育，促使其坦白自己罪行的同时，鼓励其检举、揭发他人犯罪。

（4）被害人及其法定代理人、近亲属控告。

（5）行政执法部门建议。

（6）其他渠道发现。

▶▶ 2.2 审查线索。

审查的主要内容是：

（1）是否存在应当立案侦查而公安机关不立案侦查的犯罪事实；

（2）是否符合刑事诉讼法规定的刑事立案条件。即是否符合《刑事诉讼法》第一百一十条规定的"认为有犯罪事实需要追究刑事责任"的情形；

（3）是否属于相应的公安机关管辖。即是否符合《刑事诉讼法》第十八条第一款有关公安机关的管辖规定；

（4）公安机关是否决定不立案。

▶▶ 2.3 调查核实线索。

为提高监督立案的准确性，检察机关在立案监督过程中可以根据需要对证据进行必要的调查核实，可以要求控告人、申诉人提供有关材料。

▶▶ 2.3.1 调查程序。

（1）承办人应当制作调查方案，列明线索来源、线索成案的可能性、调查所需要解决的问题、调查的方法、步骤和谋略、调查的人员配备和分工以及调查需要注意的事项，报经部门负责人审核，分管副检察长批准后实施；

（2）调查不宜公开进行，一般不接触调查对象，特殊情况下需要接触的，应当报请分管副检察长批准；

（3）调查应当严格依法进行，禁止对调查对象采取任何强制措施，也不得随意查封、扣押、冻结调查对象的财产。

▶▶ 2.3.2 调查方法。

（1）可以询问办案人员和有关当事人；

（2）可以查阅、复制公安机关刑事受案、不立案、撤销案件、治安处罚等相关法律文书及案卷；

（3）可以调取、审查有关书面材料；

（4）可以进行勘验、检查；

（5）可以进行鉴定；

（6）可以要求控告人、申诉人提供有关材料。

▶ 2.4 处理线索。对监督立案案件线索审查后，应根据不同情况分别作出处理：

（1）没有犯罪事实发生，或者犯罪情节显著轻微不需要追究刑事责任，或者具有其他依法不追究刑事责任的情形，侦查监督部门认为不需要要求公安机关说明不立案理由，且属于投诉人投诉或行政执法机关建议的，应制作《控申案件回复函》，通知控告检察部门，由其在十日以内将不立案监督的理由和根据告知投诉人或者行政执法机关；

（2）不属于被投诉的公安机关管辖，且属于投诉人投诉或行政执法机关移送的，侦查监督部门应制作《控申案件回复函》，通知控告检察部门，由控告检察部门将有管辖权的机关告知控告人或行政执法机关，建议向该机关控告或者移送；

（3）公安机关尚未作出不予立案决定的，制作《移送函》移送公安机关处理；

（4）有犯罪事实需要追究刑事责任，属于被投诉的公安机关管辖，且公安机关已作出不立案决定的（公安机关已作出行政处罚决定的案件，或根据公安机关办案材料显示其已获知案件线索的，可视同已作出不立案决定），应当制作《要求说明不立案理由意见表》，经部门负责人审查，分管副检察长审批后，要求公安机关说明不立案理由；

（5）人民检察院在办理审查逮捕案件过程中，发现公安机关遗漏犯罪事实的，如遗漏的犯罪事实与立案侦查的犯罪属于不同种类犯罪的，应当将线索移送公安机关，按照立案监督程序办理；

（6）共同犯罪案件中，部分被告人已被判决有罪且判决已经生效，侦查监督部门审查认为还应当追究其他共同犯罪嫌疑人的刑事责任而侦查机关未立案侦查的，应当要求公安机关说明不立案的理由。

▶ **3. 要求说明不立案理由及审查**

▶ 3.1 要求说明不立案理由：

（1）要求说明不立案理由必须书面进行，应制作《要求说明不立案理由通知书》，并加盖院印，送达公安机关；

（2）要求说明不立案理由的期限为七日，期间开始的日期不计算在内。

▶》3.2 对公安机关不立案理由的审查。

▶》3.2.1 公安机关在接到检察机关《要求说明不立案理由通知书》后，直接立案侦查的，公安机关将《立案决定书》复印件送达检察机关。

▶》3.2.2 公安机关未直接立案，回复说明不立案理由的，应制作《立案监督案件审查意见书》，对其说明的不立案理由进行审查。在审查中要重点审查以下事实：

①是否有证据证明有犯罪事实、是否有犯罪嫌疑人、是否需要追究犯罪嫌疑人的刑事责任；

②证据是否有查证属实的；

③是否属于相应的公安机关管辖。审查后应提出是否同意公安机关不立案理由的意见。

▶》3.2.3 经审查认为公安机关不立案理由成立的，应当经部门负责人审查，分管副检察长审批决定是否同意公安机关不立案理由。侦查监督部门认为公安机关不立案理由成立的，应制作《控申案件回复函》，通知控告检察部门，由其在十日以内将不立案的理由和根据告知被害人及其法定代理人、近亲属或者行政执法机关。

▶ **4. 通知立案**

（1）侦查监督部门审查认为公安机关不立案理由不成立的，经检察长或检察委员会讨论决定，应当通知公安机关立案；

（2）通知立案必须书面进行，应制作《通知立案书》，说明依据和理由，并加盖院印，连同证据材料送达公安机关；

（3）通知立案的期限为十五日，期间开始的日期不计算在内；

（4）对公安机关在收到通知立案书后超过十五日不予立案，又不回复说明不立案理由的，应当发出《纠正违法通知书》予以纠正。公安机关仍不纠正的，报上级人民检察院协商同级公安机关处理。

▶ **5. 跟踪监督**

▶》5.1 对立案情况的监督：

（1）公安机关在收到《通知立案书》后，超过十五日不予立案的，检察机关应当制作《纠正违法通知书》予以纠正；

（2）通知立案的案件有多名犯罪嫌疑人，公安机关接到《通知立案书》后仅对部分犯罪嫌疑人立案的，检察机关应当制作《纠正违法通知书》予以纠正；

（3）检察机关纠正违法后，公安机关仍不立案的，应将情况报上级人民检察院，由上级人民检察院商请同级公安机关处理。

▶▶5.2 对侦查情况的监督：

公安机关立案后三个月以内未侦查终结的，人民检察院可以向公安机关发出立案监督案件催办函，要求公安机关反馈侦查工作进展情况。

▶▶5.3 对起诉判决的监督：

▶▶5.3.1 侦查监督部门要主动与公诉部门加强沟通、联系，建议公诉部门对刑事立案监督案件快审快结，以快诉促快判。

▶▶5.3.2 对已起诉到法院的刑事立案监督案件，应督促法院尽速判决。

▶▶5.3.3 对已经做出生效判决的立案监督案件，应及时录入报表。

▶▶ **6. 报请直接立案**

▶▶6.1 人民检察院对于公安机关管辖的国家机关工作人员利用职权实施的其他重大案件，通知立案后公安机关不予立案的，侦查监督部门可以进行审查，提出是否直接立案侦查的意见，报请检察长或者检察委员会讨论决定是否提请省级人民检察院批准直接立案侦查。可以直接决定立案侦查的案件，必须同时具备下列条件：

（1）属于国家机关工作人员利用职权实施的犯罪案件。国家机关包括国家各级党政机关、各级权力机关和司法机关。《刑法》第九十三条以国家工作人员论的人员，即国有公司、企业、事业单位、人民团体中从事公务的人员和国家机关、国有公司、企业、事业单位委派到非国有公司、企业、事业单位、社会团体中从事公务的人员，以及其他依照法律从事公务的人员，不包含在内。

（2）属于公安机关管辖。根据刑事诉讼法的规定，国家机关工作人员利用职权实施的犯罪案件，有一部分本就属于人民检察院管辖，如贪污贿赂犯罪，国家工作人员的渎职犯罪，国家机关工作人员利用职权实施的非法拘禁、刑讯逼供、报复陷害、非法搜查的侵犯公民人身权利的犯罪以及侵犯公民民主权利的犯罪。对于这类案件，人民检察院在立案时，不适用刑事立案监督的程序。

（3）属于重大案件。包括：依照法律和有关标准，达到重大标准以上的案件；一案数罪的案件；对案件管辖发生争议，而有管辖权的机关拒不侦查或者长期拖延不予立案侦查的案件；与徇私舞弊行为相关联的案件；县（处）级以上国家机关工作人员犯罪的案件；在特殊的情况下，由特定组织交由人民检察院立案侦查的案件；其他危害严重、影响重大而且不宜由公安机关侦查的案件，或者公安机关建议由人民检察院立案侦查的案件。

▶ 6.2 基层院或者市级院需要直接立案侦查时，应当层报所在的省级院决定。

▶ 6.3 市级院对基层院层报省级院的案件，应当进行审查，在十日内提出是否需要立案侦查的意见，连同有关材料，报送省级院决定。不同意的不必再报省级院审查。

▶ 6.4 报请省级院决定立案侦查的案件，应当经检察长或者检察委员会讨论决定，制作《提请批准直接受理书》，写明已经查明的案件情况以及需要由人民检察院立案侦查的理由，并附有关材料。

▶ 6.5 省级人民检察院应当在收到提请批准直接受理书后的十日以内，由检察委员会讨论作出是否立案侦查的决定。省级院可以决定由下级人民检察院直接立案侦查，也可以决定直接立案侦查。决定由下级人民检察院直接立案侦查的，应制作《批准直接受理决定书》，交下级人民检察院执行。不同意直接立案侦查的，应制作《不批准直接受理决定书》，通知提请批准直接受理的人民检察院。

▶ 6.6 批准直接受理事宜由侦查监督部门办理。

▶ 6.7 对于批准直接立案侦查的案件，应当根据案件性质，由人民检察院负责侦查的部门进行侦查。

▶ 6.8 报送批准直接立案侦查案件的具体手续由发现线索的业务部门办理。

▶ **7. 对应当立案而不立案的监督案件的商请**

▶ 7.1 对需要提请上级人民检察院商请同级公安机关处理的案件，下级人民检察院应书面提请，并附送立案监督过程中形成的全部案件材料。

▶ 7.2 对下级人民检察院提请上级人民检察院商请同级公安机关处理的案件，上级人民检察院应指派专人进行审查，制作《商请案件审查意见书》，意见书应依次写明犯罪嫌疑人基本情况、公安机关说明的不立案理由、下级人民检察院报送商请的理由、经审查认定的案件事实及证据、需要说明的问题，并提出是否商请同级公安机关处理的意见，报部门负责人审查，分管副检察长审批。

▶▶7.3 需要商请同级公安机关处理的案件，应制作《商请函》，载明案件诉讼过程及应当立案侦查的理由，送达同级公安机关，要求其督促下级公安机关及时予以纠正。

▶▶7.4 《商请案件审查意见书》制作。

▶▶7.4.1 《商请案件审查意见书》格式。

××××人民检察院
商请案件审查意见书

我院于××年×月×日收到××××检察院报送的××××案的立案监督商请处理材料。承办人×××审阅了相关材料，现已审查完毕。

一、犯罪嫌疑人基本情况

涉案人×××（曾用名×××，绰号×××），（性别）×，××年×月×日出生，身份证号码××××，（民族）××，文化程度×××，户籍所在地××××，住×××。工作单位××××。于××年×月×日被××××单位采取××××（强制措施）。

二、公安机关说明的不立案理由

写明公安机关回复说明的不立案理由。

三、下级检察院报送商请的理由

写明下级人民检察院报送商请的具体理由，如"××××公安机关在收到通知立案书后超过十五日不予立案，经纠正违法仍不纠正"。

四、经审查认定的案件事实及证据

根据调查收集的证据材料，从主观故意、客观行为、主体等犯罪构成要件进行分析，论证公安机关不立案决定是否正确，下级检察机关通知立案程序是否合法、理由是否成立。

五、需要说明的问题

该部分主要说明通知公安机关立案后有无相关领导批示或指示，是否可能造成上访，舆论、媒体是否关注、炒作，是否存在影响社会稳定的因素等可能存在的风险等情况。

六、处理意见

承办人意见：……

承办人：×××

××年×月×日

▶》7.4.2《商请案件审查意见书》的制作要求。

（1）公安机关未依法回复的，应在"公安机关说明的不立案理由"部分如实记载。

（2）认定案件事实要根据主观故意、客观行为（数额、结果）、主体等犯罪构成，严格以证据材料反映的内容为依据。对案件事实叙述清楚，包括时间、地点、事件、动机、手段、对象、情节、后果、适用的法律等要素全面表述。对案件发生经过的叙述要明晰直观，无推测、想象成分，主客观相统一。要对认定案件事实的证据分类进行简要列举和分析。

（3）认为应商请公安机关处理的，处理意见应写明：经审查，××××检察院通知立案决定正确，××××公安局（下级公安机关）不在规定期限内立案不当，且经××××检察院纠正违法后仍不纠正，根据《刑事诉讼规则》第五百六十条第二款的规定，建议商请××××公安局（同级公安机关）处理。

（4）认为不应商请公安机关处理的，处理意见应写明：经审查，犯罪嫌疑人×××的行为不符合立案条件，××××公安局说明的不立案理由成立，××××检察院通知立案决定不当，根据《刑事诉讼规则》第五百六十条第二款的规定，建议不商请××××公安局（同级公安机关）处理。

▶**8. 注意事项**

（1）被害人没有向公安机关报案或者公安机关没有掌握、发现犯罪事实的案件，以及告诉才处理的刑事案件，不属于刑事立案监督范围。

（2）人民检察院在办理审查逮捕案件过程中，发现公安机关遗漏涉嫌犯罪的同案人的，应当将线索移送公安机关，并向公诉部门通报情况；如果现有事实、证据证明该同案人符合逮捕条件的，应当按照《刑事诉讼规则》第三百二十二条规定的纠正漏捕程序办理，不适用立案监督程序。

（3）人民检察院在办理审查逮捕案件过程中，发现公安机关遗漏犯罪事实的，如遗漏的犯罪事实与公安机关立案侦查的犯罪属于同一性质，应通过

《补充侦查提纲》或者《提供法庭审判所需证据材料意见书》引导公安机关补充侦查取证，并向本院公诉部门通报，不适用立案监督程序。

二、对不应当立案而立案的监督操作规程

【定义】对不应当立案而立案的监督是指检察机关对公安机关不应当立案侦查而立案侦查实施的法律监督活动。

▶ **1. 监督主体**

▷ 1.1 检察机关侦查监督部门承办人具体负责线索审查及相关调查工作，提出审查意见。

▷ 1.2 侦查监督部门负责人审核，提出审核意见。

▷ 1.3 检察长或者检察委员会作出是否监督公安机关撤销案件的决定。

▶ **2. 受理与审查线索**

▷ 2.1 发现线索的途径。

（1）本院控告申诉部门转来。

（2）上级转来。

（3）自行发现。包括：在办理审查逮捕案件中发现、查阅公安机关刑事立案案件台账发现等。

（4）当事人及其法定代理人、近亲属投诉。

（5）其他渠道发现。

▷ 2.2 刑事监督撤案案件（不该立而立的案件）范围。

刑案监督撤离案件（不该立而立的案件）范围主要包括：

（1）出于各种利益考虑，尤其是因地方保护主义要求而越权予以立案侦查；

（2）由于对政策法律的认识存在偏差而对不涉嫌犯罪的行为予以立案侦查；

（3）对不涉嫌犯罪、应当予以治安和行政处罚的案件予以立案侦查；

（4）对没有管辖权的案件予以立案侦查，等等。没有管辖权包括两种情形：一是公安机关没有管辖权的；二是公安机关有管辖权但已立案的公安机关没有管辖权的。

▷ 2.3 刑事监督撤案案件线索的审查。

审查的内容主要包括：

（1）据以决定立案的犯罪事实是否存在。即有无该事实发生，该事实是否达到刑事立案标准；

（2）决定立案的犯罪嫌疑人是否存在；

（3）决定立案的犯罪事实与犯罪嫌疑人是否相符。即该犯罪事实是否该犯罪嫌疑人所为；

（4）被立案的犯罪嫌疑人是否达到刑事责任年龄；

（5）被立案的犯罪嫌疑人有无刑事责任能力；

（6）有无违法插手经济纠纷、报复陷害、敲诈勒索、谋取非法利益等违法立案情形。

▶▶ 2.4 监督撤案案件线索的调查核实。

检察机关根据案情需要，可以对证据进行必要的调查核实，可以要求控告人、申诉人提供有关材料。

▶▶ 2.4.1 调查程序。

（1）承办人制作调查方案，报经部门负责人审核，分管副检察长批准后实施；

（2）调查可以公开进行。必要时，可以讯问已被列为犯罪嫌疑人的调查对象。

▶▶ 2.4.2 调查方法。

（1）可以询问办案人员和有关当事人；

（2）可以查阅、复制公安机关刑事受案、立案等相关法律文书及案卷；

（3）可以调取、审查有关书面材料；

（4）可以进行勘验、检查；

（5）可以进行鉴定；

（6）可以要求控告人、申诉人提供有关材料。

▶▶ 2.5 刑事监督撤案案件线索的处理。

对刑事监督撤案案件线索审查后，应当根据不同情况分别作出处理：

（1）认为公安机关无违法立案情形的，可以移送公安机关处理，移送应制作《移送函》（制作要求参见第一节），连同相关材料一并送达；

（2）认为公安机关有插手经济纠纷、报复陷害、敲诈勒索、谋取非法利益等四种严重违法立案情形，及其他明显违反法律规定予以刑事立案的情形，如没有证据证明有犯罪事实发生或虽有犯罪事实发生但不是犯罪嫌疑人所为等情形，公安机关仍予以立案的，或者对明显不构成犯罪或者依法不应追究刑事责任的人立案的，等等，应要求说明立案理由。

▶ 3. 要求说明立案理由及审查

▶▷ 3.1 要求说明立案理由

（1）拟要求公安机关说明立案理由的，承办人应制作《要求说明立案理由意见表》，提出要求说明立案理由的建议，报部门负责人审查，分管副检察长审批后，制作《要求说明立案理由通知书》，加盖院印，送达公安机关；

（2）要求说明立案理由的期限为七日，期间开始的日期不计算在内。

▶▷ 3.2 审查公安机关立案理由

▶≫ 3.2.1 公安机关在接到《要求说明立案理由通知书》后，直接撤销案件的，公安机关应将《撤销案件决定书》复印件送达检察机关。

▶≫ 3.2.2 公安机关未直接撤销案件，而是回复说明立案理由的，检察机关侦查监督部门应制作《立案监督案件审查意见书》，对其说明的立案理由进行审查，提出是否同意公安机关立案理由的意见。

（1）承办人审查认为立案理由成立的，经部门负责人审查，报分管副检察长审批后制作《控申案件回复函》（制作要求参见第一节），通知控告检察部门，由其在十日以内将立案的理由和根据告知被害人及其法定代理人、近亲属或者行政执法机关。

（2）承办人审查认为立案理由不成立的，经部门负责人审查、检察长或者检察委员会讨论决定后，应当通知公安机关撤销案件。

①通知撤案必须制作《通知撤销案件书》，以书面形式进行，说明依据和理由，并加盖院印，连同证据材料送达公安机关。《通知撤销案件书》中不应写明撤销案件的具体期限，且应明确告知其如认为撤销案件通知有错误，应在接到文书后十五日内向人民检察院提出复议。

②公安机关对撤销案件书没有异议的，应当立即撤销案件，并将撤销案件决定书送达人民检察院。

③对公安机关既不撤销案件，又不回复说明立案理由的，应当发出《纠正违法通知书》予以纠正。公安机关仍不纠正的，报上级人民检察院协商同级公安机关处理。

▶≫ 3.3 《立案监督案件审查意见书》制作。

▶≫ 3.3.1 《立案监督案件审查意见书》格式。

××××检察院
立案监督案件审查意见书

本（科、处、厅）于××年×月×日收到控申部门移送的××××案立案监督材料（本院在工作中发现），经分管副检察长批准，于××年×月×日向××××公安局发出《要求说明立案理由通知书》，××××公安局于××年×月×日向本院回复了《立案理由说明书》，说明了该案的立案理由。承办人×××经审查完毕，现报告如下：

一、涉案人的基本情况

涉案人×××（曾用名×××，绰号×××），（性别）×，××年×月×日出生，身份证号码××××，（民族）××，文化程度×××，户籍所在地×××，住×××。工作单位××××。于××年×月×日被×××单位采取××××（强制措施），现羁押于××××。

涉案人简历。

涉案人家庭情况（配偶、父母、子女等直系亲属）。

涉案人是否受过刑事、行政处罚。

涉案人是否患有严重疾病以及是否怀孕、哺乳情况。

控告人（投诉人）姓名，性别，出生年月日，籍贯，民族，文化程度，政治面貌，职业或工作单位及职务，是否人大代表、政协委员，住处。

如果是行政执法机关移送的，应当写明移送单位名称。

二、发案、立案情况

……

三、经审查认定的案件事实及证据

应当写明公安机关说明的立案理由，然后根据调查收集的证据材料，写明认定的案件事实以及对立案理由的意见。

四、需要说明的问题

该部分主要说明是否上级机关或相关领导交办，有无领导批示或指示，是否造成上访，是否为舆论、媒体所关注、炒作，是否存在影响社会稳定的因素等可能存在的风险，公安机关侦查人员是否涉嫌徇私舞弊等违法违纪行为或者职务犯罪行为，是否需要移送有关部门处理等情况。

五、处理意见

承办人意见：……

承办人：×××

××年×月×日

➤≫ 3.3.2《立案监督审查意见书》的制作要求。

（1）涉案人的基本情况部分，如果是单位犯罪的，应依次写明：犯罪单位名称、单位性质、工商注册登记的地址、法定代表人、直接负责的主管人员和其他直接责任人员。

（2）发案、立案情况部分，应当写明公安机关立案的情况，是否采取强制措施等。

（3）认定案件事实要根据主观故意、客观行为（数额、结果）、主体等犯罪构成，严格以证据材料反映的内容为依据。对案件事实叙述清楚，包括时间、地点、事件、动机、手段、对象、情节、后果、适用的法律等要素全面表述。对案件发生经过的叙述要明晰直观，无推测、想象成分，主客观相统一。要对认定案件事实的证据分类进行简要列举和分析。

（4）认为公安机关说明的立案理由成立的，处理意见应当写明"现有证据证明有××案件事实发生，已达到刑事立案标准，公安机关立案决定并无不当，根据《人民检察院刑事诉讼规则（试行）》第五百五十八条第一款的规定，建议同意公安机关说明的立案理由"。

（5）认为公安机关说明立案理由不成立，需要通知公安机关撤案的，应当写明"现有证据证明有××案件事实发生，但尚未达到刑事立案标准"或者"现有证据证明有××犯罪事实发生，但该犯罪行为情节显著轻微不需要追究刑事责任"或者"现有证据证明有××犯罪事实发生，但涉案人作案时尚未达到法定刑事责任年龄，对××行为不负刑事责任"或者"现有证据无法证实××犯罪事实系××所为"，"××××公安局对×××以涉嫌××罪立案侦查错误，根据《人民检察院刑事诉讼规则（试行）》第五百五十八条第一款的规定，建议通知×××公安局撤销××案件"。

▶ **4. 复议、复核**

▶▷ 4.1 复议

▶▷▷ 4.1.1 公安机关认为人民检察院撤销案件通知有错误而要求复议的，同级人民检察院应当重新审查。

▶▷▷ 4.1.2 承办人应重点审查以下内容：

（1）审查原《撤销案件通知书》阐述的公安机关立案理由不能成立的原因和应当撤销案件的法律依据；

（2）审查公安机关提请复议即认为检察机关《通知撤销案件书》错误的理由和法律依据；

（3）根据调查收集的证据材料，对案件事实及公安机关立案理由进行分析，重点分析公安机关立案决定是否正确，检察机关通知撤案的理由是否正确。

▶▷▷ 4.1.3 承办人制作《通知撤销案件复议审查意见书》，提出是否变更撤销案件意见的建议，经部门负责人审查，报检察长或检察委员会讨论决定。

▶▷▷ 4.1.4 在收到要求复议意见书和相关案卷材料后七日内做出是否变更的决定，填发《复议决定书》，送达公安机关。认为原通知撤销案件决定错误的，应同时发函撤销原《通知撤销案件书》。

▶▷▷ 4.1.5 《通知撤销案件复议审查意见书》格式和制作要求。

××××人民检察院
通知撤销案件复议审查意见书

本院于××年×月×日向××××公安局发出撤销××××案的通知书，该局于××年×月×日提出复议。承办人×××对相关材料审查完毕，现报告如下：

一、涉案人基本情况

涉案人×××（曾用名×××，绰号×××），（性别）×，××年×月×日出生，身份证号码××××，（民族）××，（接受教育程度）×××，户籍所在地××××，住×××。工作单位××××。于××年×月×日被×

×××单位采取××××（强制措施）。

二、案件来源及发案、立案情况

简要写明案件来源和发案、侦查机关立案情况（文书均应当写明作出决定的日期和文号）。

三、通知撤销案件的理由

写明原《撤销案件通知书》阐述的公安机关立案理由不能成立的原因和应当撤销案件的法律依据。

四、公安机关要求复议的理由和依据

写明公安机关提请复议即认为检察机关《通知撤销案件书》错误的理由和法律依据。

五、经审查认定的案件事实及证据

应当根据调查收集的证据材料，写明认定的案件事实以及对公安机关立案的意见。要结合已有证据重点分析公安机关立案决定是否正确，检察机关通知撤案的理由是否成立。

六、需要说明的问题

该部分主要说明通知公安机关撤销案件后是否有相关领导批示或指示，是否可能造成上访，舆论、媒体是否关注、炒作，是否存在影响社会稳定的因素等可能存在的风险等情况。

七、处理意见

承办人意见：经审查，认为我院发出的撤销案件通知书是正确的，根据《人民检察院刑事诉讼规则（试行)》第五百六十二条第一款的规定，建议维持我院作出的撤销案件通知。

（承办人意见：经审查，认为我院作出的撤销案件的决定有错误，应予变更，根据《人民检察院刑事诉讼规则（试行)》第五百六十二条第一款的规定，建议撤销作出的原通知撤销案件书）。

承办人：×××

××年×月×日

▶▶4.2 复核

▶▶4.2.1 公安机关不接受人民检察院复议决定，提请上级人民检察院复核的，上级人民检察院应当进行审查。

■≫ 4.2.2 承办人应重点审查以下内容：

（1）审查下级人民检察院《撤销案件通知书》阐述的公安机关立案理由不能成立的原因和应当撤销案件的法律依据。

（2）审查公安机关提请复核即认为检察机关《通知撤销案件书》错误的理由和法律依据。

（3）审查下级人民检察院复议决定书阐述的检察机关通知撤案理由正确及公安机关提请复议意见不成立的依据。

（4）对案件事实及公安机关立案理由进行分析，重点分析公安机关立案决定是否正确，检察机关通知撤案及维持通知撤销案件决定的理由是否正确。

■≫ 4.2.3 承办人制作《通知撤销案件复核审查意见书》（文书制作格式和要求参照《通知撤销案件复议审查意见书》），提出是否变更撤销案件意见的建议，经部门负责人审查，报检察长或检察委员会讨论决定。

■≫ 4.2.4 上级检察机关应在收到提请复核意见书和相关案卷材料后十五日内做出是否变更的决定，填发《复核决定书》，送达下级人民检察院和公安机关。

■≫ 4.2.5 上级人民检察院复核认为撤销案件通知有错误的，下级人民检察院应当发函撤销原《通知撤销案件书》；上级人民检察院复核认为撤销案件通知正确的，下级公安机关应当撤销案件。

▶ **5. 跟踪监督**

▶ 5.1 公安机关在收到《通知撤销案件书》后，既不提出复议、复核，也不撤销案件的，检察机关应当制作《纠正违法通知书》予以纠正。

▶ 5.2 经检察机关纠正违法，公安机关仍不撤案的，应将情况报上级人民检察院，由上级人民检察院商请同级公安机关处理。

▶ 5.3 公安机关接到《通知撤销案件书》后仅对已立案犯罪嫌疑人作出行政处罚或予以释放，而不作撤销案件决定的，检察机关可以制作《纠正违法通知书》予以纠正。

▶ 5.4 对拒不撤销案件并且向检察机关报捕或者直诉的，依法作出不批准逮捕决定或不起诉决定。

▶ **6. 对不应当立案而立案的监督案件的商请**

此部分内容参照第一部分"对应当立案而不立案的监督操作规程"中"7. 对应当立案而不立案的监督案件的商请"。

▶ 7. 注意事项

（1）对公安机关已提请批准逮捕的案件，经审查认为不构成犯罪或者依法不应追究刑事责任的，应依法做出不批准逮捕决定，不能直接监督公安机关撤案；

（2）检察机关以不构成犯罪或者依法不应追究刑事责任为由作出不批准逮捕决定后，公安机关仍不撤案的，应当通知公安机关撤销案件，但不另行计入立案监督工作统计台账。

第二节　对其他案件立案监督类操作规程

一、建议行政执法机关移送涉嫌犯罪案件操作规程

【定义】建议行政执法机关移送涉嫌犯罪案件是指人民检察院对行政执法机关应当移送而不移送涉嫌犯罪案件进行的监督活动。

▶ 1. 建议移送主体

▶ 1.1 侦查监督部门承办人具体负责线索审查及相关调查工作，提出审查意见。

▶ 1.2 侦查监督部门负责人审核，提出审核意见。

▶ 1.3 检察长或者检委会作出是否建议行政执法机关移送涉嫌犯罪案件的决定。

▶ 2. 线索受理与来源

（1）查阅行政执法机关台账、行政处罚案卷发现；

（2）被害人及其法定代理人、近亲属控告；

（3）群众举报；

（4）其他渠道发现。

▶ 3. 调查核实线索

▶ 3.1 调查内容。

（1）是否有犯罪事实发生；

（2）是否属于犯罪情节显著轻微不需要追究刑事责任；

（3）是否具有其他依法不追究刑事责任情形。

▶ 3.2 调查方法。

检察机关在建议行政执法机关移送涉嫌犯罪案件过程中需要对证据进行调查核实的，可以采取以下方法进行：

（1）询问办案人员和有关当事人。

（2）查阅、复制行政执法机关相关法律文书及案卷。

（3）要求行政执法机关提供有关案件材料。包括：涉嫌犯罪案件的调查报告；涉案物品清单；有关检验报告或者鉴定结论；其他有关涉嫌犯罪的材料。

▶ **4. 处理线索**

▶ 4.1 人民检察院发现行政执法机关不移送或逾期未移送涉嫌犯罪案件的，对线索进行审查后，分别作出如下处理：

（1）没有犯罪事实发生，或者犯罪情节显著轻微不需要追究刑事责任，或者具有其他依法不追究刑事责任情形的，应书面答复投诉人或者行政执法机关。

（2）发现案件确属行政执法机关应当移送而不移送的，应当制作《建议移送涉嫌犯罪案件函》，写明发现的违法情况（包括：发现时间和发现途径、违法人员的姓名、单位、职务及涉嫌犯罪的违法事实等）、移送的理由和法律依据及移送的相关要求，经部门负责人审查，报检察长或检察委员会讨论决定后，建议行政执法机关依法移送涉嫌犯罪案件。

▶ 4.2 行政执法机关应当自接到移送案件通知书三日内向公安机关移送。

▶ 4.3 行政执法机关仍不移送的，人民检察院应当将有关情况书面通知公安机关，公安机关应当根据人民检察院的意见，主动向行政执法机关查询案件，经审查认为达到刑事立案条件的，可直接立案侦查。

▶ **5. 线索的跟踪监督**

▶ 5.1 人民检察院侦查监督部门对行政执法机关向公安机关移送并向本院备案的案件，应当了解公安机关的办理情况。具有下列情形之一的，应当进行立案监督（立案监督程序具体操作规范见第五章第一节）：

（1）公安机关未在法定期限内作出立案或者不予立案决定的。对于行政执法机关移送的案件，公安机关应当自接受案件之日起三日内进行审查，认为有犯罪事实，需要追究刑事责任，依法决定立案的，应当书面通知移送案件的行政执法机关；认为没有犯罪事实的，或者犯罪情节显著轻微，不需要追究刑事责任，依法不予立案的，应当说明理由，并将不予立案通知书送达移送案件的行政执法机关，相应退回案件材料。如公安机关未按照前述规定作出决定，人民检察院应当进行立案监督。

（2）被害人认为公安机关应当立案侦查的案件而不立案侦查，向人民检察院提出的。

（3）移送涉嫌犯罪案件的行政执法机关对公安机关不予立案决定有异议，建议人民检察院进行立案监督的。

（4）移送涉嫌犯罪案件的行政执法机关对公安机关不予立案复议决定有异议，建议人民检察院进行立案监督的。行政执法机关对公安机关作出的不予立案决定不服的，可以在收到不予立案通知书后三日内向作出决定的公安机关申请复议；公安机关应当在收到行政执法机关的复议申请后三日内作出决定，并书面通知移送案件的行政执法机关。如公安机关未按照前述规定作出决定，行政执法机关可以建议人民检察院进行立案监督。

（5）移送涉嫌犯罪案件的行政执法机关对公安机关立案后作出撤销案件的决定有异议，建议人民检察院进行立案监督的。

▶▷ 5.2 检察机关建议行政执法机关移送的涉嫌犯罪案件，行政执法机关拒不移送的，移送有关部门依纪、依法追究有关人员的责任；涉嫌构成徇私舞弊不移交刑事案件罪等犯罪的，移送本院反渎职侵权部门依法追究刑事责任。

▶▷ 5.3 行政执法机关在查处违法行为过程中，发现国家工作人员涉嫌贪污贿赂、渎职侵权犯罪线索的，应当向人民检察院移送。人民检察院应当对案件线索进行审查，涉嫌职务犯罪的，应当立案侦查，并将处理结果及时告知行政执法机关。具体操作规范见第五章第五节。

▶ **6. 操作禁忌**

▶▷ 6.1 检察机关可以对证据进行必要的调查核实，但不得进行侦查。

▶▷ 6.2 进行调查时一般不接触被调查对象。

▶▷ 6.3 调查中禁止使用刑事强制措施或强制性侦查措施。

二、对人民检察院直接受理立案侦查案件的立案监督操作规程

【定义】对人民检察院直接受理立案侦查案件的立案监督是指检察机关侦查监督部门或者公诉部门对本院侦查部门应当立案侦查的案件不报请立案侦

查、不应当立案侦查的案件进行立案侦查所实施的法律监督活动。

▶ 1. 监督主体

▶▶ 1.1 检察机关侦查监督部门或公诉部门承办人具体负责线索审查及相关调查工作，提出审查意见。

▶▶ 1.2 侦查监督部门或公诉部门负责人审核，提出审核意见。

▶▶ 1.3 分管侦查监督或公诉工作的检察长作出是否建议侦查部门报请立案侦查或者撤销案件的决定。

▶ 2. 受理和审查线索

▶▶ 2.1 线索来源。

（1）在办理审查决定逮捕案件中发现；

（2）上级检察机关交办；

（3）群众控告或举报。

▶▶ 2.2 线索审查。

▶▶ 2.2.1 在办理审查决定逮捕案件或审查起诉案件中发现的案件线索，基于原案承办人对案件情况的熟悉，一般由原案承办人提出审查意见。其他来源的案件线索，由部门负责人根据工作实际，分配给承办人审查，提出审查意见。

▶▶ 2.2.2 审查的内容主要包括：

（1）是否存在应当立案侦查而未立案侦查或不应当立案侦查而立案侦查的犯罪事实或者犯罪嫌疑人；

（2）是否符合刑事诉讼法规定的立案条件；

（3）未立案案件是否属于本院管辖；

（4）已立案案件是否不应当属于本院管辖；

（5）是否属于应当报请而不报请立案侦查的情形。

▶ 3. 人民检察院直接受理立案侦查案件立案监督线索的交办

▶▶ 3.1 省级以下（不含省级）人民检察院直接受理立案侦查的案件，需要逮捕犯罪嫌疑人的，应当报请上级人民检察院审查决定。

▶▶ 3.2 对人民检察院直接受理立案侦查案件的立案监督应由本级院进行，上级检察机关侦查监督部门或公诉部门发现此类案件线索，应交下级人民检察院侦查监督部门或公诉部门办理。

▶ 4. 处理线索

▶▶ 4.1 承办人对立案监督线索进行审查，提出是否建议侦查部门报请立案侦查或撤销案件的建议，经部门负责人审核，报分管副检察长审批后，向侦查部门发出《报请立案侦查建议书》（对自侦案件立案监督使用）或《撤销案件建议书》，送达侦查部门。

▶▶ 4.2 如果建议不被采纳，则应当报请检察长决定是否立案侦查或撤销案件。

▶▶ 4.3 《报请立案侦查建议书》制作。

▶≫ 4.3.1 《报请立案侦查建议书》格式。

××××人民检察院
报请立案侦查建议书

首部右下编发文号：××检××报立建〔××××〕×号

正文应当写明何时、何人，涉嫌何事，移送的理由和法律依据等。

尾部注明年月日，并加部门印章。

▶≫ 4.3.2 具体内容的填写。

（1）应详细列明建议报请立案案件的发现时间和发现途径，控告人姓名（或控告单位名称），违法人员的姓名、单位、职务（如果是单位违法，要写明违法单位的名称），涉嫌犯罪的违法事实（要写明违法时间、地点、手段、目的和后果）等。

（2）移送的理由和法律依据包括：违法行为涉嫌触犯的法律、法规和规范性文件的条款，违法行为的性质等。

（3）最后提出请侦查部门审查，并及时反馈处理意见的要求。

▶≫ 4.4 《撤销案件建议书》制作。

▶≫ 4.4.1 《撤销案件建议书》格式。

××××人民检察院
撤销案件建议书

首部右下编发文号：××检××撤建〔××××〕×号

正文应当写明案件来源、撤销案件的理由和法律依据。

尾部注明年月日，并加部门印章。

▶≫ 4.4.2 具体内容的填写。

（1）应写明何时收到案件，案件来源是控告申诉部门移送还是在工作中发现。

（2）要根据案件事实，详细分析应当撤销案件的理由和法律依据，认定案件事实要根据主观故意、客观行为（数额、结果）、主体等犯罪构成，严格以证据材料反映的内容为依据，对案件事实叙述清楚，包括：时间、地点、事件、动机、手段、对象、情节、后果、适用的法律等要素全面表述。叙述要明晰直观，无推测、想象成分，主客观相统一。

（3）最后提出请侦查部门审查，并及时反馈处理意见的要求。

▶ **5. 复议**

▶≫ 5.1 线索来源。控告人不服人民检察院不予立案决定的，可以在收到不予立案通知书后十日以内申请复议。控告检察部门审查认为需要侦查部门说明不立案理由的，应当移送侦查监督部门，由侦查监督部门按立案监督程序办理。

▶≫ 5.2 线索审查。侦查监督部门受理案件后，应当由部门负责人指定承办人进行审查。审查的主要内容是：

（1）是否存在应当立案侦查而侦查部门不立案侦查的犯罪事实。

（2）是否符合刑事诉讼法规定的刑事立案条件。即是否符合《刑事诉讼法》第一百一十条规定的"认为有犯罪事实需要追究刑事责任"的情形。

（3）是否属于相应的侦查部门管辖。

（4）侦查部门是否决定不立案。

▶ 5.3 线索处理。

▶▶ 5.3.1 承办人审查后，应制作《复议案件审查意见书》（自侦不立案复议用），提出是否需要要求侦查部门说明不立案理由的意见，经部门负责人审查，报分管副检察长审批。

▶▶ 5.3.2 对不需要侦查部门说明不立案理由的案件，应制作《控申案件回复函》，送达控告部门。

▶▶ 5.3.3 对需要侦查部门说明不立案理由的案件，应制作《要求说明不立案理由通知书》（自侦不立案复议用），送达侦查部门。

▶ 5.4 监督立案。

▶▶ 5.4.1 对侦查部门回复说明的不立案理由，应当进行审查。

▶▶ 5.4.2 认为侦查部门不立案理由成立的，应制作《控申案件回复函》，送达控告部门。

▶▶ 5.4.3 认为侦查部门不立案理由不成立的，应经分管副检察长审批后，制作《报请立案侦查建议书》（自侦案件不立案复议用），送达侦查部门。同时制作《控申案件回复函》，送达控告部门。

▶▶ 5.4.4 如果建议不被采纳，报请检察长决定是否立案侦查。

▶▶ 5.4.5 《报请立案侦查建议书》制作。

（1）《报请立案侦查建议书》格式。

××××人民检察院
报请立案侦查建议书

首部右下编发文号：××检××报立建〔××××〕×号

正文应当写明案件来源、要求侦查部门说明不立案理由的过程及对侦查部门说明的不立案理由的审查意见。

尾部注明年月日，并加部门印章。

（2）具体内容的填写。

①应详细列明何时收到控告人对不立案不服的申请复议材料，何时向侦查

部门发出《要求说明不立案理由通知书》，侦查部门何时回复了《不立案理由说明书》。

②详细阐述对侦查部门不立案理由的审查意见，写明违法行为涉嫌触犯的法律、法规和规范性文件的条款，违法行为的性质，涉嫌何种犯罪。

③最后提出请侦查部门审查，并及时反馈处理意见的要求。

▶ 6. 操作禁忌

▶ 6.1 人民检察院直接受理立案侦查案件的监督，除控告人申请复议案件需要侦查部门说明不立案理由时可使用《要求说明不立案理由通知书》（自侦不立案复议用）外，不得使用《要求说明不立案理由通知书》。

▶ 6.2 对检察机关在直接受理立案侦查案件的监督中掌握的案件秘密，应当严格保密，不得泄露。

三、移送犯罪线索操作规程

【定义】移送犯罪线索是指检察机关侦查监督部门在工作中发现相关人员涉嫌犯罪，将案件线索移送给侦查机关或本院侦查部门处理。

▶ 1. 移送主体

移送主体是检察机关侦查监督部门。

▶ 1.1 检察机关侦查监督部门承办人具体负责线索审查及相关调查工作，提出审查意见。

▶ 1.2 侦查监督部门负责人负责对承办人所提出的意见进行审核，并提出审核意见。

▶ 1.3 检察长作出是否将相关涉嫌犯罪案件线索移送给侦查机关或本院侦查部门的决定。

▶ 2. 犯罪线索的发现

▶ 2.1 职务犯罪案件线索来源。

（1）在办理立案监督案件中发现；

（2）在行政执法与刑事司法衔接工作中发现；

（3）行政执法机关或侦查机关移送；

（4）群众控告或举报。

▶ 2.2 普通刑事案件线索来源。

（1）在办理审查逮捕案件中发现；

（2）被害人控告；

（3）群众举报。

▶ 3. 犯罪线索的审查

▶ 3.1 职务犯罪案件重点审查以下方面：

（1）检察机关监督立案或撤案的案件、监督行政执法机关移送的案件是否涉嫌犯罪；

（2）侦查机关是否有违法动用刑事手段插手民事、经济纠纷，或者办案人员利用立案实施报复陷害、敲诈勒索或者谋取其他非法利益等违法立案情形；

（3）侦查机关办案人员是否有收受贿赂、徇私舞弊应当立案不立案放纵犯罪的行为；

（4）行政执法机关工作人员是否有收受贿赂、徇私舞弊应当移送刑事案件不移送的行为；

（5）行政执法机关工作人员与原案嫌疑人是否存在相互勾结的情形；

（6）侦查机关办案人员、行政执法机关工作人员虽无收受贿赂、徇私舞弊等故意行为，但是否存在工作严重不负责任，不作为或者乱作为等涉嫌滥用职权、玩忽职守的情形。

▶ 3.2 普通刑事案件重点审查以下方面：

（1）有无明确的犯罪事实或明确的犯罪嫌疑人；

（2）是否涉嫌犯罪；

（3）侦查机关是否已获知该案件线索；

（4）侦查机关有无作出立案或不立案决定。

▶ 4. 犯罪线索的调查

（1）询问办案人员和有关当事人；

（2）查阅、复制侦查机关刑事受案、（不）立案、治安处罚等相关法律文书及案卷；

（3）查阅、复制行政执法机关行政处罚受案、立案、处罚等相关文书及案卷。

▶ 5. 犯罪线索的处理

▶ 5.1 承办人对线索进行审查后，应提出是否移送侦查机关或侦查部门的建议，报部门负责人审核，经分管副检察长审批后，决定是否移送。

▶ 5.2 决定移送案件线索的，应制作《犯罪线索移送函》，职务犯罪案件线索加盖部门印章，送达本院侦查部门，普通刑事案件线索加盖院印，送达侦查机关。《犯罪线索移送函》应简要说明案件线索情况，并要求侦查机关或侦查部门将案件线索处理情况书面反馈侦查监督部门。

▶ 5.3 移送案件线索时，应将获取的相关证明材料一并移送侦查机关或侦查部门。

▶ 5.4 对移送的案件线索，侦查机关或侦查部门既不在合理期限内作出立案或者不立案决定，又不回复说明情况的，应当进行立案监督。

▶ 5.5 职务犯罪案件的"合理期限"可根据实际情况进行确定。普通刑事案件立案审查期限原则上不超过三日；涉嫌犯罪线索需要查证的，立案审查期限原则上不超过七日；重大疑难复杂案件，经县级以上侦查机关负责人批准，立案审查期限可以延长至三十日。法律、法规、规章等对受案立案审查期限另有规定的，从其规定。

▶ 5.6 《犯罪线索移送函》格式。

××××人民检察院
犯罪线索移送函

首部右下编发文号：××检××线索移〔××××〕×号

正文应当写明何时发现何事，提出请侦查部门审查，并及时反馈处理意见的要求。

尾部注明年月日，并加部门印章。

▶ **6. 操作禁忌**

▶ 6.1 检察机关在移送线索过程中可以对证据进行必要的调查核实，但不得进行侦查。

▶ 6.2 调查一般不接触被调查对象；调查中禁止使用强制措施。

▶ 6.3 在线索调查中掌握的案件秘密，应当严格保密，不得泄露。

第五章　侦查活动监督专用操作规程

第一节　对侦查羁押期限监督类操作规程

一、延长侦查羁押期限操作规程

【定义】延长侦查羁押期限是指犯罪嫌疑人被逮捕后，侦查机关（部门）在法定侦查羁押期限内不能侦结，经侦查机关（部门）提请，由检察机关给予批准或者决定延长侦查羁押期限的制度。

▶ 1. 延长侦查羁押期限的主体

▶ 1.1 提请延长侦查羁押期限的主体。

（1）公安机关等侦查机关；

（2）人民检察院侦查部门。

▶ 1.2 决定延长侦查羁押期限的主体。

（1）第一次延长侦查羁押期限的决定主体为侦查机关（部门）的上级人民检察院；

（2）第二次和第三次延长侦查羁押期限的决定主体为省级人民检察院；

（3）最高人民检察院直接受理立案侦查的案件，依照刑事诉讼法的规定需要延长侦查羁押期限的，直接决定延长侦查羁押期限；

（4）特殊的延长侦查羁押期限的主体为全国人大常委会。

▶ 2. 侦查羁押期限延长的几种情形

▶ 2.1 第一次延长侦查羁押期限：案情复杂，期限届满不能侦查终结的案件，可以经上级人民检察院批准延长侦查羁押期限一个月。

▶ 2.2 第二次延长侦查羁押期限：对交通十分不便的边远地区的重大复杂案件、重大的犯罪集团案件、流窜作案的重大复杂案件和犯罪涉及面广，取证困难的重大复杂案件（以下简称特定的四类案件），在第一次延长后仍不能侦查终结，经省级人民检察院批准或者决定，可以延长两个月。

▶▷ 2.3 第三次延长侦查羁押期限：属于特定的四类案件，对犯罪嫌疑人可能判处十年有期徒刑以上刑罚的，经过两次延长后仍不能侦查终结的，经省级院批准或者决定，可以再延长两个月。

▶▷ 2.4 特殊的延长侦查羁押期限：因特殊原因，在较长时间内不宜交付审判的特别重大复杂案件，由最高人民检察院报请全国人民代表大会常务委员会批准延期审理。

▶ 3. 延长侦查羁押期限的适用条件

▶▷ 3.1 第一次延长侦查羁押期限的条件。

▶▷▷ 3.1.1 实体条件。第一次延长侦查羁押期限的条件主要是申请延长侦查羁押期限的案件必须是"案情复杂，期限届满不能终结的案件"，这类案件主要是指：

（1）涉案犯罪嫌疑人在三人以上或者同案犯在逃的共同犯罪案件；

（2）一名犯罪嫌疑人涉嫌多起犯罪或者多个罪名的；

（3）案件定性争议大，在适用法律上确有疑难的；

（4）涉外案件或者需要境外取证的；

（5）与大要案有牵连，且影响大要案处理，大要案尚未终结的案件；

（6）《刑事诉讼法》第一百五十六条规定的特定的四类案件（详见以下第二次延长侦查羁押期限的条件）；

（7）其他案情复杂、期限届满不能侦查终结的案件。

▶▷▷ 3.1.2 先期条件。上述案件在犯罪嫌疑人被逮捕后的两个月的侦查羁押期限不能终结。

▶▷▷ 3.1.3 程序条件。必须经上级人民检察院批准或者决定。

▶▷ 3.2 第二次延长侦查羁押期限的条件。

▶▷▷ 3.2.1 实体条件。第二次延长侦查羁押期限的案件必须是如下的特定的四类案件：

（1）交通十分不便的边远地区的重大复杂案件。主要是指那些发案地路途遥远，范围较广，交通、通讯设施较为落后，调查取证、送达法律文书等十分困难的地区发生的重大复杂案件。

（2）重大的犯罪集团案件。主要是指涉案人数多，罪行严重，社会危害性大，有一定组织形式的共同犯罪案件。

（3）流窜作案的重大复杂案件。主要是指跨省级行政区或者跨地区流窜作案的罪行严重、社会危害性大的案件。这类案件一般是作案次数多，犯罪手段狡猾多样，案犯行踪多变。

（4）犯罪涉及面广，取证困难的重大复杂案件。主要是指犯罪涉及地域广、证人多、被害人众多，甚至涉及境外人员，取证困难的案件。

▶▶ 3.2.2 先期条件。上述特定的四类案件在第一次延长后（逮捕后三个月内）仍不能侦查终结。

▶▶ 3.2.3 程序条件。必须经省、自治区、直辖市人民检察院批准或者决定。

▶▶ 3.3 第三次延长侦查羁押期限的条件。第三次延长侦查羁押期限的案件必须同时满足如下四个条件：

（1）犯罪嫌疑人可能判处十年有期徒刑以上刑罚；

（2）属于特定的四类案件；

（3）经过两次延长侦查羁押期限后（逮捕后五个月内）仍不能侦查终结的；

（4）必须经省级人民检察院批准或者决定。

▶▶ 3.4 特殊延长侦查羁押期限的条件。因为特殊原因，在较长时间内不宜交付审判的特别重大复杂案件，由最高人民检察院报请全国人民代表大会常务委员会批准延期审理。

▶▶ 3.4.1 实体条件。此类案件必须是特别重大复杂的案件，一般是指在全国范围内具有重大影响、关系国计民生的重大复杂案件。

此类案件由于特殊原因在较长时间内不宜交付审判。这种特殊原因应当由最高人民检察院来界定，一般是出于政治原因或者外交原因。

▶▶ 3.4.2 程序条件。必须由最高人民检察院报请全国人大常委会批准。

▶ **4. 延长侦查羁押期限的程序**

▶▶ 4.1 延长侦查羁押期限采取的是行政审批式的模式。即由侦查机关（部门）向同级人民检察院侦查监督部门提出报请延长侦查羁押期限意见，同级人民检察院审查后提出意见，如无决定权则报上级人民检察院，由上级人民检察院再行审查后决定或者再报上级人民检察院，直至有权作出决定的检察机关作出决定。有权作出决定的检察机关作出决定后，层层通知至报请的侦查机关（部门）。

▶▶ 4.2 办理延长侦查羁押期限案件，应当由检察员或者助理检察员两人承办，部门负责人审核，检察长决定。

▶▶ 4.3 有决定权的人民检察院在办理延长侦查羁押期限案件中，发现刑事立案监督或者侦查活动监督线索的，应当将线索移送相关人民检察院。

▶▶ 4.4 侦查机关立案侦查案件延长侦查羁押期限的程序。

▶▶▶ 4.4.1 侦查机关在法定期限内提出延长侦查羁押期限申请。由侦查机关制作《提请批准延长侦查羁押期限意见书》，经县级以上公安机关负责人批准，在侦查羁押期限届满七日前，向同级人民检察院案件管理部门移送《提请批准延长侦查羁押期限意见书》、《批准逮捕决定书》、《逮捕证》（复印件）等延长侦查羁押期限材料，书面呈报延长侦查羁押期限案件的主要案情和延长侦查羁押期限的理由。

▶▶▶ 4.4.2 案件管理部门受理延长侦查羁押期限案件材料。案件管理部门对延长侦查羁押期限案件进行受案审查，材料齐备的，将案件分流给本院侦查监督部门；材料不齐备的，及时要求侦查机关补送相关材料。

▶▶▶ 4.4.3 接收案件的同级人民检察院侦查监督部门对延长侦查羁押期限的意见进行审查，提出是否同意延长侦查羁押期限的意见，制作延长侦查羁押期限审查表和《提请批准延长侦查羁押期限报告书》，报分管副检察长审批后，将侦查机关延长侦查羁押期限的意见和本院的审查意见层报有决定权的人民检察院审查决定。

▶▶▶ 4.4.4 上级人民检察院（市级院）对下级人民检察院或者侦查机关提请延长侦查羁押期限的案件若无权决定延长侦查羁押期限（第二次或者以后的延长侦查羁押期限），也应对案件进行审查并制作《提请批准延长侦查羁押期限报告书》和延长侦查羁押期限审查表，经分管副检察长审批后，连同侦查机关的申请延长侦查羁押期限材料、历次延长侦查羁押期限材料一并呈报省级人民检察院。

▶▶▶ 4.4.5 有决定权的人民检察院侦查监督部门收到延长侦查羁押期限材料和下级人民检察院的审查意见后，经全面审查，在侦查羁押期限届满前作出《批准延长侦查羁押期限决定书》或者《不批准延长侦查羁押期限决定书》，并交由受理案件的人民检察院侦查监督部门送达侦查机关执行。

▶▶▶ 4.4.6 对侦查机关提请批准延长侦查羁押期限的案件，人民检察院作出批准延长侦查羁押期限的决定后，侦查机关的同级人民检察院侦查监督部门应当在收到法律文书后十日内书面告知负有监督职责的人民检察院刑事执行检察部门。

■≫ 4.5 检察院直接立案侦查案件延长侦查羁押期限的程序。

■≫ 4.5.1 对侦查部门提请延长侦查羁押期限的案件，人民检察院作出批准（决定）延长侦查羁押期限的决定后，侦查部门的同级人民检察院侦查监督部门应当在收到法律文书后十日内书面告知本院案件管理部门。

■≫ 4.5.2 省级以下（不含省级）人民检察院延长侦查羁押期限的程序。

（1）省级以下人民检察院直接受理立案侦查的案件需要延长侦查羁押期限的，负责立案侦查的人民检察院侦查部门应当在侦查羁押期限届满七日前，制作《提请延长侦查羁押期限意见书》，并连同《逮捕决定书》、《逮捕证》等材料送达本院案件管理部门，案件管理部门进行受案审查后，材料齐备的，将案件分流给本院侦查监督部门；

（2）侦查监督部门对延长侦查羁押期限材料进行审查后，制作《提请批准延长侦查羁押期限报告书》，提出是否同意延长侦查羁押期限的意见，报分管副检察长审批后，将侦查部门的意见和本院的审查意见层报有决定权的人民检察院审查决定；

（3）有决定权的人民检察院收到有关报延材料后，应当全面审查，在侦查羁押期限届满前作出《批准延长侦查羁押期限决定书》或者《不批准延长侦查羁押期限决定书》，并交由受理案件的人民检察院侦查监督部门送达本院侦查部门执行。

■≫ 4.5.3 省级人民检察院直接立案侦查案件延长侦查羁押期限的程序。

（1）省级院直接立案侦查的案件，第一次延长侦查羁押期限要经最高人民检察院批准，其办理程序同省级以下人民检察院延长侦查羁押期限的程序；

（2）第二次和第三次延长侦查羁押期限由省级院直接决定。省级院侦查部门应当在侦查羁押期限届满七日前，制作《提请延长侦查羁押期限意见书》，并连同《逮捕决定书》、《逮捕证》等材料送达本院案件管理部门，案件管理部门进行受案审查后，再将案件分流给本院侦查监督部门。本院侦查监督部门对有关材料审查后，提出是否同意延长侦查羁押期限的意见，经分管副检察长决定后，制作《延长侦查羁押期限决定书、通知书》或者《不予延长侦查羁押期限通知书》。

■≫ 4.5.4 最高人民检察院延长侦查羁押期限的程序。

最高人民检察院直接立案侦查的案件需要延长侦查羁押期限的，直接决定延长侦查羁押期限。延长侦查羁押期限程序同省级院第二次和第三次延长侦查羁押期限的程序。

▶ 5. 报请延长侦查羁押期限案件报送时间及材料要求

▶ 5.1 延长侦查羁押期限案件的报送时间。

▶ 5.1.1 侦查机关（部门）需要延长侦查羁押期限的，应当在侦查羁押期限届满七日前，向同级人民检察院移送《提请延长侦查羁押期限意见书》。

▶ 5.1.2 省级人民检察院侦查监督部门对同级侦查机关（部门）移送的提请延长侦查羁押期限案件，审查后向最高人民检察院侦查监督部门报送的，应当在侦查期限届满四日前。如交付邮寄时间来不及的，应当加急密传，并同时以机要邮寄方式报送案件正式文书、材料。

▶ 5.1.3 上级人民检察院侦查监督部门向有决定权的人民检察院报送批延案件时，要给有决定权的人民检察院留足必要的审查时间。如果交付邮寄时间来不及的，应当加急密传，并同时以机要邮寄方式报送案件正式文书、材料。

▶ 5.2 第一次、第二次和第三次报请延长侦查羁押期限需要的材料及其内容：

（1）侦查机关制作的《提请批准延长羁押期限意见书》或者人民检察院侦查部门制作的《提请延长侦查羁押期限意见书》，以及证明羁押必要性的相关证据材料，内容包括：

①犯罪嫌疑人姓名、逮捕决定日期和逮捕执行日期；

②主要案情；

③提请理由，应分别依据《刑事诉讼法》第一百五十四条、第一百五十六条、第一百五十七条规定，重点从案件事实和证据两个方面说明需要延长侦查期限的理由，并根据逮捕的社会危险性条件说明继续羁押必要性理由；

④第二次、第三次提请批准延长侦查羁押期限案件，应写明前一次提请批准延长侦查羁押期限后所作的侦查工作，本次延长羁押期限后的具体侦查计划与内容；

⑤提请延长侦查羁押期限的法律依据和期限。

（2）侦查监督部门制作的《提请批准延长侦查羁押期限报告书》，内容包括：

①期限届满不能侦结的理由，要根据犯罪嫌疑人报延的类型，分别适用《刑事诉讼法》第一百五十四条、第一百五十六条、第一百五十七条相应的法

律规定理由填写；

②对于继续羁押必要性的理由，应当结合逮捕的五种社会危险性条件，从案件性质、犯罪情节、作案手段、危害后果，犯罪嫌疑人主观恶性、犯罪动机、社会表现、悔罪态度，评估刑事和解，犯罪嫌疑人身体状况、是否具备取保候审、监视居住条件、执法诉讼风险、社会稳定风险等几个方面进行评估，提出审查的意见和依据。

（3）相关文书复印件，包括：

①审查逮捕案件意见书、批准逮捕决定书或者逮捕决定书、立案决定书、《拘留证》、《逮捕证》；

②历次延长羁押期限、重新计算侦查羁押期限、依据《刑事诉讼法》第一百五十八条第二款规定计算羁押期限（犯罪嫌疑人不讲真实姓名、住址，身份不明的，侦查羁押期限自查清其身份之日起计算）的法律文书；

③案件改变管辖的法律文书；

④继续侦查取证意见书或者提供法庭审判所需证据材料意见书等。

（4）侦查监督部门的延长侦查羁押期限审查表；层报上级人民检察院审批的，应附层报院的《提请批准延长侦查羁押期限报告书》和层报审查表。

▶▶5.3 特殊延长侦查羁押期限需要的案件材料：

（1）侦查机关（部门）的提请批准延期审理意见书，内容包括犯罪嫌疑人基本情况、主要案情、提请延期审理的理由和法律依据等；

（2）侦查监督部门制作的《特别批准延长侦查羁押期限案件审查报告》，内容包括：受案和审查过程，犯罪嫌疑人基本情况，案由和主要案情，采取强制措施情况，延期审理的理由和法律依据等；

（3）批准逮捕决定书或者逮捕决定书、《逮捕证》复印件。

▶ **6. 延长侦查羁押期限案件的审查处理决定**

▶▶6.1 不批准或者不予延长侦查羁押期限的情形：

（1）不符合延长侦查羁押期限条件。

（2）属单一罪行的案件，查清的事实足以定罪量刑或者与定罪量刑有关的事实已经查清的。

数罪中主要罪行或者某一罪行事实清楚，证据确实、充分，符合起诉条件，而其他罪行一时难以查清的。

共同犯罪案件中主犯或者从犯在逃，但现有证据可以充分证实在押犯罪嫌疑人实施犯罪行为事实，可以分清其在共同犯罪中的地位作用，不影响定罪量刑的。

（3）侦查机关（部门）在前一次批准延长后，侦查取证无明显进展，定罪证据仍然欠缺，或者捕后的关键证据发生重大变化，犯罪嫌疑人可能判处无罪的案件，而重新上报提请第二次、第三次延长侦查羁押期限的。

（4）对检察机关附条件逮捕的案件，侦查机关未继续侦查取证，或者已经丧失继续侦查取证条件，或者在两个月的侦查羁押期限届满时仍未收集到定罪所必需的证据，或者无继续羁押必要的。

（5）对已向侦查机关（部门）发出《提供法庭审判所需证据材料意见书》的案件，侦查机关未说明原因且案件侦查工作无明显进展的。

（6）经审查认为批准（决定）逮捕时认定犯罪嫌疑人涉嫌犯罪事实不清、证据不足，且经逮捕后两个月侦查，仍未能取得定罪所必需的证据的。

（7）经审查认为犯罪嫌疑人不构成犯罪，原批准（决定）逮捕的决定错误。

（8）发现与逮捕时的罪行不同种的重大犯罪或者同种的将影响量刑档次的重大犯罪的。

（9）其他的不批准延长侦查羁押期限的情形。

▶▶6.2 案件管理部门不予受理案件的情形有：

（1）已超过侦查羁押期限的；

（2）主要材料不全的或者材料制作不规范，且未能及时补充的；

（3）提请单位错误的；

（4）没有在规定时间报送案件材料的；

（5）其他不予受理案件的情形。

对未按时报送又确需延长侦查羁押期限的，应当要求侦查机关（部门）书面说明原因。

▶▶6.3 （批准）延长侦查羁押期限需满足如下条件：

（1）侦查机关（部门）在规定时间内报送案件；

（2）报送的案件材料齐备；

（3）符合延长侦查羁押期限条件；

（4）有继续羁押的必要；

（5）侦查机关（部门）有切实可行的侦查计划，预期侦查效果明显；

（6）侦查机关（部门）在前一次批准延长后，积极进行侦查工作，侦查效果良好。

▶ 7. 延长侦查羁押期限案件的办理原则、审查方式和内容

▶▶ 7.1 办理原则。应当遵循打击犯罪与保障人权并重、保障诉讼与依法羁押并重、实体审查与程序审查并重、监督与配合并重的原则。

▶▶ 7.2 审查方式：

（1）讯问犯罪嫌疑人；

（2）听取犯罪嫌疑人的法定代理人、近亲属、辩护人，被害人及其法定代理人意见；

（3）向侦查机关（部门）了解侦查取证的进展情况；

（4）听取有关办案机关、办案人员等人员的意见；

（5）调取并审查案卷及相关材料等。

对逮捕决定是否正确有疑问的，或者对故意杀人、故意伤害（致人死亡）等重大案件的事实、证据有疑问的，有决定权的人民检察院应当讯问犯罪嫌疑人和听取律师意见。讯问时，可以使用侦查机关（部门）的《提讯证》。

▶▶ 7.3 审查的主要内容：审查延长侦查羁押期限案件要从实体和程序上全面审查，对全案证据进行捕后第二次严格审查，重点审查以下内容：

（1）本院或者下级人民检察院的逮捕决定是否正确；

（2）犯罪嫌疑人是否有继续羁押的必要；

（3）提请批准延长侦查羁押期限的理由是否符合法律规定；

（4）侦查活动是否存在违法行为；

（5）在侦查羁押期限届满前，侦查工作是否取得明显进展；

（6）其他需要重点审查的内容。

▶▶ 7.3.1 对已向侦查机关发出《提供法庭审判所需证据材料意见书》的案件，人民检察院应当对照该意见书，结合侦查机关的侦查提纲、侦查进展情况进行审查，决定是否批准延长侦查羁押期限。

▶▶ 7.3.2 对检察机关附条件逮捕的案件，对侦查机关（部门）在法定侦查羁押期限届满时，仍未收集到定罪所必需的证据或者无继续羁押必要的，不得层报或者批准延长侦查羁押期限。对这类案件，要依据侦查监督部门发出的继续侦查取证意见书中列明的需要继续侦查的事项和需要补充收集、核实的证据，审查侦查机关在逮捕后两个月时间内继续侦查取证是否取得实质性的进展。必

要时，应当要求侦查机关提供捕后所取得的证明犯罪嫌疑人已构成犯罪、符合逮捕条件的证据材料，决定是否批准延长侦查羁押期限。

▶ 7.4 纠正违法。审查发现侦查机关未按时提请延长侦查羁押期限，可以口头或者书面提出纠正意见，情节严重的，可发出《纠正违法通知书》，并要求书面说明理由。

▶ 7.5 指导和督促侦查。

▶▶ 7.5.1 各级人民检察院侦查监督部门在审查延长侦查羁押期限案件中发现的案件事实及证据上的问题，应与下级人民检察院侦查监督部门和公安机关沟通和联系，指导侦查取证，提出下一步侦查取证的建议，并向侦查机关反馈，确保案件及时侦查终结。

▶▶ 7.5.2 对于侦查机关第二次、第三次提请批准延长侦查羁押期限案件，侦查监督部门要重点审查前一次延长侦查羁押期限后侦查工作计划，侦查机关在前一次批准延长后是否进行了侦查活动，具体补充了哪些证据材料，是否符合法律规定。

▶ 8. 延长羁押期限需注意的几个问题

▶ 8.1 起止时间计算的问题。

（1）侦查羁押期限时间以公历自然月为计算单位，从执行逮捕之日起计算，到期月的对应日为期限届满日。如执行逮捕之日为某月最后一日的，到期月的最后一日为期限届满日。延长侦查羁押期限的开始起算时间为原侦查羁押期限届满日的次日。到期月的对应日为期限届满日。延长羁押期限的起始日应与延长前的羁押期限的截止日连续计算，不得重叠，也不得空开；

（2）在计算延长侦查羁押期限时，无须考虑节假日因素，不得因节假日而延长在押期限至节假日后的第一日，应当以实际期限届满之日为准。

▶ 8.2 共同犯罪案件延长侦查羁押期限应注意的问题。

共同犯罪案件中，存在犯罪嫌疑人分批抓获，同案人侦查羁押期限届满的时间不同，甚至相互间羁押期限届满的时间相距很远，侦查机关提请延长侦查羁押期限时，应分批报延，防止出现部分犯罪嫌疑人报延时间太早的问题。

▶ 8.3 侦查管辖改变后的审查延长侦查羁押期限权限机关。

司法实践中，如批准逮捕后侦查管辖发生改变的，则第一次延长侦查羁押期限的审查批准权限在改变管辖后的侦查机关的上级检察机关，不在原侦查机关的上级检察机关。

▶ **9. 操作禁忌**

▶▶ 9.1 禁止对不符合延长侦查羁押期限条件的犯罪嫌疑人批准（决定）延长侦查羁押期限。

▶▶ 9.2 禁止无延长侦查羁押期限决定权的检察院作出批准（决定）延长侦查羁押期限决定。

二、重新计算侦查羁押期限监督操作规程

【定义】重新计算侦查羁押期限监督是指在侦查监督部门对于侦查机关（部门）对犯罪嫌疑人重新计算侦查羁押期限是否合法进行监督的刑事诉讼制度。

▶ **1. 对检察机关直接受理立案侦查案件重新计算侦查羁押期限的监督**

▶▶ 1.1 重新计算羁押期限的法定事由是在侦查期间，发现犯罪嫌疑人另有重要罪行的。

▶▶ 1.2 重新计算羁押期限的起始日期。

▶▶ 1.2.1 在侦查期间，发现犯罪嫌疑人另有重要罪行的，自发现之日起依照《刑事诉讼法》第一百五十四条的规定重新计算羁押期限。

▶▶ 1.2.2 犯罪嫌疑人不讲真实姓名、住址、身份不明的，侦查羁押期限自查清身份之日起计算。

▶▶ 1.3 重新计算羁押期限的审查部门是本院侦查监督部门。

▶▶ 1.4 案件受理。

▶▶ 1.4.1 侦查部门自发现犯罪嫌疑人另有重要罪行之日起五日内（对照公安），制作《提请重新计算羁押期限意见书》，连同相关案件材料移送本院案件管理部门，由案件管理部门统一受理。

▶▶ 1.4.2 案件管理部门在受理重新计算羁押期限案件时，应审查以下材料是否齐备，未齐备的通知其立即补齐：

（1）《提请重新计算羁押期限意见书》；

（2）逮捕决定书、《逮捕证》复印件；

（3）决定逮捕前涉嫌犯罪的证据材料复印件；

（4）发现的另有重要罪行的证据材料复印件。

▶▶ 1.4.3 案件管理部门受理本院侦查部门移送的重新计算羁押期限的案件后，材料齐备的，通过统一业务应用系统，将案件分流至侦查监督部门。

▶≫ 1.4.4 侦查监督部门接收分流案件后，通过统一业务应用系统将案件分配给具体承办人，并移送相关案件材料。

▶≫ 1.5 案件审查。

▶≫ 1.5.1 审查期限。

承办人应当在犯罪嫌疑人羁押期限届满前将案件审查终结，但必须给部门负责人审核、分管副检察长决定留有必要的时间。

▶≫ 1.5.2 审查和决定程序。

审查案件时由承办人审查案卷及相关材料、讯问犯罪嫌疑人、听取律师意见（非必经程序）并制作《重新计算羁押期限审查意见书》，提出是否同意重新计算羁押期限的意见，交部门负责人审核，并报分管副检察长决定。

▶≫ 1.5.3 审查的方式方法。

（1）审查重新计算侦查羁押期限案件一般只作书面审查。必要时，也可以讯问犯罪嫌疑人、询问证人、听取律师意见；

（2）辩护律师对重新计算侦查羁押期限提出异议的，承办人应当认真分析，提出是否采纳的意见，并在《重新计算羁押期限审查意见书》中予以说明。

▶≫ 1.5.4 审查重点。

（1）另有重要罪行在决定逮捕时是否已经发现，或者在前一次重新计算羁押期限时已经发现。

（2）另有重要罪行是否属于以下情形之一：

①与逮捕时不同种的重大犯罪；

②与逮捕时同种但会影响罪名认定的犯罪；

③与逮捕时同种但会影响量刑档次的犯罪。

（3）另有重大罪行发现之日。另有重要罪行被发现之日，是指认定犯罪嫌疑人涉嫌的新罪的证据已经达到了逮捕的证据标准之日。同时审查侦查部门《提请重新计算羁押期限意见书》中重新计算的开始日期是否正确。

（4）身份已经查明的实际日期。

（5）是否有重新计算羁押期限的必要。一般来说，如果发现的新罪属于复杂的共同犯罪、流窜作案、多次作案或者贪污、受贿等职务犯罪，只要罪行严重，都应当根据实际情况，重新计算侦查羁押期限。如果发现新的重要罪行，案情简单、调查取证工作量不大，在原侦查羁押期限内可以查清的，不应重新计算羁押期限。

➤≫ 1.5.5 需要注意的事项。

（1）另有数个重要罪行，不能分开逐次重新计算侦查羁押期限；

（2）在重新计算侦查羁押期限内，又"发现"犯罪嫌疑人另有重要罪行的，可以再次重新计算侦查羁押期限，不受次数限制；

（3）重新计算侦查羁押期限以后只要符合延长羁押期限条件的，仍然可以延长侦查羁押期限；

（4）补充侦查期间发现另有重要罪行的，不适用重新计算侦查羁押期限；

（5）审查过程中侦查部门又提请延长侦查羁押期限的，不予受理。

➤≫ 1.5.6《重新计算羁押期限审查意见书》的制作。

《重新计算羁押期限审查意见书》包含以下四个部分：

（1）受案和审查过程。可表述为"本院于××年×月×日接到×××移送的对犯罪嫌疑人×××重新计算侦查羁押期限的相关材料，承办人（讯问了犯罪嫌疑人、听取了律师意见），审查了案卷及相关材料，现已审查完毕"。

（2）犯罪嫌疑人基本情况。包括姓名、性别、出生年月、身份证号码、民族、文化程度、户籍所在地、住址、工作单位，执行逮捕情况、羁押于何处等。

（3）移送重新计算侦查羁押期限的理由。可以概括侦查部门移送重新计算侦查羁押期限的事实及理由。

（4）审查意见。主要写明是否同意重新计算侦查羁押期限的意见及理由。如果同意的，重点围绕新发现的罪名是否符合重新计算侦查羁押期限的条件，发现之日是何时，如果不同意重新计算羁押期限的也要说明理由。

➤≫ 1.6 审查决定。

（1）同意重新计算。经分管副检察长批准同意重新计算侦查羁押期限的，应当制作《重新计算侦查羁押期限决定书》送达侦查部门，由侦查部门告知犯罪嫌疑人及本院监所部门。

（2）不同意重新计算。经分管副检察长决定不同意重新计算侦查羁押期限的，应当制作《不予重新计算侦查羁押期限决定书》送达侦查部门。侦查部门有异议的，可以向检察长报告。

（3）审查重新计算侦查羁押期限案件过程中发现侦查部门侦查活动有违法行为的，可以提出纠正意见（参见第五节常见侦查违法行为监督操作规程）。

▶▷ 1.7 操作禁忌：

禁止对不符合重新计算侦查羁押期限条件的犯罪嫌疑人作出重新计算侦查羁押期限决定。

▶ 2. 对侦查机关立案侦查案件重新计算羁押期限监督

▶▷ 2.1 重新计算羁押期限的决定和执行主体。

下列侦查机关在侦查期间，发现犯罪嫌疑人另有重要罪行的，应当自发现之日起五日内报县级以上侦查机关负责人批准后，重新计算侦查羁押期限，制作重新计算羁押期限通知书，送达看守所，并报批准逮捕的人民检察院备案。

（1）公安机关；

（2）国家安全机关；

（3）军队保卫部门；

（4）走私犯罪侦查局；

（5）监狱。

▶▷ 2.2 重新计算羁押期限的监督主体。

作出重新计算羁押期限的侦查机关的同级人民检察院侦查监督部门。

▶▷ 2.3 案件受理。

▶▷▷ 2.3.1 侦查机关自发现犯罪嫌疑人另有重要罪行之日起五日内，制作《呈请重新计算羁押期限报告书》移送同级人民检察院侦查监督部门备案。

▶▷▷ 2.3.2 案件管理部门受理公安机关报送备案的重新计算羁押期限的案件后，材料齐备的，通过统一业务应用系统，将案件分流至侦查监督部门。

▶▷▷ 2.3.3 案件管理部门在受理重新计算羁押期限备案案件时，应审查以下材料是否齐备，未齐备的通知其立即补齐：

（1）《重新计算侦查羁押期限通知书》；

（2）《呈请重新计算羁押期限报告书》复印件；

（3）批准逮捕决定书、《逮捕证》复印件；

（4）批准逮捕后新发现的另有重要罪行的证据材料复印件。

▶▷ 2.4 案件审查。

▶▷▷ 2.4.1 审查程序。

审查案件时由承办人制作《重新计算羁押期限案件备案审查表》，提出侦查机关重新计算羁押期限是否得当的意见，交部门负责人审核，并报分管副检察长决定。

➤➤ 2.4.2 审查的方式方法。

重新计算侦查羁押期限案件备案审查，一般只作书面审查。

➤➤ 2.4.3 《重新计算羁押期限案件备案审查表》的制作。

《重新计算羁押期限案件备案审查表》包含以下四部分：

（1）基本情况。包含犯罪嫌疑人姓名、案由、执行逮捕时间、重新计算侦查羁押期限时间；

（2）重新计算的事实和理由；

（3）审查发现的问题；

（4）审查意见。审查意见含承办人意见、部门负责人意见及检察长意见、处理意见四部分。

➤➤ 2.5 审查决定。

➤➤ 2.5.1 重新计算得当，报分管副检察长批准，同意侦查机关的意见。

➤➤ 2.5.2 重新计算不当，报分管副检察长批准后，应当制作《纠正违法意见书》送达侦查机关予以纠正。

➤➤ 2.5.3 审查重新计算侦查羁押期限案件过程中发现侦查机关侦查活动有违法行为的，可以提出纠正意见。

三、侦查阶段羁押必要性审查操作规程

【定义】侦查阶段羁押必要性审查是指检察机关侦查监督部门对被逮捕的犯罪嫌疑人在侦查阶段有无必要继续羁押依法审查，对不需要继续羁押的，书面建议有关机关（部门）予以释放或者变更强制措施的刑事诉讼监督制度。

➤ 1. 审查主体

➤ 1.1 犯罪嫌疑人被逮捕后至侦查终结前，由批准（决定）逮捕的人民检察院侦查监督部门对犯罪嫌疑人进行羁押必要性审查。

➤ 1.2 提请延长侦查羁押期限犯罪嫌疑人的羁押必要性审查实行层报层审，受理的各级人民检察院应当对犯罪嫌疑人羁押必要性进行审查，并提出是否同意延长侦查羁押期限的意见。

➤ 2. 适用范围

对下列案件的犯罪嫌疑人可重点跟踪监督，适时开展羁押必要性审查：

（1）逮捕的轻刑案件中，可能具有取保候审、监视居住条件的犯罪嫌疑人，主要是：

①主观恶性较小的初犯、偶犯；

②共同犯罪中的从犯、胁从犯；

③过失犯、预备犯、中止犯、未遂犯；

④犯罪后有自首、立功或者坦白表现的；

⑤具有防卫过当、避险过当情节的。

（2）捕后犯罪嫌疑人有悔罪表现，有效控制损失或者积极赔偿损失，并取得被害人谅解，双方可能达成刑事和解的。

（3）犯罪情节轻微的在校学生、未成年人、六十周岁以上老年人、残疾人。

（4）捕后案件事实、证据、情节可能发生重大变化，不再符合逮捕条件的犯罪嫌疑人。

（5）党委、舆论媒体关注案件的犯罪嫌疑人。

（6）其他可以采取变更强制措施的情形，如羁押期间患有严重疾病、生活不能自理的。

▶ 3. 启动方式

▶ 3.1 依职权启动。

▶ 3.1.1 在侦查阶段，侦查监督部门发现犯罪嫌疑人继续羁押必要性需要进行审查的，应启动羁押必要性审查程序。

▶ 3.1.2 在侦查阶段，犯罪嫌疑人被依法逮捕后，看守所、刑事执行检察部门在监管活动中发现犯罪嫌疑人可能不适合继续羁押的，可以提出释放犯罪嫌疑人或者变更强制措施的建议，由侦查监督部门进行羁押必要性审查。

▶ 3.1.3 适用"附条件逮捕"批准或者决定逮捕的，侦查监督部门在对侦查机关继续侦查取证情况进行跟踪监督时，发现犯罪嫌疑人可能不适合继续羁押的，应当启动羁押必要性审查程序。

▶ 3.1.4 其他交、转办建议启动羁押必要性审查的，侦查监督部门也应当启动审查程序。

▶ 3.2 依申请启动。

▶ 3.2.1 犯罪嫌疑人及其法定代理人、近亲属或者辩护人可以申请人民检察院进行羁押必要性审查。

▶▶ 3.2.2 可以提供书面的申请书，或者口头进行申请，书面申请和口头申请均需说明不需要、不适宜继续羁押的理由。如果有证据、材料时，申请人需要向有关部门提供不适宜继续羁押或者继续羁押已无必要的证据、材料。

▶ 4. 受理分案

▶▶ 4.1 依申请启动的羁押必要性审查案件，侦查监督部门在收到申请人的申请和证据材料后，应当审查是否属于本院管辖，申请的材料是否符合规定等受理条件，符合受理条件的，应立即启动羁押必要性审查程序。

▶▶ 4.2 侦查监督部门内勤直接进行受案登记，并将案件分配给具体承办人。

▶ 5. 审查决定

▶▶ 5.1 审查方式。

（1）对犯罪嫌疑人进行羁押必要性评估；

（2）向侦查机关（部门）了解侦查取证的进展情况；

（3）听取有关办案机关、办案人员、看守所监管人员和派驻检察人员的意见；

（4）听取犯罪嫌疑人及其法定代理人、近亲属、辩护人，被害人及其诉讼代理人或者其他有关人员的意见；

（5）调查核实犯罪嫌疑人的身体健康状况；

（6）查阅有关案卷材料，审查有关人员提供的证明不需要继续羁押犯罪嫌疑人的证据或者其他材料；

（7）到发案单位、所在社区居（村）民委员会了解犯罪嫌疑人的平时表现、犯罪原因、家庭状况等；

（8）其他方式：有重大社会影响的可以采取公开听证方式进行羁押必要性审查。

▶▶ 5.2 审查内容。结合逮捕的五种社会危险性条件，从以下几个方面进行评估：

（1）评估案件性质、犯罪情节、作案手段、危害后果；

（2）评估犯罪嫌疑人主观恶性、犯罪动机、社会表现、悔罪态度；

（3）评估刑事和解；

（4）评估犯罪嫌疑人身体状况、是否具备取保候审、监视居住条件；

（5）评估执法诉讼风险、社会稳定风险。

承办人进行羁押必要性评估，应当根据案件事实及证据材料，充分听取侦查机关、犯罪嫌疑人及其法定代理人、近亲属或者辩护人的意见；有被害人的，应当听取被害人及其诉讼代理人意见，进行综合判断。

▶▶5.3 承办人经审查，发现具有下列情形之一，且不羁押犯罪嫌疑人不致发生《刑事诉讼法》第七十九条规定的社会危险性的，可以提出释放或者变更强制措施的书面建议：

（1）案件证据发生重大变化，不足以证明有犯罪事实或者犯罪行为系犯罪嫌疑人所为的；

（2）案件事实或者情节发生变化，犯罪嫌疑人可能被判处管制、拘役、独立适用附加刑、免予刑事处罚或者宣告无罪的；

（3）犯罪嫌疑人实施新的犯罪，毁灭、伪造证据，干扰证人作证，串供，对被害人、举报人、控告人实施打击报复，自杀或者逃跑等的可能性已被排除的；

（4）案件事实基本查清，证据已经收集固定，符合取保候审或者监视居住条件的；

（5）继续羁押犯罪嫌疑人，羁押期限可能超越可判刑期的；

（6）犯罪嫌疑人捕后出现危及生命的严重疾病或者患有严重疾病，生活不能自理的；

（7）犯罪嫌疑人怀孕或者正在哺乳自己婴儿的；

（8）羁押期限届满的；

（9）因为案件的特殊情况或者办理案件的需要，变更强制措施更为适宜的；

（10）其他不需要继续羁押犯罪嫌疑人的情形。

▶▶5.4 犯罪嫌疑人有下列情形之一的，一般应当认定为有继续羁押的必要性：

（1）有危害国家安全、公共安全或者社会秩序的现实危险的；

（2）有证据证明不羁押可能会继续实施犯罪行为的；

（3）有证据证明不实行羁押可能会自杀或者逃跑的；

（4）可能会毁灭、伪造证据，干扰证人作证或者串供，或者对被害人、举报人、控告人实施打击报复的；

（5）有证据证明有犯罪事实，可能判处十年有期徒刑以上刑罚的，或者有证据证明有犯罪事实，可能判处徒刑以上刑罚，曾经故意犯罪或者身份不明的；

（6）累犯、共同犯罪中的主犯；

（7）犯罪后在逃被抓获的；

（8）因违反取保候审、监视居住规定而被逮捕的；

（9）释放或者变更强制措施可能引起社会不稳定因素的。

▶▶5.5 案件承办人审查评估后，应当制作《继续羁押必要性审查意见书》，提出是否有继续羁押必要的意见，经本院侦查监督部门负责人审核，报分管副检察长决定。重大、疑难、复杂案件，报检察长或者提交本院检察委员会决定。

▶▶5.6 侦查监督部门经羁押必要性审查，认为确无继续羁押的必要，并经分管副检察长或者检察长、本院检察委员会决定不继续羁押的，应当制作《羁押必要性审查建议书》，载明不需要继续羁押犯罪嫌疑人的理由、证据及法律依据，建议侦查机关（部门）变更强制措施或者释放，并抄送刑事执行检察部门。侦查监督部门经审查认为逮捕决定确有错误的，应当按程序撤销原批准逮捕决定，送达侦查机关执行，并抄送刑事执行检察部门。

▶▶5.7 侦查监督部门办理提请批准延长侦查羁押期限案件，可以要求侦查机关（部门）提供证明犯罪嫌疑人有继续羁押必要的证据材料，侦查机关（部门）未按要求提供相关证据材料的，应当及时通知侦查机关（部门）补充移送，侦查机关（部门）应当在一日内补充，侦查羁押期限届满时仍不能补充主要材料的，应当将案件退回或者作出不批准延长侦查羁押期限的决定。

侦查监督部门办理延长侦查羁押期限的案件实行层报层审，有权作出批准延长侦查羁押期限决定的检察机关经审查认为没有继续羁押必要的，应当作出不批准延长侦查羁押期限的决定。

▶▶5.8 侦查监督部门进行羁押必要性审查，应当在七日内完成，并将审查结果报告或者回复相关部门和人员。

▶ **6. 执行监督**

▶▶6.1 侦查机关（部门）接到《羁押必要性审查建议书》后，应当予以调查核实，认为不需要继续羁押的，应当作出予以释放或者变更强制措施的决定，并于收到建议书之日起十日内向发出建议书的人民检察院侦查监督部门书面回复处理情况；认为需要继续羁押，没有采纳建议的，也应当在十日内书面通知人民检察院，并说明不采纳建议的理由和依据。

▶▶6.2 检察机关在收到侦查机关不予释放或者变更强制措施的书面回复之日起七日内，认为侦查机关违反相关法律规定，继续羁押的理由不成立，确实需要变更强制措施的，应当报分管副检察长决定，向侦查机关发出《纠正违法通知书》。侦查机关收到《纠正违法通知书》后，应当变更强制措施。检察机关侦查部门存在上述情形的，报检察长决定。

▶ 6.3 侦查机关接到《羁押必要性审查建议书》后，十日内没有书面回复，也未释放或者变更强制措施的，侦查监督部门经分管副检察长决定，可以口头或者书面发出纠正违法意见。检察机关侦查部门存在上述情形的，报请检察长决定。

　　▶ 7.《继续羁押必要性审查意见书》制作

▶ 7.1《继续羁押必要性审查意见书》格式。

××××人民检察院
继续羁押必要性审查意见书

××检侦监羁审〔××××〕×号

　　我院于××年×月×日收到×××提出的羁押必要性审查的申请材料后（或者承办人×××在工作中发现），承办人×××对涉嫌×××的犯罪嫌疑人×××的羁押必要性进行了审查，现报告如下：

一、犯罪嫌疑人的基本情况

……

二、案件的简要诉讼过程及延长羁押期限情况

……

　　如：××××公安局×××派出所接到××报案后，于××年×月×日以涉嫌××××犯罪对犯罪嫌疑人×××立案侦查（或者以×××被抢一案立案侦查），××年×月×日以涉嫌××罪对犯罪嫌疑人×××刑事拘留，××年×月×日公安机关以犯罪嫌疑人×××涉嫌×××罪向我院提请批准逮捕，本院于××年×月×日（如改变罪名，则写以犯罪嫌疑人×××涉嫌××罪）批准逮捕，×日由××××公安局执行逮捕，××年×月×日经×××人民检察院批准延长侦查羁押期限一个月，××年×月×日经××××省人民检察院批准延长侦查羁押期限两个月。

三、申请人的申请理由及提供材料情况

……

四、审查经过

……

五、本案的犯罪事实、证据情况

1. 犯罪事实

……

2. 认定犯罪事实的证据

……

六、侦查机关的侦查取证情况及羁押必要性意见

……

七、需要说明的问题

……

八、承办人意见

1. 分析意见

……

2. 处理意见

……

承办人：×××

××年×月×日

▶▶7.2 制作说明。

▶▶7.2.1 本文书中的"犯罪嫌疑人基本情况"，系根据统一业务应用系统自动生成，承办人应当按照法律文书及案卷材料仔细填录。

▶▶7.2.2 "案件的简要诉讼过程及延长羁押期限情况"应当写明立案、刑事拘留、逮捕以及延长侦查羁押期限的相关诉讼程序，主要是对案件的诉讼时间是否合法、诉讼程序是否正确、法律手续是否齐备等情况的反映。

▶▶7.2.3 "申请人的申请理由及提供材料情况"包括以下两部分内容：

（1）申请人的基本情况、申请事项、申请理由；

（2）提供材料情况，要求写明申请人提供的材料种类及主要内容。

▶≫ 7.2.4 "审查经过" 应当写明向侦查机关了解侦查取证的情况；听取有关办案机关、办案人员、犯罪嫌疑人及其法定代理人、近亲属、辩护人、被害人及其诉讼代理人或者其他有关人员的意见；调查核实犯罪嫌疑人的身体健康状况；查阅有关案卷材料，审查有关证明材料的情况等。

应当写明通过上述工作证明了犯罪嫌疑人有何犯罪事实、社会危险性如何、身体状况怎样等内容。

▶≫ 7.2.5 "本案的犯罪事实、证据情况" 应当根据侦查机关认定的事实、证据和人民检察院审查逮捕认定的事实、证据书写。如果审查认定的案件事实与侦查机关一致，则注明审查认定的案件事实与侦查机关认定的事实一致；如不一致，则增加注明审查逮捕时认定的案件事实。

认定案件事实的证据需要简要列明，可以按照犯罪嫌疑人的供述及辩解、被害人的陈述，证人证言，鉴定意见，勘验、检查、辨认、侦查实验等笔录，物证、书证，视听资料、电子数据的顺序进行排列。每一项列明的证据之后，都应当写明该证据的证据能力、证明力、证明的案件事实。

▶≫ 7.2.6 "侦查机关的侦查取证情况及羁押必要性意见" 主要叙述侦查机关在执行逮捕后继续侦查取证和证据变化等情况；以及检察机关根据申请人的申请和提供的证据，向侦查机关调查了解后，侦查机关针对申请理由提出的羁押必要性意见。

▶≫ 7.2.7 "承办人意见" 包括：

（1）"分析意见" 要求根据案件事实、证据，结合本节 6.2 及 6.3 规定的各项内容进行全面分析。

如果认为侦查机关提出的应当继续羁押的理由不成立的，应针对侦查机关提出的理由结合全案审查情况进行分析说理。引用的相关法律依据为《刑事诉讼规则》第六百一十九条的相关规定。

（2）"处理意见" 为承办人进行羁押必要性审查后，根据案件事实、证据的分析，提出的自己对于本案犯罪嫌疑人是否有继续羁押必要的意见。根据有无继续羁押的不同意见，可分别写为：

①犯罪嫌疑人×××无须继续羁押，根据《刑事诉讼法》第九十三条之规定，建议向侦查机关发出予以释放（或者变更强制措施）的书面建议；

②为保证案件侦查需要，犯罪嫌疑人有继续羁押的必要。

▣⋙7.2.8 本文书为承办人对犯罪嫌疑人进行羁押必要性审查后制作，应当报请部门负责人审核，并由分管副检察长审批。

▶**8.《羁押必要性审查建议书》制作**

▣⋙8.1《羁押必要性审查建议书》格式。

××××人民检察院
羁押必要性审查建议书

××检侦监羁审建〔××××〕×号

××××局（部门）：

我院根据《中华人民共和国刑事诉讼法》第九十三条的规定，依法对逮捕后羁押于××××看守所的犯罪嫌疑人×××的羁押必要性进行了审查。经审查，我院认为不需要继续羁押犯罪嫌疑人×××，理由：犯罪嫌疑人×××……。

上述事实有以下证据予以证明：……等证据材料。

根据《中华人民共和国刑事诉讼法》第九十三条的规定，建议你局（部门）对犯罪嫌疑人×××予以释放/变更强制措施，并将处理情况十日以内通知我院。未采纳我院建议的，请说明理由和依据。

××年×月×日

（院印）

▣⋙8.2 制作说明。

▣⋙8.2.1 本文书根据《刑事诉讼法》第九十三条的规定制作。为人民检察院侦查监督部门在羁押必要性审查结束后，认为不需要对犯罪嫌疑人继续羁押的，向侦查机关提出释放或者变更强制措施建议时使用。

▣⋙8.2.2 本文书中认为犯罪嫌疑人不需要继续羁押的理由，应当根据《刑事诉讼规则》第六百一十九条第一款规定的各项情形进行填写。

▶▶ 8.2.3 本文书中"上述事实有以下证据予以证明",应当填写相关具体证据材料,并简要概括证据的证明内容,不得仅仅填写证据种类名称。

▶▶ 8.2.4 本文书中的"建议你局(部门)释放/变更强制措施",应当根据案件具体情况和法律规定,提出释放或者变更的具体建议,不得同时提出两种建议。

▶▶ 8.2.5 本文书一式三份,审查部门附卷一份;被建议的侦查机关一份;本院统一留存一份。

　　▶ **9. 对检察机关直接受理立案侦查案件的羁押必要性审查,参照以上操作规程办理。**

　　▶ **10. 操作禁忌**

▶▶ 10.1 对当事人申请对犯罪嫌疑人羁押必要性审查的,应当启动审查程序,不得置之不理。

▶▶ 10.2 发现犯罪嫌疑人不适宜羁押的,应采用建议的方式,建议变更强制措施或者释放,原则上不得撤销逮捕决定。

第二节　对侦查违法行为监督类操作规程

一、调查处理侦查违法行为操作规程

　　▶ **1. 调查核实工作的原则**

人民检察院侦查监督部门开展调查核实工作,应当遵循依法、规范、公正、及时、高效、保密的原则。

　　▶ **2. 调查核实违法情形的范围**

▶▶ 2.1 人民检察院侦查监督部门对于侦查机关(部门)提请(报请、移送)审查逮捕的案件,发现可能存在《刑事诉讼法》第五十四条第一款规定的非法取证行为的,应当立即进行调查核实。

▶▶ 2.2 人民检察院侦查监督部门通过审查案件或者接到当事人等的控告、申诉、举报,发现侦查活动可能存在以下违法情形,尚未涉嫌犯罪的,可以要求侦查机关(部门)书面说明情况。根据现有材料不能排除违法嫌疑的,应当及时进行调查核实:

（1）采用刑讯逼供以及其他非法方法收集犯罪嫌疑人供述的；

（2）采用暴力、威胁等非法方法收集证人证言、被害人陈述，或者以暴力、威胁等方法阻止证人作证或者指使他人作伪证的；

（3）伪造、隐匿、销毁、调换、私自涂改证据，或者帮助当事人毁灭、伪造证据的；

（4）其他违反刑事诉讼法有关规定，严重侵犯当事人合法权利或者严重影响侦查工作依法公正进行的。

▶ 3. 调查核实的启动程序

▶▶ 3.1 人民检察院侦查监督部门开展调查核实工作，应当在报经分管副检察长或者检察长批准后进行，并应当及时通知侦查机关（部门）。

▶▶ 3.2 对于涉嫌性质、情节、后果比较严重的违法行为，可以报经检察长批准，邀请渎职侵权检察部门派员共同开展调查核实工作。

▶▶ 3.3 人民检察院侦查监督部门认为需要调查核实危害国家安全犯罪案件侦查活动中的违法行为的，可以报经检察长批准，委托侦查机关进行调查，并要求侦查机关及时反馈调查结果。必要时，可以会同侦查机关共同进行调查核实。

▶ 4. 调查核实的方法

人民检察院侦查监督部门根据需要，可以采用以下方法进行调查核实：

（1）讯问犯罪嫌疑人；

（2）询问证人、被害人或者其他诉讼参与人；

（3）询问办案人员；

（4）询问在场人员或者其他可能知情的人员；

（5）听取辩护律师意见；

（6）查看、调取讯问笔录、讯问录音、录像；

（7）查询、调取犯罪嫌疑人出入看守所的身体检查记录及相关材料；

（8）查阅、调取或者复制相关法律文书或者案件材料；

（9）进行伤情、病情检查或者鉴定；

（10）其他调查核实方法。

▶ 5. 调查核实的期限

人民检察院侦查监督部门对侦查违法行为的调查核实工作应当在侦查终结前完成，侦查终结前仍未查清的，应当将可能存在违法行为的情况向公诉部门通报，并将调查材料移送公诉部门。

▶ 6. 调查核实的程序

▶ 6.1 人民检察院侦查监督部门开展调查核实工作，应当由两名以上检察人员进行。

▶ 6.2 进行调查的检察人员应当围绕可能存在的违法行为，全面、客观、公正地进行调查核实，对涉及侦查活动中有无违法行为以及违法行为情节轻重的各种证据材料都应当收集。

▶ 6.3 调查核实工作应当制作调查笔录，由检察人员、调查对象、记录人签名或者盖章。调查对象为单位的，应当要求其在有关材料上加盖公章。调查对象拒绝签名或者盖章的，应当在调查笔录中注明。

▶ 6.4 调查完毕，应当制作调查报告，载明调查认定的事实和证据，提出处理意见，经部门负责人审核后，报请分管副检察长或者检察长决定。依法排除非法证据的，应当在调查报告中予以说明。

▶ 7. 调查核实后的处理

▶ 7.1 经过调查，认定存在采用刑讯逼供等非法方法收集犯罪嫌疑人供述和采用暴力、威胁等非法方法收集证人证言、被害人陈述情形的，应当依法排除该非法证据，不得将该非法证据作为批准逮捕或者决定逮捕的依据。被排除的非法证据应当随案移送，有关调查材料入卷，随案移送。

▶ 7.2 对于侦查机关（部门）收集实物证据不符合法定程序，可能严重影响司法公正的，应当要求侦查机关（部门）进行补正或者作出合理解释；不能补正或者作出合理解释的，不得以该实物证据作为批准或者决定逮捕的依据。

▶ 7.3 审查逮捕期限届满前，无法认定也无法排除非法取证情形的，应当将该证据存疑，依据其他证据作出是否逮捕的决定，并在作出决定后继续进行调查核实。

▶ 7.4 认定不存在违法行为的，应当及时向侦查机关（部门）说明情况。调查中询问过涉嫌违法的侦查人员的，还应当向其本人说明情况。对造成不良影响的，采取适当方式在一定范围内予以澄清。同时，将调查结果及时回复控告、申诉、举报人。

▶ 7.5 认定存在违法行为，尚未构成犯罪的，应当向侦查机关（部门）提出纠正意见。其中情节较轻的，由检察人员经部门负责人同意后，以口头方式提出纠正意见；情节较重的，报请分管副检察长或者检察长批准后，向侦查机关发出《纠正违法通知书》；检察机关侦查人员违法情节较重的，报告检察长决定。

▶> 7.6 对有违法行为的侦查人员，继续承办案件将可能严重影响诉讼依法公正进行的，可以向其所在侦查机关（部门）提出更换办案人的建议。

▶> 7.7 侦查人员在侦查活动中涉嫌犯罪需要追究刑事责任的，应当移送有管辖权的侦查机关（部门）依法处理。

▶> 7.8 对于控告人、举报人捏造事实诬告陷害，意图使侦查人员受到刑事追究，情节严重的，依法移送有关部门追究刑事责任。调查人员与控告人、举报人恶意串通，诬告陷害侦查人员的，一并追究相关法律责任。

▶ 8. 操作禁忌

▶> 8.1 人民检察院侦查监督部门对于在调查中获知的国家秘密、商业秘密、个人隐私，应当予以保密，不得随意泄露给无关单位或个人。

▶> 8.2 侦查监督部门在调查过程中不得限制调查对象的人身自由或者侵犯其财产权利，不得违反法律干扰和妨碍侦查活动正常进行。

二、纠正侦查违法行为操作规程

【定义】纠正侦查违法行为是指检察机关对于侦查机关（部门）在侦查过程中的违法行为进行监督的处理措施。

▶ 1. 纠正侦查违法行为的重点

人民检察院对侦查行为是否合法进行监督，重点是发现和纠正以下违法行为：

（1）采用刑讯逼供以及其他非法方法收集犯罪嫌疑人供述的；

（2）采用暴力、威胁等非法方法收集证人证言、被害人陈述，或者以暴力、威胁等方法阻止证人作证或者指使他人作伪证的；

（3）伪造、隐匿、销毁、调换、私自涂改证据，或者帮助当事人毁灭、伪造证据的；

（4）徇私舞弊，放纵、包庇犯罪分子的；

（5）故意制造冤、假、错案的；

（6）在侦查活动中利用职务之便谋取非法利益的；

（7）非法拘禁他人或者以其他方法非法剥夺他人人身自由的；

（8）非法搜查他人身体、住宅，或者非法侵入他人住宅的；

（9）非法采取技术侦查措施的；

（10）在侦查过程中不应当撤案而撤案的；

（11）对与案件无关的财物采取查封、扣押、冻结措施，或者应当解除查封、扣押、冻结不解除的；

（12）贪污、挪用、私分、调换、违反规定使用查封、扣押、冻结的财物及其孳息的；

（13）应当退还取保候审保证金不退还的；

（14）违反刑事诉讼法关于决定、执行、变更、撤销强制措施规定的；

（15）侦查人员应当回避而不回避的；

（16）应当依法告知犯罪嫌疑人诉讼权利而不告知，影响犯罪嫌疑人行使诉讼权利的；

（17）阻碍当事人、辩护人、诉讼代理人依法行使诉讼权利的；

（18）讯问犯罪嫌疑人依法应当录音或者录像而没有录音或者录像的；

（19）对犯罪嫌疑人拘留、逮捕、指定居所监视居住后依法应当通知家属而未通知的；

（20）在侦查中有其他违反刑事诉讼法有关规定的行为的。

▶ 2. 侦查违法行为的发现途径

▶ 2.1 通过办理审查批准逮捕案件发现。

（1）人民检察院侦查监督部门可以通过仔细阅读案卷材料，审查犯罪嫌疑人的基本情况和犯罪事实是否属实，对犯罪嫌疑人采取的强制措施是否合法、手续是否齐备，证据之间有无矛盾、证据的取得方式是否合法等，发现侦查活动中存在违法行为的疑点和线索。

（2）审查逮捕阶段，讯问犯罪嫌疑人是复核证据的一种方式，也是发现侦查活动违法情况的一条重要途径。通过讯问，不仅能获得犯罪嫌疑人的供述，还可以复核犯罪嫌疑人的供述是否与报捕前一致，供述与案件中的其他证据是否存在矛盾，以及侦查人员对犯罪嫌疑人是否有刑讯逼供、诱供等违法行为，讯问的时间、地点、讯问人员是否符合法律的规定，从而发现侦查活动中可能存在的各种违法情况。

（3）在询问相关证人、被害人过程中，通过询问案件中的疑点，发现侦查机关在获取证人证言、被害人陈述过程中是否有违法行为。

（4）通过听取辩护人对犯罪嫌疑人无罪、罪轻或者减轻、免除其刑事责任的意见，发现侦查机关违法办案侵害其委托人合法权益的线索。

▶ 2.2 通过介入侦查机关的侦查活动发现。人民检察院侦查监督部门根据需要可以派员适时介入公安机关的侦查活动，参加公安机关对于有影响重大案件的讨论、出席案件的现场勘查和其他侦查活动，提出侦查建议，指导侦查方向，引导公安机关及时、全面地收集、固定证据，并从中发现违法行为。

▶ 2.3 通过受理有关控告、检举、申诉发现。

▶▶ 2.3.1 诉讼参与人不服有关机关作出的审判人员、检察人员和侦查人员侵犯公民诉讼权利和人身侮辱的行为的处理决定，提出申诉或者控告的。

▶▶ 2.3.2 当事人和辩护人、诉讼代理人、利害关系人对司法机关及其工作人员的下列行为，经向该机关申诉或者控告后对该机关处理决定不服的。

（1）采取强制措施法定期限届满，不予以释放、解除或者变更的；

（2）应当退还取保候审保证金不退还的；

（3）对与案件无关的财物采取查封、扣押、冻结措施的；

（4）应当解除查封、扣押、冻结不解除的；

（5）贪污、挪用、私分、调换、违反规定使用查封、扣押、冻结的财物的。

▶ 2.4 通过对批准逮捕、不批准逮捕等决定的执行情况进行同步跟踪监督而发现。

▶ 2.5 其他途径。

▶ **3. 纠正侦查违法行为的方式及程序**

▶ 3.1 纠正侦查机关侦查违法行为的方式和程序。

▶▶ 3.1.1 口头通知纠正违法。

（1）适用情形：适用于侦查活动中存在的情节较轻的违法行为。主要包括：

①侦查人员一人讯问犯罪嫌疑人、询问证人的；

②讯问犯罪嫌疑人时应当依法告知其法定诉讼权利而没有告知的；

③对犯罪嫌疑人采取刑事拘留、逮捕、指定居所监视居住措施后未依法通知其家属或者所在单位的；

④对用作证据的鉴定意见应当依法告知犯罪嫌疑人、被害人而没有告知的；

⑤变更逮捕措施未依法及时通知人民检察院的；

⑥在案件材料或者诉讼文书上应当有侦查人员、证人、鉴定人等的签名而没有签名，或者遗漏应当记载的事项的；

⑦法律文书笔误、未盖公章等工作疏忽的；

⑧案卷材料不全、法律文书或者有关回执未及时送达检察机关的；

⑨其他性质、情节、后果比较轻微的违法、违规行为。

（2）口头纠正程序：

①一般由履行侦查活动监督职责的检察人员直接提出；

②人民检察院发现侦查机关侦查活动中的违法行为，对于情节较轻的，可以由检察人员以口头方式向侦查人员或者侦查机关负责人提出纠正意见，并及时向本部门负责人汇报；必要时，由部门负责人提出；

③口头通知纠正的方式一般不要求侦查机关给予书面答复，但是提出纠正的检察人员应当督促违法侦查人员改正。

▶▶ 3.1.2 发出《纠正违法通知书》。

（1）适用情形。

适用于性质恶劣、情节较重的违法行为，主要是指那些违法行为严重侵害当事人及其辩护人、诉讼代理人的人身权利、财产权利或者诉讼权利，或者严重破坏诉讼程序、妨害刑事诉讼依法公正进行的行为。重点包括：

①对犯罪嫌疑人刑讯逼供的；

②对被害人、证人以体罚、威胁、诱骗等非法手段收集证据的；

③伪造、隐匿、销毁、调换、私自涂改证据的；

④徇私舞弊，放纵、包庇犯罪分子的；

⑤故意制造冤、假、错案的；

⑥利用侦查权谋取非法利益的；

⑦非法剥夺他人人身自由的；

⑧非法搜查的；

⑨非法采取技术侦查措施的；

⑩违法撤案的；

⑪违法采取查封、扣押、冻结措施，或者应当解除查封、扣押、冻结不解除的；

⑫贪污、挪用、私分、调换、违反规定使用查封、扣押、冻结的财物及其孳息的；

⑬违法决定、执行、变更、撤销强制措施的；

⑭超期羁押的；

⑮其他严重侵犯当事人合法权利或者严重影响侦查工作依法公正进行的。

对侦查机关同一性质的轻微违法行为，在一段时期内屡经口头提出而仍不纠正的，可以综合发出一份书面纠正违法意见。

（2）书面纠正违法行为的程序。检察人员发现违法情况，依法提出处理意见，向部门负责人汇报，经部门负责人审核，报分管副检察长同意后，发出《纠正违法通知书》。

（3）备案程序。省级以下（不含省级）检察机关向侦查机关发出书面《纠正违法通知书》后，应报上级人民检察院侦查监督部门备案。上级人民检察院侦查监督部门应当对书面纠正违法的适用是否规范进行审查，发现适用不当的，应当予以纠正。

（4）监督落实程序。人民检察院侦查监督部门发出《纠正违法通知书》的，应当根据侦查机关的回复，监督落实情况；没有回复的，应当督促侦查机关回复。人民检察院侦查监督部门提出纠正意见不被接受的，应当向上级人民检察院侦查监督部门报告，并抄报上级侦查机关。

（5）侦查机关的复查程序。

①侦查机关对人民检察院侦查监督部门提出的纠正意见不接受的，可以要求复查。

②人民检察院侦查监督部门应当在收到侦查机关的书面意见后七日以内进行复查。经过复查，认为纠正违法意见正确的，应当向上级人民检察院报告；认为纠正违法意见错误的，应当撤销，作出《撤销纠正违法意见决定书》。

③上级人民检察院经审查，认为下级人民检察院的纠正意见正确的，应当通知同级侦查机关督促下级公安机关纠正；认为下级人民检察院的纠正意见不正确的，应当书面通知下级人民检察院予以撤销，下级人民检察院应当执行，并向侦查机关及有关侦查人员说明情况。同时，将复查结果及时回复申诉人、控告人。

（6）适用《纠正违法通知书》应注意的问题。

司法实践中在适用书面《纠正违法通知书》时存在以下不当行为：

①书面纠正轻微违法。对案件材料不符合制作要求的轻微违法或者不规范

情形，如果侦查人员或者见证人实际在场，但辨认、勘验、搜查、讯问笔录和扣押清单等诉讼材料中缺少侦查人员或者见证人的签名，或者法律文书笔误、未盖公章等工作疏忽，或者案卷材料不全、法律文书或者有关回执未及时送达检察机关等，可以口头纠正的，向侦查机关制发书面纠正违法通知。

②拆分监督。对于同一案件中的同一性质违法情形，按照犯罪嫌疑人人数分别发出《纠正违法通知书》，或者针对同一案件中的多个违法情形，拆分发出多份《纠正违法通知书》。

为此，在适用《纠正违法通知书》时应注意以下几点：

①对可以口头纠正的轻微违法不适用书面《纠正违法通知书》。

②要牢固树立监督数量、质量和效果相统一的理念。对共同犯罪案件中的违法情形、同一案件中多个违法情形或者同一案件中涉及多起犯罪事实的违法情形等相互关联的违法情形，原则上应当制发一份《纠正违法通知书》，不得逐人逐次分别提出多份书面纠正意见。对一个时期的共性问题，可以在依法书面或者口头提出纠正意见的同时，另行通过检察建议等方式综合向侦查机关提出，并可以抄送当地党委、政府。

③要注意正确区分《纠正违法通知书》、《检察建议书》、《检察意见书》三种文书的适用范围。检察建议文书为人民检察院在办案过程中，对有关单位在管理上存在的问题和漏洞建章立制，加强管理，以及认为应当追究有关当事人的党纪、政纪责任的，向有关单位提出检察建议时使用。

检察意见书是依据《刑事诉讼法》第一百七十三条第三款的规定，对被不起诉人需要给予行政处罚、行政处分或者需要没收其违法所得的，人民检察院向有关主管机关提出的意见，或者向其他有关单位提出纠正意见及其他检察意见时使用。

（7）《纠正违法通知书》格式。

这里的《纠正违法通知书》为人民检察院侦查监督部门依法纠正侦查机关在侦查过程中的侦查违法行为时使用。其文书具体包括以下内容：

①发往单位。即发生违法情况的单位，行文上顶格书写。

②发现的违法情况。包括违法人员的姓名、单位、职务、违法事实等，如果是单位违法，要写明违法单位的名称。违法事实，要写明违法时间、地点、经过、手段、目的和后果等。可表述为：经检察，发现……

③认定违法的理由和法律依据。包括违法行为触犯的法律、法规和规范性

文件的具体条款，违法行为的性质等。可表述为：本院认为……

④纠正意见。可表述为：根据……（法律依据）的规定，特通知你单位予以纠正，请将纠正结果告知我院。

▰>> 3.1.3 追究刑事责任。发现侦查人员在侦查活动中的违法行为情节严重，构成犯罪的，应当移送本院侦查部门审查，并报告检察长。侦查部门审查后应当提出是否立案侦查的意见，报请检察长决定。对于不属于审查侦查违法行为的人民检察院管辖的，应当移送有管辖权的人民检察院或者其他机关处理。

▰>> 3.2 对人民检察院直接受理案件侦查违法行为的纠正违法。

▰>> 3.2.1 纠正本院侦查部门违法行为的方式及程序。人民检察院侦查监督部门对本院侦查部门侦查活动中的违法行为，应当根据情况分别处理。情节较轻的，可以直接向侦查部门提出纠正意见。情节较重或者构成犯罪，需要追究刑事责任的，应当报告检察长决定。

▰>> 3.2.2 纠正下级人民检察院侦查部门违法行为的方式及程序。上级人民检察院发现下级人民检察院在侦查活动中有违法情形的，应当通知其纠正。下级人民检察院应当纠正，并将纠正情况报告上级人民检察院。

▰>> 3.2.3 人民检察院侦查监督部门在纠正侦查部门侦查违法行为时应注意的问题。

▰>> 3.2.4 人民检察院直接受理立案侦查案件的侦查活动监督不能使用《纠正违法通知书》。在司法实践中，报告检察长决定后，可以书面向侦查部门发检察机关部门之间的函。对于侦查监督部门的纠正意见，侦查部门如果不同意，也应当报告检察长决定。

三、常见侦查违法行为监督操作规程

▶ 1. 对强制措施适用、变更的监督

▰> 1.1 对拘传的监督。对拘传的监督具体包括对拘传对象和适用条件、拘传时限、拘传程序是否合法的监督。

▰> 1.1.1 对拘传对象和适用条件是否合法的监督。

（1）侦查过程中拘传的适用对象仅限于未被羁押的犯罪嫌疑人，对已经在押的犯罪嫌疑人或者不涉嫌犯罪的人不能适用拘传；

（2）是否适用拘传要根据案件的情况，具体包括：案件的性质、犯罪嫌疑人的人身危险性和行为的社会危害性等因素来决定。对罪行较轻，犯罪后确

有悔罪表现，且无毁证、逃跑等危害的，应当慎用拘传措施，而改用传唤措施。

▶▶▶ 1.1.2 对拘传时限是否合法的监督。

（1）一般情况下，拘传持续的时间不得超过十二个小时。

（2）案情特别重大、复杂，且需要采取拘留、逮捕措施的，拘传持续的时间不能超过二十四个小时。因此，对非案情重大、复杂案件，或者没有拘留、逮捕的必要的犯罪嫌疑人，必须在十二个小时内解除拘传。

（3）两次拘传之间应当有时间间隔，间隔的时间一般不得少于十二个小时，不得以连续拘传的方式变相拘禁犯罪嫌疑人。拘传应当保证犯罪嫌疑人的饮食和必要的休息时间。

（4）拘传时间的计算。拘传持续的时间从犯罪嫌疑人到案时开始计算。犯罪嫌疑人到案后，应当责令其在拘传证上填写到案时间，并在拘传证上签名、捺指印或者盖章，然后立即讯问。讯问结束后，应当责令犯罪嫌疑人在拘传证上填写讯问结束时间。犯罪嫌疑人拒绝填写的，侦查人员应当在拘传证上注明。

（5）实践中，侦查人员为了延长讯问时间，容易出现一些错误的做法，比如将留置盘问与拘传混用或者交替使用以及连续拘传、多次拘传等，这些都是违反法律的，是侦查监督的重点。其中，留置盘问是人民警察为维护社会治安秩序，对有违法犯罪嫌疑的人员当场进行的，只能用于有现行违法犯罪嫌疑的人，而不能对犯罪嫌疑人拘传后再留置盘问。同时，实践中还存在以约谈的名义将犯罪嫌疑人叫至办案点进行谈话，等快十二小时时，再办理拘传手续继续讯问的情况。由于这种讯问方式使犯罪嫌疑人在较长时间内无法得到正常的休息，因此，是一种变相的刑讯逼供。对拘传时限是否合法的监督主要是要注意审查讯问笔录时间的连续性和两份笔录时间上的承继关系，在讯问犯罪嫌疑人时要核实犯罪嫌疑人的到案时间，必要时要到犯罪嫌疑人家庭、单位等进行调查，核实了解犯罪嫌疑人到案的时间。

▶▶▶ 1.1.3 对拘传程序是否合法的监督。

（1）拘传必须经侦查机关负责人批准并签发《拘传证》。未经侦查机关负责人批准，侦查人员不得擅自拘传犯罪嫌疑人；

（2）拘传要由两名以上侦查人员执行；

（3）侦查人员在执行拘传时应当向被拘传人出示《拘传证》。侦查人员在执行拘传时未出示拘传证的，被拘传的犯罪嫌疑人有权拒绝到案；

（4）拘传犯罪嫌疑人，应当在市、县内的地点进行。

➤≫ 1.1.4 对未立案就拘传的监督。

公安机关办理经济犯罪案件时，经常遇到民事违法行为与经济犯罪行为难以辨别，在使用拘传等强制措施时要慎重。根据《公安机关办理经济犯罪案件的若干规定》第七条"公安机关办理经济犯罪案件，在立案审查过程中，可以请有关单位协助调查，或者依照规定的程序采取必要的调查措施，但不得采取刑事强制措施，不得查封、扣押、冻结财产"的规定，对于公安机关办理经济犯罪案件，采取强制措施的，侦查监督部门要注意审查是否存在立案在后而采取强制措施时间在前的情况。

➤≫ 1.1.5 对拘传人大代表、政协委员的程序是否合法的监督。

《公安机关办理刑事案件程序规定》第一百六十一规定，"公安机关依法对县级以上各级人民代表大会代表拘传、取保候审、监视居住、拘留或者提请批准逮捕的，应当书面报请该代表所属的人民代表大会主席团或者常务委员会许可"。第一百六十四条规定："公安机关依法对政治协商委员会委员拘传、取保候审、监视居住的，应当将有关情况通报给该委员所属的政协组织。"因此，对拘传人大代表、政协委员的案件，要重点审查是否在采取强制措施前报请相关部门许可、通报相关部门，或者是否属于法律规定的紧急情况，或者事后是否报请许可或者通报，以及是否按照犯罪嫌疑人的特殊身份分别报请许可和通报，有无遗漏的情形等。

➤≫ 1.2 对取保候审的监督。

➤≫ 1.2.1 对取保候审条件是否合法的监督。

（1）侦查过程中，人民检察院和公安机关对有下列情形之一的犯罪嫌疑人可以取保候审：

①可能判处管制、拘役或者独立适用附加刑的；

②可能判处有期徒刑以上刑罚，采取取保候审不致发生社会危险性的；

③患有严重疾病、生活不能自理，怀孕或者正在哺乳自己婴儿的妇女，采取取保候审不致发生社会危险性的；

④羁押期限届满，案件尚未办结，需要采取取保候审的。

（2）犯罪嫌疑人被羁押的案件，不能在法律规定的侦查羁押期限内办结，而案件需要继续查证、审理的，对犯罪嫌疑人可以取保候审或者监视居住。

（3）不得取保候审的情形有：

①对累犯，犯罪集团的主犯，以自伤、自残办法逃避侦查的犯罪嫌疑人，严重暴力犯罪以及其他严重犯罪的犯罪嫌疑人不得取保候审，但犯罪嫌疑人属于患有严重疾病、生活不能自理，怀孕或者正在哺乳自己婴儿的妇女，采取取保候审不致发生社会危险性的或者羁押期限届满，案件尚未办结，需要采取取保候审的情形的除外。

②对于严重危害社会治安的犯罪嫌疑人，以及其他犯罪性质恶劣、情节严重的犯罪嫌疑人不得取保候审。

▶▶ 1.2.2 对取保候审的方式是否合法的监督。

（1）取保候审可以采取保证人担保和保证金担保两种方式。但两种方式不能并用，要注意通过讯问犯罪嫌疑人核实是否存在两种取保候审方式并用的情况。

（2）保证人担保是指犯罪嫌疑人提供保证人，由保证人出具保证书，以自己的人格保证犯罪嫌疑人随传随到，不逃避侦查和审判的一种担保方式。保证人必须要符合一定的条件，即与本案无牵连；有能力履行保证义务；享有政治权利，人身自由未受到限制；有固定的住处和收入。对采取保证人保证的犯罪嫌疑人，要注意审查保证人的资格，以及是否具备对取保候审人的监督、制约能力等。

（3）保证金担保是指犯罪嫌疑人向侦查机关交纳一定数额的金钱作为担保，以此保证不逃避侦查和审判，并随传随到的一种担保方式。保证金数额的确定应当综合考虑保证诉讼活动正常进行的需要，被取保候审人的社会危险性，案件的性质、情节，可能判处刑罚的轻重，被取保候审人的经济状况等因素。对采取保证金保证的犯罪嫌疑人，要注意审查保证金数额是否适当、管理是否规范等。

（4）在保证金的交纳上，应当由提供保证金的人将保证金存入执行机关指定银行的专门账户。被取保候审的犯罪嫌疑人应当遵守《刑事诉讼法》第六十九条的规定，若被取保候审的犯罪嫌疑人违反了这些规定，已交纳保证金的，没收全部或者部分保证金，并且区别情形，责令犯罪嫌疑人具结悔过，重新交纳保证金、提出保证人或者监视居住、予以逮捕。需要予以逮捕的，可以对犯罪嫌疑人先行拘留。犯罪嫌疑人在取保候审期间未违反上述规定的，取保候审结束的时候，应当退还保证金，犯罪嫌疑人凭解除取保候审的通知或者有关法律文书到银行领取退还的保证金。在保证金的管理上,应当重点监督没收保证金的事由是否存在,违反规定的行为是否情节严重,是否系由于侦查机关的瑕疵导致?应退还的保证金是否退还,退还手续是否齐备,是否一次性直接存入取保候审保证金专用账户管理等。

▶≫ 1.2.3 对取保候审程序和期限是否合法的监督。

取保候审的时间最长不得超过十二个月。取保候审期间,侦查机关不得中断对案件的侦查。对取保候审期限的监督,要重点审查取保候审的期限届满后,侦查机关是否及时解除取保候审,以及解除取保候审后是否通知犯罪嫌疑人。

▶≫ 1.2.4 救济程序。

当事人和辩护人、诉讼代理人、利害关系人对办案机关应当退还取保候审保证金不退还或者取保候审法定期限届满不解除的,有权向该机关申诉或者控告。受理申诉或者控告的机关应当及时处理。对处理不服的,可以向同级人民检察院申诉;人民检察院直接受理的案件,可以向上级人民检察院申诉。人民检察院侦查监督部门对申诉应当及时进行审查,情况属实的,通知有关机关予以纠正。

▶≫ 1.3 对监视居住的监督。

▶≫ 1.3.1 对监视居住的条件是否符合法律规定的监督。

(1)适用监视居住需要满足以下条件:①犯罪嫌疑人符合逮捕条件,是应当逮捕的犯罪嫌疑人;②犯罪嫌疑人具有以下情形之一,即患有严重疾病、生活不能自理的;怀孕或者正在哺乳自己婴儿的妇女;系生活不能自理的人的唯一扶养人;因为案件的特殊情况或者办理案件的需要,采取监视居住措施更为适宜的;羁押期限届满,案件尚未办结,需要采取监视居住措施的。

(2)对于不符合逮捕条件的犯罪嫌疑人一般情况下不能适用监视居住强制措施,但在两种情况下例外:一是被取保候审的犯罪嫌疑人违反了取保候审的规定,决定取保候审的机关根据案件情况,可以对其决定监视居住。二是对符合取保候审条件,但犯罪嫌疑人不能提出保证人,也不交纳保证金的,可以监视居住。

▶≫ 1.3.2 对监视居住的程序是否合法的监督。

(1)监视居住应当由办案人员提出意见,经部门负责人审核,报检察长或者县级以上公安机关负责人批准,出具监视居住决定书,并责令犯罪嫌疑人签名或者盖章;

（2）侦查机关还应告知犯罪嫌疑人应当遵守的监视居住的有关规定；

（3）对涉嫌危害国家安全犯罪、恐怖活动犯罪、特别重大贿赂犯罪，需要对犯罪嫌疑人指定居所监视居住的，需要报上级公安机关或者人民检察院批准。

▶▶ 1.3.3 对监视居住的执行是否合法的监督。

（1）监视居住的执行一律由公安机关承担；

（2）监视居住一般情况下应当在犯罪嫌疑人的住处执行，特殊情况下在指定居所执行；

（3）对被监视居住的犯罪嫌疑人可以采取电子监控、不定期检查等监视方式。在侦查期间，还可以进行通信监控。但通信监控不得任意扩展对象，尤其不得违反法律规定通信监控与本案无关的人员；

（4）被监视居住的犯罪嫌疑人违反监视居住的有关规定，情节严重的，可以予以逮捕；

（5）监视居住最长不得超过六个月。

▶▶ 1.3.4 对指定居所监视居住是否合法的监督。

【定义】指定居所监视居住是指限令犯罪嫌疑人在规定的期限内不得离开指定的居所，并对其行为加以监视、限制其人身自由的一种监视居住方式。

（1）监督的职责分工：对指定居所监视居住决定的监督，由人民检察院侦查监督部门、公诉部门负责。对于公安机关决定对无固定住处的犯罪嫌疑人指定居所监视居住的，由同级人民检察院侦查监督部门依法对该决定是否合法实行监督。对于上级公安机关批准对涉嫌危害国家安全犯罪、恐怖活动犯罪的犯罪嫌疑人决定指定居所监视居住的，由作出批准决定公安机关的同级人民检察院侦查监督部门依法对该决定是否合法实行监督。对于人民检察院决定对无固定住处的犯罪嫌疑人指定居所监视居住的，由上级人民检察院侦查监督部门依法对该决定是否合法实行监督。对于上级人民检察院批准对涉嫌特别重大贿赂犯罪的犯罪嫌疑人决定指定居所监视居住的，由作出批准决定的人民检察院侦查监督部门依法对该决定是否合法实行监督。对于人民法院因被告人无固定住处而决定指定居所监视居住的，由同级人民检察院公诉部门依法对决定是否合法进行监督。

（2）侦查监督部门对指定居所监视居住的监督重点：

①是否符合指定居所监视居住的情形。可以指定居所监视居住的情形有：

一是无固定住处的。"固定"主要是指居住时间的长期性、固定性和公开性。固定住所是指犯罪嫌疑人在办案机关所在地的市、县内工作、生活的合法居所。市是指辖区的市、县级市，不能将其扩大为市的下辖区。对于犯罪嫌疑人寄居在父母、子女、亲戚处以及租住房屋连续居住满一年以上的，应当视为有固定住所。对于在辖区的市内有固定住所但不在执法机关所在的区的，也应视为有固定住所。

二是涉嫌危害国家安全犯罪、恐怖活动犯罪、特别重大贿赂犯罪的犯罪嫌疑人，在住处执行可能有碍侦查的。所谓"有碍侦查"是指可能毁灭、伪造证据，干扰证人作证或者串供的；可能引起犯罪嫌疑人自残、自杀或者逃跑的；可能引起同案犯逃避、妨碍侦查的；犯罪嫌疑人、在住处执行监视居住有人身危险的；犯罪嫌疑人的家属或者所在单位人员与犯罪有牵连的。

对于以涉嫌危害国家安全犯罪、恐怖活动犯罪、特别重大贿赂犯罪适用指定居所监视居住的，不宜简单地以立案的罪名来认定，而应当综合分析全案的事实及证据材料，判断犯罪嫌疑人是否涉嫌危害国家安全犯罪、恐怖活动犯罪或者特别重大贿赂犯罪。

对于特别重大贿赂犯罪的标准是涉嫌贿赂犯罪数额在五十万元以上，犯罪情节恶劣的，有重大社会影响的和涉及国家重大利益的三类案件。对贿赂金额是否系五十万元以上应当以提请上级检察机关决定指定居所监视居住时的查证属实、有证据证明的案件事实达到五十万元以上为依据，而不能仅仅以侦查机关立案决定书上所注明的贿赂犯罪金额或报捕文书中注明可能还涉嫌其他贿赂犯罪金额的线索，有待进一步查证的情况说明为据；对于"有重大社会影响"案件的监督，侦查监督部门要从行、受贿犯罪对向犯，犯罪情节恶劣、有重大社会影响、涉及国家利益等多方面进行综合性把握，不能简单地以犯罪金额大小或者犯罪嫌疑人职务高低作为评判的标准；对有碍侦查的情形，侦查机关应当提供相关证据，或者案件事实中已经体现了其有这方面的企图。

②是否按法定程序履行审批手续。需要对涉嫌特别重大贿赂犯罪的犯罪嫌疑人采取指定居所监视居住的，由办案人员提出意见，经部门负责人审核，报检察长审批后，连同案卷材料一并报上级人民检察院侦查部门审查。对于涉嫌危害国家安全犯罪、恐怖活动犯罪，在住处执行可能有碍侦查的，犯罪嫌疑人需要采取指定居所监视居住的，由上级公安机关批准。

③对指定居所监视居住的场所是否合法的监督。指定居所监视居住在实践中的指定场所主要有六种：一是在公安机关指定的监视居住点执行；二是在纪

委的办案点执行；三是在廉政反腐教育活动基地执行；四是在改造后的宾馆执行；五是在犯罪嫌疑人的住所执行；六是在其他地点执行。对指定居所监视居住场所的监督，一要审查该场所是否具备正常的生活、休息条件，便于监视、管理和能够保证办案安全，同时不得在看守所、拘留所、监狱等羁押、监管场所以及留置室、讯问室等专门的办案场所、办公区域执行。二要防止将监视居住演变成"变相羁押"。由于指定居所监视居住是一种限制性强制措施，不是剥夺性强制措施，因此对犯罪嫌疑人的人身自由的限制相对于逮捕比较宽松。如果监视居住的场所不具备基本的自由条件，而仅仅是"如一个二十平方米的小房间，与外界是完全隔绝"，那么这种监视居住就可能演变为一种变相的羁押，甚至是有过之而无不及。三要审查讯问笔录的地点是否存在将指定居所的场所同时作为办案和讯问犯罪嫌疑人的场所的情形。

（3）启动监督的情形：①犯罪嫌疑人及其法定代理人、近亲属或者辩护人认为指定居所监视居住决定违法，向人民检察院提出控告、举报、申诉的；②人民检察院通过介入侦查、审查逮捕、审查起诉、刑事执行检察、备案审查等工作，发现侦查机关（部门）作出的指定居所监视居住决定可能违法的；③人民监督员认为指定居所监视居住决定违法，向人民检察院提出监督意见的；④其他应当启动监督的情形。

（4）监督的方式：①查阅相关案件材料；②听取侦查机关（部门）作出指定居所监视居住决定的理由和事实依据；③听取犯罪嫌疑人及其法定代理人、近亲属或者辩护人的意见；④其他方式。

（5）监督的实施。侦查监督部门审查指定居所监视居住决定是否合法，可以要求侦查机关（部门）提供指定居所监视居住决定书和相关案卷，在启动监督后七日以内作出决定。经审查，发现存在下列违法情形的，应当及时通知有关机关纠正：①未按法定程序履行批准手续的；②指定居所监视居住的场所不符合法律规定的；③在决定过程中有其他违反刑事诉讼法规定的行为的。

（6）指定居所监视居住决定的撤销。人民检察院经审查，对于公安机关决定指定居所监视居住不符合法定条件的，应当报经检察长批准后，向公安机关发出纠正违法通知书，并建议公安机关撤销指定居所监视居住决定。对于本院或者下级人民检察院决定指定居所监视居住不符合法定条件的，人民检察院侦查监督部门应当报经检察长决定后，通知本院侦查部门或者下级人民检察院撤销指定居所监视居住决定。通知下级人民检察院撤销指定居所监视居住决定的，应当通报本院侦查部门。

▶️ 1.4 对拘留的监督。

▶️ 1.4.1 对拘留条件是否合法的监督。

（1）拘留的一般条件：

①拘留的对象是现行犯或者重大犯罪嫌疑人。现行犯是指正在实施犯罪的人，重大嫌疑分子是指有证据证明具有重大犯罪嫌疑的人。

②适用拘留必须具有法定的紧急情形之一，包括：正在预备犯罪、实行犯罪或者在犯罪后即时被发觉的；被害人或者在场亲眼看见的人指认他犯罪的；在身边或者住处发现有犯罪证据的；犯罪后企图自杀、逃跑或者在逃的；有毁灭、伪造证据或者串供可能的；不讲真实姓名、住址，身份不明的；有流窜作案、多次作案、结伙作案重大嫌疑的。

（2）适用拘留的特殊情况是：

①被取保候审、监视居住的犯罪嫌疑人，违反了取保候审、监视居住的规定，情节严重，需要予以逮捕的，可以先行拘留。

②由人民检察院自行侦查的案件，犯罪分子犯罪后企图自杀、逃跑或者在逃的；有毁灭证据、伪造证据或者串供的，人民检察院可以决定拘留。

（3）司法实践中存在同一犯罪嫌疑人因涉嫌犯罪被侦查机关（部门）刑事拘留期满释放或者变更强制措施后，又需要重新限制其人身自由的情形。在这种情况下，犯罪嫌疑人若没有涉嫌其他犯罪，侦查机关（部门）不能再因同一犯罪事实对其重复适用拘留措施。若在后续的侦查中发现了新的犯罪证据足以支持逮捕时，或者犯罪嫌疑人实施了严重妨碍刑事诉讼活动进行的行为时，侦查机关应当向人民检察院提请批准逮捕。

▶️ 1.4.2 对拘留程序是否合法的监督。

（1）公安机关拘留现行犯或者重大犯罪嫌疑人，应当报县级以上公安机关负责人批准并签发《拘留证》；人民检察院决定拘留的案件，要由承办检察官提出意见，经侦查部门负责人审核后，报检察长决定，送达公安机关执行。

（2）拘留外国人、人大代表等特殊身份的人员有特别规定，在监督此类人员适用拘留措施时要注意：①拘留县级以上各级人民代表大会代表，如果是现行犯被刑事拘留，决定拘留的机关应当向其所在的人民代表大会主席团或者常务委员会报告；因为其他原因需要拘留的，决定拘留的机关应当报请该代表所属的人民代表大会的主席团或者常务委员会许可。②对不享有外交特权和豁免权的外国人、无国籍人适用拘留措施时，要报有关部门审批，并同时征求省、直辖市、自治区外事部门的意见。③拘留外国留学生时，要征求地方外事办公室和高教厅、局的意见，然后报公安部或者国家安全部审批。

▶▶1.4.3　对拘留执行是否合法的监督。

（1）执行拘留应当遵守下列程序规定：

①刑事拘留均由公安机关执行。其他任何机关或者部门、团体或者个人都不具有刑事拘留措施的执行权。

②公安机关执行拘留时，必须出示《拘留证》，并责令被刑事拘留人在《拘留证》上签名（盖章）、捺指印。拒绝签名（盖章）或者捺指印的，执行拘留的人员应当予以注明。

③被刑事拘留人如抗拒拘留，执行人员有权使用强制的方法，包括使用戒具。

④拘留后，应当立即将被刑事拘留人送交看守所羁押，至迟不得超过二十四小时。异地执行拘留的，应当在到达管辖地后二十四小时以内将犯罪嫌疑人送看守所羁押。

⑤拘留后，除无法通知或者涉嫌危害国家安全犯罪、恐怖活动犯罪通知可能有碍侦查的情形以外，决定拘留的机关应当把拘留的原因和羁押的处所，在二十四小时以内，通知被刑事拘留人的家属或者他所在单位。所谓"有碍侦查"的情形是指可能毁灭、伪造证据，干扰证人作证或者串供的；可能引起同案犯逃避、妨碍侦查的；犯罪嫌疑人的家属与犯罪有牵连的。所谓"无法通知"的情形是指被刑事拘留人不讲真实姓名、住址，身份不明的；被刑事拘留人无家属或者工作单位的；与其家属无法取得联系的；受自然灾害等不可抗力阻碍的。无法通知、有碍侦查的情形消失后，办案人员应当立即通知被刑事拘留人的家属或者他的所在单位。对没有在二十四小时内通知的，应当在拘留通知书中注明原因。

⑥决定拘留的机关对于被刑事拘留的人，应当在拘留后的二十四小时以内进行讯问。在发现不应当拘留时，必须立即释放，发给释放证明。

（2）对拘留后是否通知家属的监督。在司法实践中，往往存在侦查机关（部门）拘留犯罪嫌疑人后，为防止犯罪嫌疑人家属干扰办案，以无法通知或者联系不上为由不进行通知，或者在羁押之后再变更羁押场所，并且不再告知犯罪嫌疑人家属的情况。对拘留后是否通知家属的监督，需要承办人注重审查讯问笔录中注明的羁押场所的变化，实际羁押场所与拘留通知书上注明的羁押场所是否相符；尤其是对于变更羁押场所的，要及时向侦查人员了解是否通知了被拘留人家属；对拘留通知书上注明无法通知的，要核实无法通知的理由是否属实；对于以"有碍侦查"为由而不通知被拘留人家属的两类案件性质的认定要结合案件事实及证据及可能涉及的其他犯罪事实，作出综合判断，不能仅仅依靠立案的罪名来判断。

（3）对拘留后二十四小时内讯问犯罪嫌疑人的监督。对拘留后是否在二十四小时内讯问犯罪嫌疑人的监督，主要通过对案卷材料的审查发现。一是审查侦查机关是否移送了全部的讯问材料，特别是刑事拘留后二十四小时以内的讯问材料；二是审查讯问材料中是否向其宣布了刑事拘留决定、犯罪嫌疑人对刑事拘留决定有何意见；三是注意审查讯问的时间，是否在二十四小时以内进行讯问；四是注意审查讯问的地点，是否在看守所内进行。犯罪嫌疑人被刑事拘留后，应当立即送交看守所羁押，除了提押犯罪嫌疑人出所辨认或者追缴犯罪有关财物的情形，不得以讯问为目的将犯罪嫌疑人提押出所进行讯问。

>>> 1.4.4 对拘留期限是否合法的监督。

（1）拘留的期限有以下几种情况：

①公安机关刑事拘留的期限一般为三日。

②在特殊情况下，经县级以上公安机关负责人批准，可以延长一日至四日，即可以刑事拘留七日。

③对流窜作案、多次作案、结伙作案的重大嫌疑分子，经县级以上公安机关负责人批准，刑事拘留的时间可以延长至三十日。流窜作案是指跨市、县管辖范围连续作案，或者在居住地作案后逃跑到外市、县继续作案；多次作案是指三次以上作案；结伙作案是指两人以上共同作案。除此之外，侦查机关不能以任何理由将犯罪嫌疑人的刑事拘留期限延长至三十日。

④人民检察院拘留犯罪嫌疑人的羁押期限为十四日，特殊情况下可以延长一日至三日。这个期限包括人民检察院侦查监督部门审查决定逮捕的时间和侦查部门拘留的时间。

（2）对拘留时间起算点的监督。

公安部《公安机关适用刑事羁押期限规定》第四条第一项规定："拘留后的提请审查批准逮捕的期限以日计算，执行刑事拘留后满二十四小时为一日。"因此，刑事拘留的起算时间应当以满二十四小时为一日。对刑事拘留期限不能简单地以从哪一天被刑事拘留起算，而应当重点审查犯罪嫌疑人被执行刑事拘留时间。

（3）对延长拘留时间至三十日期限的监督。

①实践中，易发生刑事拘留期限超三十日的情形，主要表现在刑事拘留的起始时间计算错误，例如当日执行拘留却以次日为第一日，导致犯罪嫌疑人实际送押时间超过了二十四小时的规定，一旦延长至三十日以后，则实际羁押的时间将超过三十日。还有的侦查机关将刑事诉讼法规定的延长至三十日理解为延长三十日，在延长至七日以后再延长三十日，造成事实上羁押三十七日后才报捕或者改变强制措施，导致超期羁押。对于第二种情况的超期羁押的监督，要重点审查侦查机关刑事拘留决定的时间和公安机关刑事拘留延押的审批手续和时间。

②司法实践中，还有相当一部分案件不属于流窜作案、多次作案、结伙作案的案件而延长至三十日的情形，主要表现在将异地作案当作流窜作案，将两次作案当作多次作案来延长拘留期限。实践中，对于涉及毒品犯罪的上下线犯罪案件，能否认定为结伙作案而延长拘留期限，目前存有分歧。我们认为，结伙犯罪不等同于共同犯罪，在结伙犯罪中，可能是出于共同的犯罪故意，也可能没有共同的犯意联络，而是各自在自己的犯罪意图下行使犯罪行为。因此对于上下线共谋进行的贩卖毒品案件，应当可以认定为结伙犯罪，并可以延长拘留期限至三十日。

▶ 1.5 对逮捕的监督。

▶▶ 1.5.1 对逮捕的执行主体是否合法的监督。

（1）逮捕的执行机关只能是公安机关，其他任何机关、团体或者个人都无权执行逮捕。人民法院和人民检察院决定逮捕犯罪嫌疑人的，也应由公安机关执行。

（2）执行逮捕的侦查人员不能少于两人。执行逮捕时，侦查人员要向被逮捕人出示《逮捕证》，并责令被逮捕人在《逮捕证》上签名（盖章）或者捺指印，写明被逮捕的具体时间。如果被逮捕人拒绝签名或者捺指印，要在《逮捕证》上予以注明。

（3）因犯罪嫌疑人死亡、逃跑或者其他原因不能执行逮捕的，侦查机关应当在二十四小时内以书面形式通知原批准（决定）逮捕的人民检察院。

▶▶ 1.5.2 对逮捕的执行程序是否合法的监督。

（1）逮捕的执行应当遵守的程序规定：

①侦查机关执行逮捕后，应当立即将被逮捕人送看守所羁押。"立即"应

当理解为比及时更为快速，无任何迟延；

②侦查机关（部门）应当在逮捕后的二十四小时以内讯问被逮捕人。发现不应当逮捕的，应当立即释放，发给释放证明，并将释放的理由以书面的形式通知原批准（决定）逮捕的人民检察院；

③除无法通知的以外，侦查机关（部门）应当在逮捕后二十四小时以内，将逮捕的原因和羁押的处所，通知被逮捕人的家属。所谓"无法通知"的情形是指被刑事拘留人不讲真实姓名、住址，身份不明的；被逮捕无家属或者工作单位的；与其家属无法取得联系的；受自然灾害等不可抗力阻碍的。无法通知的情形消除后，应当立即通知被逮捕人的家属；

④公安机关的通知义务。公安机关执行逮捕后，应当通知批准或决定逮捕的机关。

（2）侦查监督部门在收到侦查机关（部门）释放或者变更逮捕措施的书面通知后，应当依法审查被逮捕人是否符合释放或者变更逮捕措施的条件，对于不符合条件的要依法纠正，同时建议侦查机关（部门）重新提请批准逮捕或者重新报请逮捕。

（3）对消极执行逮捕的监督。司法实践中存在消极执行逮捕的情况，对此，侦查监督部门应及时跟踪了解执行逮捕的情况，对无法执行的原因要求侦查机关（部门）说明理由，发现犯罪嫌疑人行踪的应当督促侦查机关（部门）执行逮捕决定，确实无法找到犯罪嫌疑人的，应当督促侦查机关（部门）网上追逃。

（4）对逮捕后不通知家属的监督。在司法实践中，存在侦查机关（部门）在逮捕后，仍然以有碍侦查为由而没有通知其家属的情况。对于这种情形的监督方式，要重点审查侦查机关（部门）在逮捕犯罪嫌疑人通知书上注明未通知的原因是否属于无法通知的情形。同时，还要审查其无法通知的情况是否属实。要调查侦查人员是否到被拘留人家属住所、单位等地调查，而不能仅仅以打电话没有人接或者当时不在家等临时性原因联系不上而不进行通知。还要注意无法通知的情形是否已经消除，如果当时无法通知的情形已经消除，则侦查机关（部门）应当立即将羁押的原因和羁押处所告知其家属。

▶▶ 1.5.3 对执行不批准（不予）逮捕决定程序是否合法的监督。

（1）公安机关（部门）接到不批准（不予）逮捕决定书后是否立即释放在押的犯罪嫌疑人或者依法采取取保候审、监视居住强制措施。侦查监督部门要及时纠正侦查机关（部门）执行不批准（不予）逮捕决定时故意拖延，或者要求犯罪嫌疑人交纳保证金后才释放等非法延长犯罪嫌疑人羁押期限、侵犯人身权利和财产权利的违法情况。

（2）公安机关认为检察机关的不批准逮捕决定有错误的，也应立即释放犯罪嫌疑人，不能在申请复议或者复核期间仍然将犯罪嫌疑人羁押。

（3）检察机关侦查部门认为不予逮捕决定有错误的，也应立即释放犯罪嫌疑人，不能在重新报请逮捕期间仍将犯罪嫌疑人羁押。

▓≫ 1.5.4 对逮捕人大代表是否履行有关法律手续的监督。

人大代表的人身自由受到特殊的保护，侦查机关要逮捕人大代表时，无权直接批准或者决定，必须履行特别批准手续：

（1）对担任县级以上人民代表大会代表的犯罪嫌疑人批准或者决定逮捕时，应当报请该代表所属的人民代表大会主席团或者常务委员会许可。报请许可的手续由侦查机关（部门）负责。侦查机关（部门）在报请许可采取拘留措施时，该犯罪嫌疑人所属的人民代表大会主席团或者常务委员会同时许可采取逮捕强制措施的，对该犯罪嫌疑人批准或者决定逮捕，无须再报请许可，但应当将逮捕情况告知人民代表大会主席团或者常务委员会。

（2）对担任乡、民族乡、镇的人民代表大会代表的犯罪嫌疑人批准或者决定逮捕，需报告乡、民族乡、镇的人民代表大会。

▓≫ 1.5.5 对逮捕政协委员是否履行通报义务。

（1）侦查监督部门办理审查逮捕案件时，对侦查机关（部门）拘留担任政协委员的犯罪嫌疑人的，应当审查侦查机关（部门）是否已经向该政协委员所在的政协组织通报情况。

（2）对担任政协委员的犯罪嫌疑人批准（决定）逮捕的，应当事前向其所属的政协组织通报情况；情况紧急的，可以在批准（决定）逮捕的同时或者事后及时通报。

▓≫ 1.5.6 对逮捕期限是否合法的监督。

如果侦查监督部门在侦查环节发现公安机关逮捕期限计算错误，应当依法进行监督。对已侦查终结移送审查起诉的案件，由于公安机关的侦查活动已经终结，因此对逮捕期限的监督应当由检察机关公诉部门负责纠正；对侦查终结后撤销的案件，发现存在违法行为的，侦查监督部门应当提出监督意见，并同时通报刑事执行检察部门依法开展监督。对可能导致犯罪嫌疑人被超期羁押的，应当及时将有关情况通报公诉部门或者刑事执行检察部门进行监督；对案件未能在两个月的侦查羁押期限内侦查终结，提请延长侦查羁押期限的案件，由于案件仍然处于侦查阶段，同级院的侦查监督部门仍然要承担侦查活动监督职责，对于发现的逮捕期限计算错误的问题，要在层报审批延长侦查羁押期限案件过程中，及时将情况向上级检察机关汇报。

▶▷ 1.6 对强制措施变更与解除的监督。

侦查监督部门对强制措施解除与变更监督的重点，包括以下几个方面：

（1）侦查机关（部门）释放被逮捕的人或者变更逮捕措施的，是否通知原批准（决定）的人民检察院。

（2）侦查机关（部门）收到犯罪嫌疑人及其法定代理人、近亲属或者辩护人变更强制措施的申请后，是否在三日以内作出决定；不同意变更强制措施的，是否告知申请人，并说明不同意的理由。

（3）侦查机关（部门）对犯罪嫌疑人被羁押的案件，不能在本法规定的侦查羁押期限内办结的，是否对犯罪嫌疑人予以释放；对需要继续查证、审理的，是否对犯罪嫌疑人取保候审或者监视居住。

（4）侦查机关（部门）对被采取强制措施法定期限届满的犯罪嫌疑人，是否予以释放、解除取保候审、监视居住或者依法变更强制措施。

（5）强制措施的变更和解除是否符合法律规定的条件。

▶▷ 1.7 监督处理。

侦查监督部门发现侦查机关（部门）或侦查人员决定、变更、撤销强制措施等活动中有违法情形的，应当及时提出纠正意见，本书在第六章第五节已作了详细论述，应当根据违法情节的轻重，分别作出口头纠正违法、书面纠正违法、追究刑事责任等处理方式。

▶ 2. 对侦查机关的专门调查活动的监督

▶▷ 2.1 对讯问犯罪嫌疑人的监督。

▶▷ 2.1.1 讯问人员是否符合法律规定。

（1）讯问人必须是侦查人员，其他任何机关、团体和个人都没有这项权利。司法实践中，要注意纠正非侦查人员讯问犯罪嫌疑人、侦查人员与被害方成员一起共同讯问犯罪嫌疑人等违法行为。

（2）侦查人员不得少于两人。司法实践中，有的地方因警力不足，讯问时只有一名侦查人员，而讯问笔录上却有两名侦查人员签名，在监督中应当注意发现此类情况并予以纠正。

▶▶ 2.1.2 讯问时间和地点是否符合法律规定。

（1）讯问时间问题。传唤、拘传持续的时间不得超过十二小时；案情特别重大、复杂，需要采取拘留、逮捕措施的，传唤、拘传持续的时间不得超过二十四小时。不得以连续传唤、拘传的形式变相拘禁犯罪嫌疑人。传唤、拘传期限届满，未作出采取其他强制措施决定的，应当立即结束传唤或拘传。

（2）讯问地点问题。①在看守所讯问。犯罪嫌疑人被送交看守所羁押以后，侦查人员对其进行讯问，应当在看守所内进行；②在市、县内的指定地点或者到他的住处进行讯问。对不需要逮捕、拘留的犯罪嫌疑人，可以传唤到犯罪嫌疑人所在市、县内的指定地点或者到他的住处进行讯问，但是应当出示人民检察院或者公安机关的证明文件。对在现场发现的犯罪嫌疑人，经出示工作证件，可以口头传唤，但应当在讯问笔录中注明。司法实践中，有的侦查人员以需要提押犯罪嫌疑人出所辨认或者追缴犯罪有关财物为借口将犯罪嫌疑人提押出所进行讯问，对这种违法行为要注意发现并予以纠正。

（3）讯问程序是否符合法律规定。

①侦查人员在讯问犯罪嫌疑人的时候，应当首先讯问犯罪嫌疑人是否有犯罪行为，让他陈述有罪的情节或者无罪的辩解。这样做的目的是防止先入为主，保证讯问的客观性和公正性。如果犯罪嫌疑人承认有犯罪行为，就让他陈述犯罪的事实；如果犯罪嫌疑人否认有犯罪行为，则让他做无罪的辩解，然后伺机提问。

②侦查人员不得讯问与本案无关的问题。讯问应当围绕本案的事实和证据等与案件有关的事实和情节进行。对与本案无关的问题，犯罪嫌疑人有拒绝回答的权利，这种拒绝回答不能作为侦查机关认定犯罪嫌疑人认罪态度不好的依据。

③讯问同案的犯罪嫌疑人，应当分别进行。以免影响犯罪嫌疑人如实供述和辩解，同时为防止犯罪嫌疑人之间相互串供。

④应当告知犯罪嫌疑人如实供述自己罪行可以从宽处理的法律规定。

▶▶ 2.1.3 讯问特殊的犯罪嫌疑人时是否符合法律规定。

（1）讯问聋、哑的犯罪嫌疑人，应当有通晓聋、哑手势的人参加，并且将这种情况记明笔录。

（2）讯问不通晓当地语言文字的犯罪嫌疑人，应当配备翻译人员。翻译人员应当在笔录上签字。

（3）讯问未成年犯罪嫌疑人，应当通知未成年犯罪嫌疑人的法定代理人到场。无法通知、法定代理人不能到场或者法定代理人是共犯的，也可以通知未成年犯罪嫌疑人的其他成年亲属，所在学校、单位、居住地基层组织或者未成年人保护组织的代表到场，并将有关情况记录在案。到场的法定代理人可以代为行使未成年犯罪嫌疑人的诉讼权利。

▶≫ 2.1.4 是否存在刑讯逼供、诱供等违法行为。

（1）发现可能存在刑讯逼供、诱供等非法取证行为的或者犯罪嫌疑人提出受到过刑讯逼供的，应当立即进行调查核实。经调查，确定言词证据系采取刑讯逼供等非法手段获取的，应当依法予以排除，并提出纠正意见。对刑讯逼供涉嫌犯罪的，应当立案侦查。

（2）对于以冻、饿、晒、烤、疲劳审讯等非法方法收集的犯罪嫌疑人供述，不能一概予以排除，应当审查"冻、饿、晒、烤、疲劳审讯等"违法和强迫的程度，只有在违法程度和强迫程度达到与刑讯逼供相当，迫使犯罪嫌疑人违背意愿供述时，由此而收集的供述应当予以排除。

▶≫ 2.1.5 讯问笔录是否符合法律规定。

（1）讯问笔录应当交犯罪嫌疑人核对无误后签字或者盖章。

（2）对于没有阅读能力的，应当向他宣读。

（3）对记载有遗漏或者差错的，犯罪嫌疑人可以提出补充或者改正。

（4）侦查人员应当在笔录上签名。

（5）犯罪嫌疑人请求自行书写供述的，应当准许。必要的时候，侦查人员也可以要犯罪嫌疑人亲笔书写供词。

▶≫ 2.1.6 录音或者录像是否符合法律规定。

（1）侦查人员的告知义务。讯问犯罪嫌疑人时录音、录像的，应当告知犯罪嫌疑人将对讯问进行全程同步录音、录像，告知情况应当在录音、录像中予以反映，并记明笔录。

（2）对可能判处无期徒刑、死刑的案件或者其他重大犯罪案件，应当对讯问过程进行录音或者录像。人民检察院立案侦查职务犯罪案件，在每次讯问犯罪嫌疑人的时候，应当对讯问过程实行全程录音、录像，并在讯问笔录中注明。

（3）录音或者录像应当全程进行，并保持完整性，即应当对讯问全过程实施不间断的录音、录像。

（4）录音录像资料应当将原件及复制件交给讯问人员和犯罪嫌疑人确认并在封存条上签字后妥善保存。

▶▶ 2.2 对询问证人、被害人的监督。

▶▶ 2.2.1 对询问人员和地点是否符合法律规定的监督。

（1）询问的主体是侦查人员，且询问的侦查人员不得少于两人。

（2）询问的地点有：①现场。在现场询问的，应当要出示工作证件。②证人或者被害人所在的单位、住处。在这些地方询问的，应当出示人民检察院或者公安机关的证明文件。③证人或者被害人提出的地点。在证人或者被害人提出的地点询问的，应当出示人民检察院或者公安机关的证明文件。④侦查机关。必要的时候（主要是指在所在单位或者住处询问可能发生干扰或者不利于保密，或者不利于保护证人的人身安全或者隐私的情况），可以通知证人或者被害人到侦查机关接受询问。

▶▶ 2.2.2 询问未成年人是否符合法律的规定的监督。

（1）询问未成年的证人、被害人，应当通知未成年证人、被害人的法定代理人到场。无法通知、法定代理人不能到场的，也可以通知未成年人的其他成年亲属，所在学校、单位、居住地基层组织或者未成年人保护组织的代表到场，并将有关情况记录在案。到场的法定代理人可以代为行使未成年证人、被害人的诉讼权利。

（2）询问女性未成年证人、被害人，应当有女性工作人员在场。

（3）询问笔录应当交给到场的法定代理人或者其他人员阅读或者向他宣读。

▶▶ 2.2.3 询问的程序是否符合法律的规定的监督。

（1）侦查人员在询问之前是否履行了告知义务，即侦查人员应当告知证人、被害人如实地提供证据、证言或者陈述和有意作伪证或者隐匿罪证要负的法律责任。同时，侦查人员也应当告知证人、被害人依法享有的各种诉讼权利。

（2）询问证人、被害人必须按照法律的规定，进行个别询问。

▶▶ 2.2.4 询问笔录是否符合法律的规定的监督。

（1）询问笔录应当交证人、被害人核对无误后签字或者盖章。

（2）对于没有阅读能力的，应当向他宣读。

（3）对记载有遗漏或者差错的，证人、被害人可以提出补充或者改正。

（4）侦查人员应当在笔录上签名。

▶》2.2.5 是否存在暴力取证、引诱取证等违法行为。

凡经查证确实属于采用威胁、引诱、欺骗等非法的方法取得的证人证言、被害人陈述，不得作为定案的依据。在审查逮捕过程中，通过全面复核证据、询问证人、被害人等方式及时发现侦查机关是否存在暴力取证、引诱取证等违法行为，一旦发现对该言词证据要予以排除，并及时提出纠正意见。

▶》2.3 对勘验、检查的监督。

▶》2.3.1 对勘验、检查的主体合法性的监督。

（1）勘验、检查活动一般情况下由侦查人员进行；

（2）在必要的时候，侦查机关也可以指派或者聘请具有专门知识的人，在侦查人员的主持下进行勘验、检查；

（3）侦查人员在勘验、检查时必须持有并出示相关证明文件，不允许与案件无关的人员进入勘验、检查现场，避免案外人员干扰勘验、检查。

▶》2.3.2 对勘验、检查是否全面、及时的监督。

（1）侦查机关进行勘验、检查活动是否全面。侦查监督部门应当监督侦查机关对现场、物品、尸体、人身都进行勘验、检查并固定相关证据，对勘验、检查中的不足或者遗漏，应当通知侦查机关补充或者重新勘验、检查；

（2）侦查机关进行勘验、检查是否及时。执行勘验的侦查人员接到勘验通知后，应当立即赶赴现场。侦查监督部门发现未及时勘验、检查现场的，应当立即通知侦查机关及时进行勘验。

▶》2.3.3 对解剖尸体合法性的监督。

对尸体解剖有特殊的规定：

（1）对于死因不明的尸体，侦查机关有权决定解剖；

（2）应当通知死者家属到场，并让其在解剖通知书上签名或者盖章。死者家属无正当理由拒不到场或者拒绝签名、盖章的，不影响解剖的进行，但是应当在解剖通知书上记明；

（3）尸体解剖必须在在侦查人员主持下，由法医或者医生实施；

（4）尸体解剖应当形成笔录，并由侦查人员、进行检验的法医或者医生、死者家属或者见证人签名或者盖章，并注明检验时间。

▶》2.3.4 对妇女实施人身检查合法性的监督。

（1）检查妇女的身体，应当由女工作人员或者医师进行。医师（包括男性或者女性）也可以对妇女实施人身检查。这里的"医师"和"医生"不同，不具有医师专业职称的医生或者医院里的工勤人员都无权对妇女实施人身检查。

（2）人身检查不得采用损害被检查人生命、健康或者贬低其名誉或者人格的方法，检查过程中知悉的被检查人的个人隐私有保密义务。

▰≫ 2.3.5 指纹信息的提取和血液、尿液等生物样本的采集合法性的监督。

（1）提取、采集过程应当保证客观性、合法性，对采集的血液等生物样本应当封装和登记，并严格审查和核实；

（2）必要时可以指派、聘请法医或者医师进行，采集血液等生物样本应当由医师进行；

（3）犯罪嫌疑人拒绝提取、采集的，侦查人员认为必要的时候，可以强制提取、采集。

▰≫ 2.3.6 对现场提取物证、书证合法性的监督。

现场提取的物证、书证是证明犯罪事实最直接的证据，对刑事诉讼活动的顺利进行起着十分重要的作用，侦查机关应依法登记并妥善保存，防止丢失或者被更换。

▰≫ 2.3.7 勘验、检查笔录制作合法性的监督。

（1）所有的勘验、检查都要写成笔录。勘查现场，应当拍摄现场照片、绘制现场图，案件重大的现场还应当录像。

（2）勘验笔录由参加勘查的人和见证人签名，检查笔录应当由参加检查的侦查人员、检查人员、被检查人员和见证人在笔录上签名或者盖章。

（3）对没有达到预期效果的勘验、检查活动，也应制作笔录并装卷。侦查监督部门在监督在中要注意通过审查其他证据来及时发现并予以纠正。

▰≫ 2.4 对侦查实验的监督。

▰≫ 2.4.1 侦查实验必须履行严格的审批手续，应当经县级以上侦查机关负责人或者检察长批准。

▰≫ 2.4.2 侦查实验必须由侦查人员进行。通常情况下，侦查实验应当邀请见证人在场。必要时，可以聘请有关专业人员参加，也可以要求犯罪嫌疑人、被害人、证人参加，可以对侦查实验录音、录像。

▰≫ 2.4.3 侦查实验的情况应当制成笔录，记明侦查实验的条件、经过和结果，由参加实验的人签名或者盖章。

■>> 2.4.4 侦查实验，禁止一切足以造成危险、侮辱人格或者有伤风化的行为。

■>> 2.4.5 所有的侦查实验都要写成笔录，由参加实验的人签名或者盖章。

■>> 2.5 对搜查的监督。

■>> 2.5.1 对搜查主体和搜查程序是否合法的监督。

（1）搜查只能由侦查人员进行，且执行搜查的侦查人员不得少于两人。其他任何机关、团体或者个人都无权进行搜查。检察机关搜查时可以有司法警察参加，必要时，可以指派检察技术人员参加或者邀请当地公安机关、有关单位协助进行。

（2）搜查应当由侦查机关负责人批准并签发搜查证。

（3）侦查人员在搜查时要向被搜查人出示搜查证，未出示的，被搜查人有权拒绝侦查人员的搜查。

（4）在执行逮捕、拘留的时候，遇有紧急情况，不另用搜查证也可以进行搜查。但事后应当及时向侦查机关负责人报告，并补办有关手续。紧急情况一般是指犯罪嫌疑人可能随身携带凶器，可能隐藏爆炸、剧毒等危险物品，可能隐匿、毁弃、转移犯罪证据，可能隐匿其他犯罪嫌疑人等情况。

（5）搜查时，应当有被搜查人或者他的家属、邻居或者其他见证人在场。侦查机关不仅要履行通知见证人到场的法律程序，而且必须有见证人在场时才能搜查。

■>> 2.5.2 对搜查妇女身体是否符合法律规定的监督。搜查妇女的身体，应当由女工作人员进行。由女工作人员搜查妇女的身体是尊重和保护妇女权益的体现。因此，男性侦查人员不能搜查妇女身体，医师也不得对妇女实施人身搜查。这与勘验、检查活动中，女侦查人员和医师均可对妇女实施人身检查的规定不同。侦查监督部门一旦发现侦查机关指派男性侦查人员对妇女实施搜查，应当依法纠正；发现在搜查中存在侮辱、猥亵妇女的，应当依法严肃处理。

■>> 2.5.3 对搜查笔录是否符合法律要求的监督。

（1）侦查机关搜查后应形成搜查笔录；

（2）搜查笔录应当由侦查人员、被搜查人或者其亲属、邻居或者其他见证人签字或者盖章。如果被搜查人或者他的亲属在逃或者拒绝签名、盖章，应当在笔录上注明。

■>> 2.5.4 对搜查是否全面、细致、及时和文明的监督。

（1）搜查应当全面、细致、及时。为防止罪证毁损、灭失或者转移以及犯罪嫌疑人逃匿，必须及时地对可能隐藏罪证或者犯罪嫌疑人的身体、物品或者有关地方进行全面、细致的搜查；

（2）搜查应当文明，不得无故损坏搜查现场的物品，不得擅自扩大搜查对象和范围。对于查获的重要书证、物证、视听资料、电子数据及其放置、存贮地点应当拍照，并且用文字说明有关情况，必要时可以录像。

▶▶2.6 对调取、查封、扣押物证、书证和视听资料、电子数据的监督。

▶▶2.6.1 对调取、查封、扣押主体是否合法以及调取、查封、扣押是否符合法律规定的程序的监督。

（1）执行主体。执行调取、查封、扣押的人员只能是侦查人员，且执行的侦查人员不能少于两名，其他任何机关、团体或者个人都无权实施查封、扣押行为。公民有权拒绝非法的调取、查封、扣押。

（2）审批程序。调取物证、书证和视听资料、电子数据可以凭人民检察院的证明文件，但人民检察院查封、扣押财物和文件要经检察长批准。公安机关在侦查过程中需要扣押财物、文件的，应当经办案部门负责人批准，制作扣押决定书；在现场勘查或者搜查中需要扣押财物、文件的，由现场指挥人员决定；但扣押财物、文件价值较高或者可能严重影响正常生产经营的，应当经县级以上公安机关负责人批准，制作扣押决定书；在侦查过程中需要查封土地、房屋等不动产，或者船舶、航空器以及其他不宜移动的大型机器、设备等特定动产的，应当经县级以上公安机关负责人批准并制作查封决定书。未经法律规定的审批程序，公民有权拒绝非法的查封、扣押。

▶▶2.6.2 查封、扣押的范围是否符合法律的要求。

（1）被查封、扣押物品、文件是否由侦查人员会同在场见证人和被查封、扣押财物、文件持有人查点清楚，当场开列清单，并由侦查人员、见证人和持有人签名或者盖章后分别保存。

（2）被查封、扣押的财物及其孳息、文件，是否妥善保管或者封存，是否存在擅自使用、调换、损毁、私分或者自行处理的情况。

（3）是否查封、扣押与案件无关的财物、文件。经查确实与案件无关的被查封、扣押的物品、文件、邮件、电子邮件、电报，侦查机关是否在三日以内解除查封、扣押，退还原主或者原邮电部门、网络服务单位。

▶▶2.6.3 查封、扣押的财物及其孳息是否依法管理和处理。侦查监督部门要注意审查侦查机关是否按照法律的规定追缴和管理查封、扣押的赃款赃物。对侦查人员贪污、挪用或者私自处理查封、扣押、冻结的财物及其孳息的，构成犯罪的，依法追究刑事责任；不构成犯罪的，应当发出检察建议，建议侦查机关对相关侦查人员给予行政或者纪律处分。

▶▶2.6.4 救济程序。当事人和辩护人、诉讼代理人、利害关系人对于司法机关及其工作人员对应当解除查封、扣押不解除的，贪污、挪用、私分、调换、违反规定使用查封、扣押的财物的和对与案件无关的财物采取查封、扣押措施的，有权向该机关申诉或者控告，受理申诉或者控告的机关应当及时处理。对处理不服的，可以向同级人民检察院申诉；人民检察院直接受理的案件，可以向上级人民检察院申诉。人民检察院对申诉应当及时进行审查，情况属实的，通知有关机关予以纠正。申诉和控告由控告申诉部门统一归口受理后，按照案件所处的诉讼环节分别由侦查监督部门、公诉或者控告申诉等部门分流处理。侦查阶段的申诉和控告由侦查监督部门审查和处理，构成犯罪的，移送侦查部门处理。

▶▶2.7 对查询、冻结的监督。

▶▶2.7.1 对查询、冻结的监督，应重点审查查询、冻结活动是否符合以下法律要求：

（1）查询、冻结存款、汇款、债券、股票、基金份额等财产需经严格的审批手续，需要经检察长或者县级以上公安机关负责人批准同意，由金融机构等单位执行。

（2）查询、冻结的存款、汇款、债券、股票、基金份额等财产必须与案件有关，能够证明犯罪嫌疑人有罪、无罪或者罪轻、罪重。与案件无关的存款、汇款、债券、股票、基金份额等财产，侦查机关不得擅自查询、冻结。对于冻结的存款、汇款、股票、基金份额等财产，经查明确实与案件无关的，应当在三日以内解除冻结，并通知被冻结存款、汇款、股票、基金份额等财产的所有人。

（3）侦查机关不能重复冻结已经被冻结的存款、汇款、股票、基金份额等财产。

（4）侦查机关应当书面告知当事人或者法定代理人、委托代理人对所扣押、冻结的财产有权申请出售。

（5）公安机关冻结的期限。冻结存款、汇款等财产的期限为六个月。冻结债券、股票、基金份额等证券的期限为两年。有特殊原因需要延长期限的，公安机关应当在冻结期限届满前办理继续冻结手续。每次续冻存款、汇款等财产的期限最长不得超过六个月；每次续冻债券、股票、基金份额等证券的期限最长不得超过两年。继续冻结的，应当重新办理冻结手续。逾期不办理继续冻结手续的，视为自动解除冻结。

▶≫ 2.7.2 在审查批准逮捕工作中，如发现侦查环节违反规定进行查封、扣押、冻结款物的，及时向侦查机关发出《纠正违法通知书》，并要求承办人跟踪到底，定期了解侦查机关的纠正违法情况，确保监督实效。

▶≫ 2.7.3 当事人和辩护人、诉讼代理人、利害关系人认为侦查机关（部门）及其工作人员查询、冻结活动存在违法情形的，可以按照本章节第二部分6.4载明的救济程序予以救济。

▶≫ 2.8 对鉴定的监督。

▶≫ 2.8.1 鉴定主体是否符合法律规定的要求：

（1）鉴定人必须具有专门的知识和解决专门问题的技能；

（2）鉴定人必须受到侦查机关的指派或者聘请；

（3）鉴定人必须与本案无利害关系。鉴定人也属于应当回避的人员范围，如果与案件具有利害关系的自然人已经担任了该案的鉴定人，应当自行回避，当事人及其法定代理人也有权要求他们回避，否则作出的鉴定意见没有诉讼证据效力。

▶≫ 2.8.2 鉴定程序是否符合法律规定：

（1）刑事技术鉴定应当由县级以上公安机关指派刑事技术部门专职人员或者其他专职人员负责进行，必要时，委托司法鉴定机构进行鉴定；

（2）其他专门性问题需要聘请有专门知识或者技能的人进行鉴定的，应当经县级以上侦查机关负责人批准并制作鉴定聘请书；

（3）侦查机关聘请鉴定人还应征得其所在单位的同意；

（4）办案机关应为鉴定提供必要条件和检材并明确提出要求鉴定解决的问题，不得暗示或者强迫鉴定人作出某种鉴定意见。

▶≫ 2.8.3 重新鉴定是否符合法律规定。对犯罪嫌疑人或者被害人提出重新鉴定的申请，侦查机关应当进行审查，认为不存在申请人提出的申请的，可以驳回申请人的申请，并说明理由；如果原鉴定意见确有疑点、遗漏或者因果关系不明显，应当要求鉴定人补充鉴定，并将补充鉴定意见及时告知申请人。补充鉴定可以由原鉴定人鉴定，也可以另行指派或者聘请鉴定人鉴定，但重新鉴定必须另行指派或者聘请鉴定人。

▅▶▶ 2.8.4 是否履行了告知义务。侦查机关应当将用作证据的鉴定意见告知犯罪嫌疑人、被害人或者其法定代理人。

▅▶▶ 2.8.5 鉴定意见是否符合法律规定。鉴定人鉴定后必须出具鉴定意见，并在鉴定意见上签名。同时附上鉴定机构和鉴定人的资质证明。多个鉴定人的鉴定意见不一致的，应当在鉴定意见上写明分歧的内容和理由。

▅▶ 2.9 对辨认的监督。

▅▶▶ 2.9.1 辨认是否由侦查人员主持并经过批准：

　　（1）辨认应当在侦查人员的主持下进行；

　　（2）主持辨认的侦查人员不得少于两人；

　　（3）辨认应当经侦查机关（部门）负责人批准。

▅▶▶ 2.9.2 辨认是否单独进行。几名辨认人对同一辨认对象进行辨认时，应当由每名辨认人单独进行。必要的时候，可以有见证人在场。这样可以避免辨认人相互影响，相互干扰，甚至串通，以保证辨认结果的客观性和正确性。

▅▶▶ 2.9.3 辨认是否将被辨认对象混杂。辨认时，侦查机关应当将被辨认对象混杂在其他对象中让辨认人辨认，不能将辨认对象单独提供给辨认人进行辨认，不得给辨认人任何暗示。按照《公安机关办理刑事案件程序规定》的有关规定，在辨认犯罪嫌疑人时，被辨认的人数不得少于七人，在辨认犯罪嫌疑人照片时，照片不得少于十张；辨认物品时，混杂的同类物品不得少于五件。根据《人民检察院刑事诉讼规则（试行）》的规定，人民检察院在办理职务犯罪案件中，辨认犯罪嫌疑人、被害人时，被辨认的人数为五人至十人，照片五张到十张；辨认物品时，同类物品不得少于五件，照片不得少于五张。对人的辨认，混杂的人应当与本案无关且辨认对象不认识，又与辨认对象年龄、衣着、发型、体貌特征相似；如果辨认对象是物品，混杂被辨认物应当种类、型号、形状相似。只有这样才能达到辨认效果，确保辨认结果的客观性、准确性。

▅▶▶ 2.9.4 辨认时严禁暗示或者诱导。侦查人员必须让辨认人独立辨认，侦查人员或者在场见证人不能给予辨认人任何暗示，更不能诱导辨认人进行辨认，否则将难以保证辨认结果的公正性、客观性和准确性。

▅▶▶ 2.9.5 辨认后是否制作辨认笔录：

（1）辨认的情况，应当制作笔录。对未达到预期辨认效果的辨认，也要制作笔录，在案卷上予以反映；

（2）侦查人员、辨认人、见证人应当在笔录上签名或者盖章；

（3）辨认笔录上应当注明辨认时间和辨认场所。

▶▶ 2.10　对技术侦查措施的监督。

▶▶ 2.10.1　技术侦查措施的适用范围是否符合规定。

（1）公安机关在立案后，根据侦查犯罪的需要，经过严格的批准手续，可以对下列严重危害社会的犯罪案件采取技术侦查措施：

①危害国家安全犯罪、恐怖活动犯罪、黑社会性质的组织犯罪、重大毒品犯罪案件；

②故意杀人、故意伤害致人重伤或者死亡、强奸、抢劫、绑架、放火、爆炸、投放危险物质等严重暴力犯罪案件；

③集团性、系列性、跨区域性重大犯罪案件；

④利用电信、计算机网络、寄递渠道等实施的重大犯罪案件，以及针对计算机网络实施的重大犯罪案件；

⑤其他严重危害社会的犯罪案件，依法可能判处七年以上有期徒刑的案件。

（2）人民检察院在立案后，对于涉案数额在十万元以上、采取其他方法难以收集证据的重大贪污、贿赂犯罪案件以及利用职权实施的严重侵犯公民人身权利的重大犯罪案件，经过严格的批准手续，可以采取技术侦查措施，交有关机关执行。这里的贪污、贿赂犯罪包括刑法分则第八章规定的贪污罪、受贿罪、单位受贿罪、行贿罪、对单位行贿罪、介绍贿赂罪、单位行贿罪、利用影响力受贿罪。这里的利用职权实施的严重侵犯公民人身权利的重大犯罪案件包括：有重大社会影响的、造成严重后果的或者情节特别严重的非法拘禁、非法搜查、刑讯逼供、暴力取证、虐待被监管人、报复陷害等案件。

（3）公安机关追捕被通缉或者批准、决定逮捕的在逃的犯罪嫌疑人，可以采取追捕所必需的技术侦查措施；人民检察院办理直接受理立案侦查的案件，需要追捕被通缉或者决定逮捕的在逃的犯罪嫌疑人的，经过批准，可以采取追捕所必需的技术侦查措施，不受《刑事诉讼规则》第二百六十三条规定的案件范围的限制。

▶▶ 2.10.2　技术侦查措施是否经过严格的批准。

（1）公安机关需要采取技术侦查措施的，应当制作呈请采取技术侦查措施报告书，报设区的市一级以上公安机关负责人批准，制作采取技术侦查措施决定书。

（2）人民检察院采取技术侦查措施应当根据侦查犯罪的需要，按照有关规定报请批准，并由设区的市一级以上公安机关按照规定办理相关手续后，交负责技术侦查的部门执行。执行机关应将执行情况通知人民检察院。

（3）采取技术侦查措施，必须严格按照批准的措施种类、适用对象和期限执行。在有效期限内，需要变更技术侦查措施种类或者适用对象的，应当重新办理批准手续。

▶≫ 2.10.3 技术侦查措施是否超过了适用期限。

（1）批准采取技术侦查措施的决定自签发之日起三个月以内有效。

（2）在有效期限内，对不需要继续采取技术侦查措施的，办案部门应当立即书面通知负责技术侦查的部门解除技术侦查措施；负责技术侦查的部门认为需要解除技术侦查措施的，报批准机关负责人批准，制作解除技术侦查措施决定书，并及时通知办案部门。

（3）公安机关对复杂、疑难案件，采取技术侦查措施的有效期限届满仍有必要继续采取技术侦查措施的，经负责技术侦查的部门审核后，报批准机关负责人批准，制作延长技术侦查措施期限决定书；检察机关对复杂、疑难案件，期限届满仍有必要继续采取技术侦查措施的，应当在期限届满前十日以内制作呈请延长技术侦查措施期限报告书，写明延长的期限及理由，经过原批准机关批准，有效期可以延长。批准延长期限，每次不得超过三个月。

（4）有效期限届满，负责技术侦查的部门应当立即解除技术侦查措施。

▶≫ 2.10.4 隐匿身份实施侦查及控制下交付是否符合法律规定。

（1）为了查明案情，在必要的时候，经县级以上公安机关负责人决定，可以由侦查人员或者公安机关指定的其他人员隐匿身份实施侦查；

（2）隐匿身份实施侦查时，不得使用促使他人产生犯罪意图的方法诱使他人犯罪，不得采用可能危害公共安全或者发生重大人身危险的方法；

（3）对涉及给付毒品等违禁品或者财物的犯罪活动，为查明参与该项犯罪的人员和犯罪事实，根据侦查需要，经县级以上公安机关负责人决定，可以实施控制下交付。

▶≫ 2.10.5 对技术侦查所收集的材料的处理是否符合法律的规定。

（1）对于使用技术侦查措施获取的证据材料，应当严格依照有关规定存放，只能用于对犯罪的侦查、起诉和审判，不得用于其他用途。如果可能危及特定人员的人身安全、涉及国家秘密或者公开后可能暴露侦查秘密或者严重损害商业秘密、个人隐私的，应当采取不暴露有关人员身份和使用的技术设备、侦查方法等保护措施。

（2）侦查人员对采取技术侦查措施过程中知悉的国家秘密、商业秘密和个人隐私，应当保密。

（3）对采取技术侦查措施获取的与案件无关的材料，必须及时销毁，并对销毁情况制作记录。

▶▶ 2.11 对通缉在逃犯罪嫌疑人的监督。

▶▶ 2.11.1 通缉对象是否符合法律的规定。被通缉对象应符合以下两个条件：

（1）实质条件：被通缉的犯罪嫌疑人已被批准（决定）逮捕或者依法应当逮捕。

（2）形式条件：有证据证明该犯罪嫌疑人已经逃跑。具体来说，包括以下几种情形：已批准或者决定逮捕而在逃的犯罪嫌疑人；在取保候审、监视居住期间逃跑的犯罪嫌疑人；已决定拘留而在逃的重大嫌疑犯；从羁押场所逃跑的犯罪嫌疑人；在讯问或者押解期间逃跑的犯罪嫌疑人；从监狱、劳改场所越狱逃跑的服刑罪犯等。一般只有对那些罪行比较严重而在逃的犯罪嫌疑人才应当采取通缉措施。对于那些罪行不太严重而在逃的犯罪嫌疑人，一般可以由侦查机关发出协查通报，要求其他公安机关协查即可。

▶▶ 2.11.2 通缉令的发布主体和发布范围是否符合法律规定。

（1）通缉令的发布主体只能是公安机关。其他任何机关、团体、企事业单位或者个人都无权自行发布通缉令，人民检察院也不能直接发布通缉令，只能商请有决定权的公安机关按照法律程序发布通缉令。

（2）县级以上公安机关在自己管辖的地区内，可以直接发布通缉令；超出自己管辖的地区，应当报请有权决定的上级公安机关发布。通缉令的发送范围，由签发通缉令的公安机关负责人决定。

（3）发布通缉令必须经县级以上公安机关负责人批准并签发。侦查人员不能因为情况紧急或者特殊案情需要擅自决定和发布通缉令。

▶▶ 2.12 对侦查机关专门调查活动监督应注意的问题。

（1）要严格按照监督范围开展监督。人民检察院有关职能部门对《刑事诉讼法》第一百一十五条规定的五种违法行为，要按照《人民检察院刑事诉讼规则（试行）》关于监督分工的规定履行监督职责，其中对公安机关羁押期限和检察机关自侦案件办案期限的有关申诉，不属于侦查监督部门受理的范围。

（2）要严格按照程序进行监督。除检察机关审查案件中自行发现违法外，当事人等提出申诉、控告和侦查机关先行处理是开展此项监督必经的前置程序。

（3）要正确把握监督的原则。监督工作既要切实维护诉讼当事人的合法权益，又要有利于及时侦破案件，有效打击犯罪；既要保障侦查活动顺利进行，切实打击犯罪，又要维护犯罪嫌疑人的合法权益，确保公平正义的落实。

（4）要充分听取侦查机关的意见，特别是对《刑事诉讼法》第一百一十五条第三至五项违法的监督，一般应要求侦查机关说明情况和理由，进行全面审查后再提出审查意见。

（5）每位承办人在办理案件时，特别在讯问犯罪嫌疑人时，注重审查侦查机关有无侵害犯罪嫌疑人合法权益的行为，从中发现监督线索。

▶ **3. 对办案期限的监督**

【定义】对办案期限的监督是指人民检察院侦查监督部门对侦查机关（部门）的办案期限是否符合法律的规定和要求进行察看和督促。

▶ 3.1 办案期限监督的范围。在侦查阶段，对侦查机关（部门）办理案件的办案期限的监督，犯罪嫌疑人未被羁押的，由人民检察院侦查监督部门负责。

▶ 3.2 办案期限监督的重点。侦查监督部门对侦查机关（部门）办案期限的监督，重点监督以下事项：

（1）取保候审、监视居住的期限是否超过十二个月、六个月；

（2）期限届满时，是否及时解除取保候审、监视居住或者变更强制措施；

（3）侦查终结后，是否在期限届满前移送起诉；

（4）侦查机关（部门）发现不应当追究犯罪嫌疑人刑事责任时，是否及时撤销取保候审、监视居住。

▶ 3.3 线索来源。在侦查阶段，犯罪嫌疑人未被羁押的，办案期限的监督线索来源有以下几种：

（1）审查逮捕中发现；

（2）犯罪嫌疑人以及其亲属、辩护人提出控告；

（3）调阅公安机关案卷时发现；

（4）人大代表、政协委员等提出意见；

（5）其他方式。

▶▶ 3.4 监督的程序和方法。

▶▶▶ 3.4.1 侦查监督部门发现侦查机关（部门）及其工作人员采取取保候审、监视居住的期限届满而不解除或者变更的，可以经部门负责人同意口头通知纠正。

▶▶▶ 3.4.2 侦查监督部门发现侦查机关（部门）对不需要追究刑事责任的人未撤销取保候审、监视居住的，经分管副检察长同意，启动立案监督程序。

对上述不需要追究刑事责任的人提请批准逮捕或者报请逮捕的，直接作出不批准（不予）逮捕决定即可，无须启动立案监督程序。

▶▶▶ 3.4.3 有条件的地区，侦查监督部门可以与侦查机关建立刑事案件信息共享平台，对这类被取保候审、监视居住人员的办案期限进行监督。

▶▶ 3.5 操作禁忌：

▶▶▶ 3.5.1 取保候审变更为监视居住的，取保候审、监视居住变更为拘留、逮捕的，对原强制措施不再办理解除法律手续。

▶▶▶ 3.5.2 案件在取保候审、监视居住期间移送审查起诉的，人民检察院决定重新取保候审、监视居住的，对原强制措施不再办理解除手续。

▶ **4. 对限制、侵犯诉讼参与人合法权益的监督**

【定义】对限制、侵犯诉讼参与人合法权益的监督是指人民检察院在刑事诉讼过程中，对诉讼参与人依照法律所享有的诉讼权利和为法律所保护的人身权利、民主权利和其他权益是否得到有效保障的察看和督促。本章节所指的对限制、侵犯诉讼参与人合法权益的监督是指在侦查阶段，人民检察院侦查监督部门对限制、侵犯诉讼参与人合法权益的监督。

▶▶ 4.1 对限制、侵犯诉讼参与人合法权益的监督事项。

（1）当事人及其法定代理人、辩护人或者诉讼代理人申请回避的权利是否得到保障：

①侦查人员应当告知当事人及其法定代理人有依法申请回避的权利，并告知其办理相关案件的检察人员、书记员等的姓名、职务等有关情况。

②当事人及其法定代理人、辩护人或者诉讼代理人对侦查人员提出回避申请的，公安机关应当在收到回避申请后两日以内作出决定并通知申请人；情况

复杂的,经县级以上公安机关负责人批准,可以在收到回避申请后五日以内作出决定。经过审查或者调查,符合回避条件的,应当作出回避决定;不符合回避条件的,应当驳回申请。

③当事人及其法定代理人或者辩护人、诉讼代理人对驳回申请回避的决定不服的,可以在收到驳回申请回避决定书后五日以内向原决定机关申请复议一次。公安机关应当在收到复议申请后五日以内作出复议决定并书面通知申请人;人民检察院应当在三日以内作出复议决定并书面通知申请人。

(2)查封、扣押、冻结措施是否侵犯当事人财产权利。侦查机关在查封、扣押、冻结当事人财产时,应当履行以下义务:

①扣押、冻结债券、股票、基金份额等财产,应当书面告知当事人或者其法定代理人、委托代理人有权申请出售。

②权利人书面申请出售被冻结的债券、股票、基金份额等财产,不损害国家利益、被害人、其他权利人利益,不影响诉讼正常进行的,以及冻结的汇票、本票、支票的有效期即将届满的,经县级以上公安机关负责人或者检察长批准,可以依法出售或者变现,所得价款应当继续冻结在其对应的银行账户中;没有对应的银行账户的,所得价款由侦查机关在银行指定专门账户保管,并及时告知当事人或者其近亲属。

③对于查封、扣押的财物、文件、邮件、电报或者冻结的存款、汇款、债券、股票、基金份额等财产,应当妥善保管,或者封存,不得使用、调换或者损毁。确实与案件无关的,应当在三日以内作出解除查封、扣押、冻结决定,予以退还。

④查封不动产和置于该不动产上不宜移动的设施、家具和其他相关财物,以及涉案的车辆、船舶、航空器和大型机械、设备等财物,应当在保证侦查活动正常进行的同时,尽量不影响有关当事人的正常生活和生产经营活动。

(3)是否采用非法方法收集犯罪嫌疑人供述和被害人陈述、证人证言。审查逮捕时发现可能存在刑讯逼供、暴力取证等非法取证行为的或者犯罪嫌疑人提出受到过刑讯逼供的,应当立即进行调查核实。经调查,确定犯罪嫌疑人供述和被害人陈述、证人证言系采取刑讯逼供、暴力取证等非法手段获取的,应当依法予以排除,并及时提出纠正意见。对刑讯逼供涉嫌犯罪的,应当及时将线索移送侦查部门。

(4)证人、鉴定人、被害人作证后人身安全面临危险的是否获得保护权。

对于危害国家安全犯罪、恐怖活动犯罪、黑社会性质的组织犯罪、毒品犯罪等案件，证人、鉴定人、被害人因在诉讼中作证，本人或者其近亲属的人身安全面临危险的，有权向人民检察院和公安机关请求保护。人民检察院和公安机关应当采取保护措施。对证人及其近亲属进行威胁、侮辱、殴打或者打击报复的，应依法给予治安管理处罚，构成犯罪的，依法追究刑事责任，情节轻微的，予以批评教育、训诫。

（5）讯问、询问时是否告知有关权利义务。讯问犯罪嫌疑人和询问证人、被害人，应当告知其有关权利义务，并将这种告知行为反映在讯问、询问笔录上。讯问犯罪嫌疑人，在查明其基本情况后，应当告知其在侦查阶段的诉讼权利，有权自行辩护或者委托律师辩护，告知其如实供述自己罪行可以依法从宽处理的法律规定。如果对讯问过程进行录音录像，应当告知犯罪嫌疑人将对讯问进行全程同步录音、录像，告知情况应当在录音、录像中予以反映，并记明笔录。

（6）讯问、询问笔录是否交由被讯问、询问人核对。讯问犯罪嫌疑人应当制作讯问笔录，询问被害人、证人应当制作询问笔录。讯问、询问笔录应当忠实于原话，字迹清楚，详细具体，并交犯罪嫌疑人或者被害人、证人核对。犯罪嫌疑人或者被害人、证人没有阅读能力的，应当向他们宣读。如果记载有遗漏或者差错，应当补正或者改正。犯罪嫌疑人请求自行书写供述的，应当准许。

（7）鉴定意见知情权及申请补充鉴定或者重新鉴定权是否得到保障。侦查机关应当将用作证据的鉴定意见告知犯罪嫌疑人、被害人。如果犯罪嫌疑人、被害人提出申请，可以补充鉴定或者重新鉴定。被害人死亡或者没有诉讼行为能力的，应当告知其法定代理人、近亲属或者诉讼代理人。

（8）犯罪嫌疑人的辩护权是否得到保障。犯罪嫌疑人除自己行使辩护权以外，还可以委托一人至二人作为辩护人。

侦查机关在第一次开始讯问犯罪嫌疑人或者对其采取强制措施的时候，应当告知犯罪嫌疑人有权委托辩护人。犯罪嫌疑人在押或者被监视居住期间要求委托辩护人的，侦查机关应当及时向其亲友或者有关人员、单位转达其要求并记录在案。犯罪嫌疑人如果提出明确的律师事务所名称或者律师姓名直接委托的，应当将其委托意见及时转递到该律师事务所或者该律师；如果提出由其亲友代为委托的，应当将其委托意见及时转递到该亲友；如果仅提出委托辩护人，但没有具体委托对象和代为委托人的，应当通知当地律师协会或者司法行政机关为其推荐律师。侦查人员在告知犯罪嫌疑人有权委托辩护人时，应当同时告知犯罪嫌疑人如果经济困难或者其他原因没有委托辩护人的，可以申请法律援助。

对于犯罪嫌疑人是盲、聋、哑人，或者是尚未完全丧失辨认或者控制自己行为能力的精神病人，或者有可能被判处无期徒刑、死刑，或者未成年犯罪嫌疑人，应当告知犯罪嫌疑人有权获得法律援助的相关规定。上述人员没有委托辩护人的，侦查机关应当通知法律援助机构指派律师为其提供辩护。

收到在押或者被指定居所监视居住的犯罪嫌疑人提出的法律援助申请的，人民检察院应当在三日以内、公安机关应当在二十四小时以内，将其申请材料转交法律援助机构，并通知犯罪嫌疑人的监护人、近亲属或者其委托的其他人员协助向法律援助机构提供有关证件、证明等相关材料。

（9）应退还的保证金是否及时退还。犯罪嫌疑人在没有违反取保候审规定的情况下，取保候审结束的时候，有权凭解除取保候审的通知或者有关法律文书到银行领取退还的保证金。

（10）辩护人在侦查阶段的会见权和通信权是否得到保障。

①一般情况下，辩护律师可以同在押和被监视居住的犯罪嫌疑人会见和通信。辩护律师持律师执业证书、律师事务所证明和委托书或者法律援助公函要求会见在押的犯罪嫌疑人的，看守所应当在四十八小时以内安排辩护律师会见到犯罪嫌疑人。

②对危害国家安全犯罪案件、恐怖活动犯罪案件、特别重大贿赂犯罪案件，在侦查期间辩护律师会见在押或者被监视居住的犯罪嫌疑人应当经侦查机关许可。对辩护律师提出的会见申请，对危害国家安全犯罪案件、恐怖活动犯罪案件，侦查机关应当在收到申请后四十八小时以内作出许可或者不许可的决定；对特别重大贿赂犯罪案件，人民检察院应当在三日以内提出是否许可的意见并答复辩护律师。

③对于特别重大贿赂犯罪案件，人民检察院在侦查终结前应当许可辩护律师会见犯罪嫌疑人。

④辩护律师会见在押的犯罪嫌疑人，可以了解案件有关情况，提供法律咨询等。

⑤辩护律师会见犯罪嫌疑人时不被监听。

（11）犯罪嫌疑人及其法定代理人、近亲属或者辩护人要求解除强制措施和申请变更强制措施的权利是否得到保障。即犯罪嫌疑人及其法定代理人或者辩护人认为公安机关、人民检察院采取强制措施法定期限届满，有权要求解除强制措施；也可以在强制措施届满前申请变更强制措施。

（12）犯罪嫌疑人及其辩护律师对案件侦查终结的知情权是否得到保障。侦查终结的案件，侦查机关应当将案件移送情况告知犯罪嫌疑人及其辩护律师。

（13）获得翻译的权利是否得到保障。侦查机关讯问或者询问聋、哑或者不通晓当地通用语言文字的犯罪嫌疑人或者被害人、证人，应当为其聘请通晓聋、哑手势或者当地语言文字且与本案无利害关系的人员进行翻译。

（14）讯问未成年犯罪嫌疑人，法定代理人到场的权利是否得到保障。到场的法定代理人可以代为行使未成年犯罪嫌疑人的诉讼权利。到场的法定代理人认为办案人员在讯问中侵犯未成年人合法权益的，可以提出意见。讯问笔录应当交给到场的法定代理人阅读或者向他宣读。

（15）侦查终结前辩护律师提出辩护意见的权利是否得到保障。在案件侦查终结前，辩护律师要求办案机关听取其意见的，办案机关应当听取，并记录在案。辩护律师提出书面意见的，应当附卷。

（16）其他诉讼权利是否得到保障。

■▶ 4.2 诉讼参与人权利救济和检察监督程序。

■▶▶ 4.2.1 当事人合法权益受到限制、侵犯时的权利救济程序和检察监督程序。

（1）当事人和辩护人、诉讼代理人、利害关系人对于司法机关及其工作人员有下列行为之一的，有权向该机关申诉或者控告：

①采取强制措施法定期限届满，不予以释放、解除或者变更的；

②应当退还取保候审保证金不退还的；

③对与案件无关的财物采取查封、扣押、冻结措施的；

④应当解除查封、扣押、冻结不解除的；

⑤贪污、挪用、私分、调换、违反规定使用查封、扣押、冻结的财物的。

（2）受理申诉或者控告的机关应当及时处理。对于申诉或者控告的上述违法行为适用侦查机关（部门）先行处理程序，即申诉人、控告人先到检察机关申诉或者控告的，接访人应告知申诉人、控告人先向侦查机关（部门）

提出申诉或者控告。根据《公安机关办理刑事案件程序规定》第一百九十一条第二款之规定，公安机关受理申诉或者控告后应当在三十日以内作出处理决定，书面回复申诉人、控告人。

（3）申诉人或者控告人对处理不服的，可以向同级人民检察院申诉；人民检察院直接受理的案件，可以向上级人民检察院申诉。当事人和辩护人、诉讼代理人、利害关系人对处理不服的，可以向同级人民检察院申诉，这种救济权利一旦行使，即可以启动检察监督程序。申诉人、控告人对公安机关的处理不服或者公安机关未在上述时间内答复的可以向同级人民检察院申诉时，由控告申诉部门统一归口受理后，按照案件所处的诉讼环节分别分流至侦查监督部门、公诉或者控告申诉等部门处理。

（4）人民检察院侦查监督部门可以通过审查案件或者审查当事人等的控告、申诉、举报发现诉讼参与人合法权益是否受到限制或者侵犯。对于受理的申诉应当在十五日以内提出审查意见，发现侦查活动可能存在以下违法情形，尚未涉嫌犯罪的，可以要求侦查机关（部门）书面说明情况，并在收到情况说明后十五日以内提出审查意见，报检察长决定。根据现有材料不能排除违法嫌疑的，应当及时进行调查核实：

①采用刑讯逼供以及其他非法方法收集犯罪嫌疑人供述的；

②采用暴力、威胁等非法方法收集证人证言、被害人陈述，或者以暴力、威胁等方法阻止证人作证或者指使他人作伪证的；

③伪造、隐匿、销毁、调换、私自涂改证据，或者帮助当事人毁灭、伪造证据的；

④其他违反刑事诉讼法有关规定，严重侵犯当事人合法权利或者严重影响侦查工作依法公正进行的。

（5）侦查监督部门在对侦查机关限制、侵犯当事人合法权益的违法行为进行监督时应注意的问题：

①对公安机关羁押期限和检察机关自侦案件办案期限的有关申诉，不属于侦查监督部门受理的范围；

②侦查监督部门在审查逮捕中发现侦查机关具有上述列出的违法情形的，不以当事人和辩护人、诉讼代理人、利害关系人提出控告和申诉为前提，可以直接监督纠正；

③上述列举的侦查机关侵犯当事人合法权益的五种违法行为，主要是针对

司法实践中存在的突出问题而由刑事诉讼法设置的应重点予以监督的五种情形，但检察机关侦查监督部门对限制、侵犯当事人合法权益的监督不限于该五种情形，对该五种情形之外的违法行为也有权并应当进行监督。

▶▶ 4.2.2 辩护人、诉讼代理人合法权益受到限制、侵犯时的权利救济程序和检察监督程序。

（1）辩护人、诉讼代理人认为公安机关、人民检察院、人民法院及其工作人员阻碍其依法行使诉讼权利的，有权向同级或者上级人民检察院申诉或者控告。

（2）人民检察院对申诉或者控告应当及时进行审查，情况属实的，通知有关机关予以纠正。对辩护人、诉讼代理人的申诉和控告一般情况下由检察机关的控申部门或者刑事执行检察部门负责依法办理，检察机关相关办案部门如侦查监督部门只是配合职责。

第三节　对其他侦查活动监督类操作规程

一、纠正漏捕操作规程

【定义】纠正漏捕是指检察机关根据现有的案件材料对侦查机关（部门）应当提请批准逮捕或者报请逮捕的犯罪嫌疑人，建议侦查机关提请批准逮捕或者通知下级人民检察院报请逮捕；在侦查机关（部门）不能提出不报捕的充分理由时，检察机关可以直接作出逮捕决定，送达侦查机关（部门）执行的一种监督活动。

▶ **1. 纠正漏捕的主体**

▶▶ 1.1 人民检察院侦查监督部门和公诉部门及其办案人员均负有纠正漏捕的责任。

▶▶ 1.2 本操作规程只规定人民检察院侦查监督部门纠正漏捕的工作要求。

▶ **2. 纠正漏捕的种类**

▶▶ 2.1 从遗漏犯罪嫌疑人的机关（主体）来说，纠正漏捕可分为三类：

（1）纠正公安机关、监狱等侦查机关的漏捕；

（2）纠正下级人民检察院侦查部门的漏捕；

（3）纠正本院侦查部门的漏捕。

▶▶ 2.2 从纠正漏捕发生的诉讼阶段来区分，可将其分为审查逮捕阶段的追捕和审查起诉阶段的追捕两类。

▶ 3. 纠正漏捕的条件

纠正漏捕必须同时符合以下两个条件：

（1）发现的未逮捕的犯罪嫌疑人符合《刑事诉讼法》第七十九条规定的逮捕条件；

（2）对符合逮捕条件的犯罪嫌疑人未逮捕。

▶ 4. 纠正漏捕的程序

▶▶ 4.1 纠正侦查机关漏捕的程序。

▶▶ 4.1.1 侦查监督部门承办人发现公安机关、监狱等侦查机关应当逮捕而未提请批准逮捕的犯罪嫌疑人，经科室讨论，部门负责人同意，分管院副检察长批准，决定启动追捕程序。

▶▶ 4.1.2 侦查监督部门承办人制作《应当逮捕犯罪嫌疑人建议书》，经部门负责人审核，并经分管副检察长审批后送达侦查机关，建议侦查机关提请批准逮捕该犯罪嫌疑人。

《应当逮捕犯罪嫌疑人建议书》中应当写明需要追捕的人的基本情况、围绕犯罪构成及情节写明需要追捕的人实施的犯罪事实及主要证据、社会危险性、涉嫌的罪名和法律依据。

▶▶ 4.1.3 侦查机关认为检察机关的建议正确的，应当立即提请批准逮捕该犯罪嫌疑人。

认为建议不正确的，应当将不提请批准逮捕的理由通知人民检察院侦查监督部门。

▶▶ 4.1.4 如果经部门负责人和分管副检察长审核，认为不提请批准逮捕的理由不成立的，或者侦查机关既不说明理由又不提请批准逮捕的，侦查监督部门可以直接作出逮捕决定，送达侦查机关执行。

▶▶ 4.2 纠正下级人民检察院侦查部门漏捕的程序。

▶▶ 4.2.1 上级人民检察院侦查监督部门发现下级人民检察院未报请逮捕的犯罪嫌疑人。

▶▶ 4.2.2 上级人民检察院制作《应当逮捕犯罪嫌疑人通知书》，通知下级人民检察院报请逮捕犯罪嫌疑人。

《应当逮捕犯罪嫌疑人通知书》的制作与《应当逮捕犯罪嫌疑人建议书》

的制作基本一致。

▨≫4.2.3 下级人民检察院报请逮捕犯罪嫌疑人或者说明不同意报请逮捕犯罪嫌疑人的理由。

▨≫4.2.4 下级人民检察院说明不同意报请逮捕犯罪嫌疑人理由的，上级人民检察院侦查监督部门应当审查理由是否成立。经审查，认为下级人民检察院不报请逮捕的理由不成立的，可以直接作出逮捕决定，送达下级人民检察院，再由下级人民检察院送达同级公安机关执行。

▨≫4.3 纠正本院侦查部门漏捕的程序。

▨≫4.3.1 侦查监督部门发现本院侦查部门未移送审查逮捕的犯罪嫌疑人。

▨≫4.3.2 侦查监督部门制作《应当逮捕犯罪嫌疑人建议书》，向侦查部门提出移送审查逮捕犯罪嫌疑人的建议。建议书的制作与纠正公安机关、监狱等侦查机关的漏捕时所使用的文书一致。

▨≫4.3.3 侦查部门将犯罪嫌疑人移送审查逮捕的，按审查决定逮捕程序办理。

▨≫4.3.4 侦查部门不采纳建议的，报请检察长决定或者提交检察委员会讨论决定。

▶5. 在审查起诉阶段纠正漏捕的程序

在审查起诉阶段发现应当逮捕的犯罪嫌疑人时，公诉部门不能直接作出追捕决定，而应当移送侦查监督部门办理，由侦查监督部门依据不同种类的纠正漏捕程序依法办理。

▶6. 纠正漏捕工作需要注意的几个问题

▨≫6.1 强化监督意识，注重从案件审查中纠正漏捕。重点审查以下方面：

（1）注重案件中"另案处理"、"在逃"人员处理情况的审查，查明是否确实在逃或者已立案侦查。可以要求公安机关对"另案处理"、"在逃"情况说明理由并装入侦查卷宗，承办人要对公安机关的说明材料进行审查，必要时可进行调查核实。

（2）注重关联犯罪、关联人员的审查。关联犯罪是指具有承接或者其他相关联系的犯罪，例如组织卖淫与协助组织卖淫等犯罪，盗窃、诈骗等侵财型犯罪与掩饰隐瞒犯罪所得罪等妨害司法犯罪。

（3）注重对共同犯罪案件的审查。

▨≫6.2 严格审查证据材料。承办人必须具有敏锐的证据意识和较强的分析能力，注重对每一份证据材料的复核和甄别，查清每个涉案人员的具体犯罪行为，并根据法律规定审查此行为在法律上是否涉嫌犯罪，行为人是否具有逮捕的法定情形，以决定是否追捕。

▶▶6.3 建立追捕案件材料信息库机制，保障纠正漏捕工作取得长效。要求案件承办人员在办理每一起报捕案件时不局限于公安机关报捕的犯罪嫌疑人的材料，而要进行全面审查，注意收集、整理涉及的另案处理、在逃的同案人员或者其他涉案人员的基本情况、涉嫌罪名、犯罪情节等方面材料并登记入库。另外，还要对入库人员进行定期跟踪检查，注重侦查机关是否放任不管，是否已经将相关人员抓获归案并移送起诉，督促公安机关加大追逃力度。对那些社会影响恶劣，社会危害性大的在逃犯罪嫌疑人，督促公安机关制定专项抓捕措施，加大抓捕力度。对侦查机关追捕不力和采取强制措施不当等及时采取相应的监督手段，提高办理追捕漏犯案件的质量和效率。

▶▶6.4 加强与公诉部门沟通，畅通追捕工作中的捕诉衔接。

（1）侦查监督部门纠正漏捕后，应将案件信息及时告知公诉部门，而公诉部门应将案件是否起诉以及起诉后判决情况及时反馈给侦查监督部门；

（2）公诉部门在审查起诉案件中发现应当追捕的犯罪嫌疑人时要及时移送侦查监督部门办理。

▶▶6.5 加强和公安机关配合协作，从源头上防止漏捕。

（1）及时与公安机关沟通，推动公安机关建立漏捕考核机制、案件主办责任制等，使其成为一项长效机制。

（2）与公安机关建立信息互通机制，实现信息资源共享；联合开展执法检查，动态掌握漏捕情况。

（3）深化提前介入和引导侦查取证制度。对事实不清不批准逮捕的案件在补充侦查后应继续报捕；对负案在逃的，要先立案，加大追捕追逃力度，不放过漏网之鱼。

（4）加强法律适用上的沟通，避免因认识偏差造成漏捕。对具体案件的定罪存在分歧的，要及时沟通解决。

▶ 7. 发现公安机关遗漏犯罪事实或者遗漏同案人的处理

在审查逮捕中发现遗漏犯罪事实或者同案人的，侦查监督部门不另行进行侦查，而应对报捕的案件事实进行审查，并依法作出是否批准逮捕的决定，同时对遗漏犯罪事实的性质区分情况进行处理。所遗漏的犯罪事实与公安机关立案侦查的犯罪属于同一性质的，应通过《补充侦查提纲》或者《提供法庭审判所需证据材料意见书》引导公安机关补充侦查取证，并向本院公诉部门通报；所遗漏的犯罪事实与立案侦查的犯罪属于不同种类犯罪的，应当将线索移送公安机关，按照立案监督程序办理。遗漏涉嫌犯罪的同案人的，应当将线索移送公安机关，并向公诉部门通报情况；如果现有事实、证据证明该同案人符合逮捕条件的，应当按照纠正漏捕程序办理。

▶ **8. 启用追捕程序时《逮捕决定书》的制作**

▶▷ 8.1 逮捕决定书名称与人民检察院直接立案侦查案件适用的"逮捕决定书"同名，为加以区别，文书文号增加"追"字。

▶▷ 8.2 除适用《刑事诉讼法》第七十九条外，根据不同的追捕情况还要适用《刑事诉讼规则》第三百二十一条、第三百三十五条、第三百四十六条或者第三百七十五条。

二、诉讼活动中司法工作人员渎职行为的监督操作规程

【定义】检察机关对司法工作人员渎职行为的监督是指人民检察院对刑事诉讼、民事审判、行政诉讼活动进行法律监督中，为准确认定和依法纠正司法工作人员的渎职行为，而对该司法工作人员违反法律的事实是否存在及违法行为的性质、情节、后果等进行核实、查证的活动。

▶ **1. 对司法工作人员渎职行为监督的主体**

人民检察院作为法律监督机关，承担着对司法工作人员渎职行为进行监督的职责。根据诉讼的不同阶段，人民检察院侦查监督部门、公诉部门、刑事执行检察部门、林业检察部门、控告申诉检察部门、民事行政检察部门都具有对司法工作人员渎职行为进行监督的职责。本章节所讲的主要是侦查监督部门对司法工作人员渎职行为进行的监督。

▶ **2. 监督的方式**

人民检察院依法对诉讼活动实行法律监督。对司法工作人员的渎职行为可以通过依法审查案卷材料、调查核实违法事实、提出纠正违法意见或者建议更换办案人、立案侦查职务犯罪等措施进行法律监督。检察机关对司法工作人员渎职行为具有调查权。

▶ **3. 监督的原则**

▶▷ 3.1 适度监督原则。刑事诉讼法所要制裁的并不是技术意义上的程序性违

法行为，而应当是那些严重侵犯公民（诉讼）权利甚至宪法权利的行为。在当前司法工作人员执法素质尚待提高的前提下，对于工作中出现的一些过失和程序上的瑕疵行为，并没有严重侵害公民的基本权利，影响案件实体公正，应当区别对待。检察机关应根据违法行为的性质和程度，确定渎职行为的边界，选择适当的监督方式。

▶▶ 3.2 及时、有效监督的原则。诉讼程序的进行具有不可逆转性、不可重复性的特点，对司法工作人员渎职行为监督如果滞后，就起不到预防和控制的良好效果，也体现不了对诉讼的保障作用。

▶▶ 4. 对渎职行为的调查

▶▶ 4.1 对司法工作人员渎职行为的调查和纪检监察机关的调查的区别。检察机关对司法工作人员渎职行为的调查是开展诉讼监督的手段，与纪检监察部门的调查有联系也有区别。二者的联系在于，都是为了查清司法人员是否有渎职行为，以达到维护司法公正的目的。而且检察机关的调查材料也是纪检监察机关启动调查处理程序的依据之一。区别在于检察机关在诉讼监督中的调查，目的是确认违法行为是否存在，以及违法的性质和情节，以便及时、准确地纠正违法，保障诉讼活动公正进行，在调查时机上往往是与诉讼活动同步进行，在范围上仅限于司法工作人员在诉讼活动中的渎职违法行为。检察机关在调查后，根据查实的违法行为提出更换办案人的建议和提出纠正违法意见等，都是属于诉讼过程中的纠错措施，不具有纪律处分的性质。而纪检监察部门的调查虽然也是为了确认违纪、违法行为是否存在，但其后果主要是确定应否追究当事人的纪律责任，在性质上属于党纪政纪监督，在调查时机上往往是在诉讼活动结束后进行，在范围上也不局限于司法工作人员在诉讼活动中的渎职行为。

▶▶ 4.2 对司法工作人员渎职行为的调查和职务犯罪侦查机关的调查的区别。对司法工作人员渎职行为的调查与通常所讲的对职务犯罪的初查有联系也有区别。二者的区别在于检察机关在开展诉讼监督中进行的调查，目的是核实违法事实，是纠正违法和提出抗诉的基础性工作和必要措施，而初查则是相对于立案侦查而言的，目的是确定是否符合刑事立案条件。二者的联系是通过诉讼监督中的调查，如果发现涉嫌职务犯罪，才进入初查或者立案侦查阶段。而且，诉讼监督中的调查同立案前的初查，所采取的调查取证措施基本相同，都不允许采取限制人身自由、财产权利的强制性侦查手段。

▶▶ 4.3 调查的主体。对司法工作人员渎职行为进行调查的主体是两名以上工作人员。

▶▶ 4.4 调查的启动和程序。检察机关在办理审查逮捕、审查起诉、控告申诉案件以及开展诉讼监督其他方面的工作中，应当注意审查司法工作人员在诉讼活动中是否有渎职行为。需要进行调查核实的，分不同的情形，启动程序不同：

（1）一般情况的启动程序。人民检察院在开展法律监督工作中，发现有证据证明司法工作人员在诉讼活动中涉嫌渎职的，应当报经检察长批准，及时进行调查核实。对于单位或者个人向人民检察院举报或者控告司法工作人员在诉讼活动中有渎职行为的，人民检察院应当受理并进行审查，对于需要进一步调查核实的，应当报经检察长批准，及时进行调查核实。

（2）国家安全机关工作人员和公安机关工作人员办理危害国家安全犯罪案件中渎职行为的调查程序。人民检察院认为需要核实国家安全机关工作人员在诉讼活动中的渎职行为的，应当报经检察长批准，委托国家安全机关进行调查。国家安全机关应当及时将调查结果反馈人民检察院。必要时，人民检察院可以会同国家安全机关共同进行调查。对于公安机关工作人员办理危害国家安全犯罪案件中渎职行为的调查，比照关于国家安全机关工作人员的规定执行。

▶▶ 4.5 开展调查的方式。

▶▶ 4.5.1 人民检察院调查司法工作人员在诉讼活动中的渎职行为，可以采用询问有关当事人或者知情人，查阅、调取或者复制相关法律文书或者报案登记材料、案卷材料、罪犯改造材料，对被害人进行伤情检查等方式开展调查。同时，为了防止将调查违法和职务犯罪侦查相混淆，检察机关不得使用限制被调查人人身自由、财产权利的强制性调查措施。

▶▶ 4.5.2 人民检察院通过查阅、复制、摘录等方式能够满足调查需要的，一般不调取相关法律文书或者报案登记材料、案卷材料、罪犯改造材料。

▶▶ 4.5.3 人民检察院在调查期间，应当对调查内容保密。

▶▶ 4.6 调查的期限。人民检察院对司法工作人员在诉讼活动中的涉嫌渎职行为进行调查，调查期限不得超过一个月。确需延长调查期限的，可以报经检察长批准，延长两个月。

▶▶ 4.7 侦查监督部门对司法工作人员渎职行为监督应当进行调查核实的情形：

（1）徇私枉法、徇情枉法，对明知是无罪的人而使其受追诉，或者对明知是有罪的人而故意包庇不使其受追诉，或者在审判活动中故意违背事实和法律作枉法裁判的；

（2）非法拘禁他人或者以其他方法非法剥夺他人人身自由的；

（3）非法搜查他人身体、住宅，或者非法侵入他人住宅的；

（4）对犯罪嫌疑人实行刑讯逼供或者使用暴力逼取证人证言，或者以暴力、威胁、贿买等方法阻止证人作证或者指使他人作伪证的，或者帮助当事人毁灭、伪造证据的；

（5）侵吞或者违法处置被查封、扣押、冻结的款物的；

（6）违反法律规定的拘留期限、侦查羁押期限或者办案期限，对犯罪嫌疑人超期羁押，情节较重的；

（7）收受或者索取当事人及其近亲属或者其委托的人等的贿赂的；

（8）其他严重违反刑事诉讼法和刑法规定，不依法履行职务，损害当事人合法权利，影响公正司法的诉讼违法行为和职务犯罪行为。

▶▶4.8 被调查人不停止执行职务。人民检察院对司法工作人员在诉讼活动中的涉嫌渎职行为进行调查，在查证属实并由有关机关作出停止执行职务的处理前，被调查人不停止执行职务。

▶▶4.9 调查后的处理。人民检察院侦查监督部门对司法工作人员在诉讼活动中的涉嫌渎职行为调查完毕后，应当制作调查报告，根据已经查明的情况提出处理意见，报检察长决定后作出处理。

（1）认为有犯罪事实需要追究刑事责任的，应当按照刑事诉讼法关于管辖的规定依法立案侦查或者移送有管辖权的机关立案侦查，并建议有关机关停止被调查人执行职务，更换办案人；

（2）对于确有渎职违法行为，但是尚未构成犯罪的，应当依法向被调查人所在机关发出《纠正违法通知书》，并将证明其渎职行为的材料按照干部管理权限移送有关机关处理；

（3）对于确有严重违反法律的渎职行为，虽未构成犯罪，但被调查人继续承办案件将严重影响正在进行的诉讼活动的公正性，且有关机关未更换办案人的，应当建议更换办案人；

（4）对于举报、控告不实的，应当及时向被调查人所在机关说明情况。调查中询问过被调查人的，应当及时向被调查人本人说明情况，并采取适当方式在一定范围内消除不良影响。同时，将调查结果及时回复举报人、控告人；

（5）对于举报人、控告人捏造事实诬告陷害，意图使司法工作人员受刑事追究，情节严重的，依法追究刑事责任。调查人员与举报人、控告人恶意串通，诬告陷害司法工作人员的，一并追究相关法律责任。

▶▶ 4.10《调查报告》格式。

调查报告应当包含被调查人基本情况、调查过程（包括启动调查的原因、调查的起止时间、调查目的、调查采用的方式），调查查明的情况和处理意见等基本内容。调查报告的书写样式如下：

××××人民检察院

关于×××渎职行为的调查报告

我院于××年×月×日发现×××司法工作人员在诉讼活动中可能存在渎职行为，经承办人×××对案件情况进行调查，通过询问有关当事人和知情人员，调取相关材料，现已调查完毕。

一、被调查人基本情况

包括被调查人的姓名、性别、民族、出生年月日、身份证号码、工作单位、职务、住址等基本情况。

二、线索来源

申诉人×××举报或者控告××××司法工作人员存在渎职行为（我院在工作中发现×××司法工作人员存在渎职行为）。

三、调查情况

包括：启动调查的原因、调查的起止时间、调查的目的、调查采用的方式等内容。

四、事实及证据情况

经承办人调查核实，现查明事实如下：

××××

证明上述事实的证据有：

××××

五、处理意见

根据调查核实的具体情况，提出建议或者意见等。

承办人：×××

××年×月×日

■▶ 4.11 对调查处理决定的申诉。被调查人不服人民检察院的调查结论的，可以向人民检察院提出申诉，人民检察院应当进行复查，并在十日内将复查决定反馈申诉人及其所在机关。申诉人不服人民检察院的复查决定的，可以向上级人民检察院申请复核。上级人民检察院应当进行复核，并在二十日内将复核决定及时反馈申诉人，通知下级人民检察院。

■▶ 4.12 非法证据的排除。

人民检察院经过调查，认为作为案件证据材料的犯罪嫌疑人供述、证人证言、被害人陈述系司法工作人员采用暴力、威胁、引诱、欺骗等违法手段获取的，在审查批准或者决定逮捕、审查起诉时应当依法予以排除，不得作为认定案件事实的根据。有关调查材料应当存入诉讼卷宗，随案移送。

■▶ 4.13 被调查机关对调查结果作出回应。

人民检察院提出纠正违法意见或者更换办案人建议的，有关机关应当在十五日内作出处理并将处理情况书面回复人民检察院。对于人民检察院的《纠正违法通知书》和更换办案人建议书，有关机关应当存入诉讼卷宗备查。

有关机关对人民检察院提出的纠正违法意见有异议的，应当在收到《纠正违法通知书》后五日内将不同意见书面回复人民检察院，人民检察院应当在七日内进行复查。人民检察院经过复查，认为纠正违法意见正确的，应当立即向上级人民检察院报告；认为纠正违法意见错误的，应当撤销纠正违法意见，并及时将撤销纠正违法意见书送达有关机关。

上级人民检察院经审查，认为下级人民检察院的纠正违法意见正确的，应当及时与同级有关机关进行沟通，同级有关机关应当督促其下级机关进行纠正；认为下级人民检察院的纠正违法意见不正确的，应当书面通知下级人民检察院予以撤销，下级人民检察院应当执行，并依照上述 4.9（4）的方法，说明情况，消除影响。

▶ **5. 犯罪线索及相关材料的移送**

有关机关在查处本机关司法工作人员的违纪违法行为时，发现已经涉嫌职务犯罪的，应当及时将犯罪线索及相关材料移送人民检察院。人民检察院应当及时进行审查，符合立案条件的，依法立案侦查，并将有关情况反馈移送犯罪线索的机关。

▶ **6. 对检察机关自身执法活动的监督制约机制**

▶ 6.1 人民检察院发现检察人员在诉讼活动中涉嫌渎职的，应当报经检察长批准，及时进行调查核实。

▶ 6.2 人民法院、公安机关、国家安全机关、司法行政机关有证据证明检察人员涉嫌渎职的，可以向人民检察院提出，人民检察院应当及时进行调查核实并反馈调查结果。

▶ 6.3 上级人民检察院接到对检察人员在诉讼活动中涉嫌渎职行为的举报、控告的，可以直接进行调查，也可以交由下级人民检察院调查。交下级人民检察院调查的，下级人民检察院应当将调查结果及时报告上级人民检察院。

▶ 6.4 检察人员对于司法工作人员在诉讼活动中的渎职行为不依法履行法律监督职责，造成案件被错误处理或者其他严重后果，或者放纵司法工作人员职务犯罪，或者滥用职权违法干扰有关司法机关依法办案的，人民检察院的纪检监察部门应当进行查处；构成犯罪的，依法追究刑事责任。

▶ **7. 操作禁忌**

▶ 7.1 禁止采取限制人身自由、财产权利的强制性侦查手段。

▶ 7.2 禁止在作出停止执行职务的处理前，停止被调查人执行职务。

第四节　核准追诉类操作规程

一、受理核准追诉案件操作规程

▶ **1. 主体**

▶ 1.1 报请主体。

侦查机关（部门）认为超过二十年法定追诉期限的案件，仍有追诉必要的，应当报请最高人民检察院核准。

▶ 1.2 受理主体。

侦查机关和检察机关侦查部门报请核准追诉的案件，均由同级人民检察院的案件管理部门受理，并进行受案审查。

▶ 2. 受理程序

▶▶ 2.1 受理范围。核准追诉案件的受案范围为法定最高刑为无期徒刑、死刑，经过二十年追诉时效仍然必须追诉的案件。

▶▶ 2.2 受案审查。

▶▶▶ 2.2.1 同级人民检察院的案件管理部门受理侦查机关（部门）报请核准追诉的案件时，应当审查以下内容：

（1）报请核准追诉的案件是否属于本院管辖。

（2）侦查机关（部门）报请核准追诉时是否移送以下四类证据材料：

①侦查机关（部门）报请核准追诉意见书；

②证明犯罪事实的证据材料；

③关于发案、破案以及侦查机关是否立案、采取强制措施，犯罪嫌疑人是否有重新犯罪等有关情况；

④被害方、案发地群众、基层组织等的意见和反映。

▶▶▶ 2.2.2 材料齐备的，案件管理部门应当受理案件；材料不齐备的，案件管理部门应当立即要求报请机关（部门）补充移送。

▶▶ 2.3 案件分流。

案件管理部门受理报请核准追诉的案件后，应当将案件通过系统分流给相应的业务部门办理，并移送案件相关材料。

▶ 3. 操作禁忌

▶▶ 3.1 严禁越级受理报请核准追诉的案件。

▶▶ 3.2 不得受理材料不齐备的报请核准追诉案件。

二、审查及层报核准追诉案件操作规程

▶ 1. 审查核准追诉案件

▶▶ 1.1 审查的主体。地方各级人民检察院侦查监督部门。

▶▶ 1.2 审查的内容。审查核准追诉案件，主要包括以下内容：

（1）检查系统中案件管理部门已经填录的案件基本信息，依据接收的法律文书及案卷材料检查信息是否齐全、准确；如果发现有错漏的信息，应当及时修正。

（2）审查报请核准追诉的案件是否已经过了二十年正常追诉时效的事实和证据。二十年的追诉时效从犯罪之日起计算。犯罪行为有连续或者继续状态的，从犯罪行为终了之日起计算。在追诉期限内又犯罪的，前罪追诉的期限从犯后罪之日起计算。

在人民检察院、公安机关、国家安全机关立案侦查或者在人民法院受理以后，逃避侦查或者审判的，不受追诉期限的限制。

被害人在追诉期限内提出控告的，不受追诉期限的限制。

（3）审查该犯罪是否符合报请核准追诉的事实和证据条件，具体包括：

①事实证据条件是"有证据证明存在犯罪事实，且犯罪事实是犯罪嫌疑人实施的"。这一条件要求查明基本事实，且有明确的犯罪嫌疑人，证据条件要高于立案和审查逮捕的证明标准，但并不要求达到犯罪事实清楚，证据确实、充分的起诉、判刑标准。

②量刑条件是"犯罪行为应当适用的法定量刑幅度的最高刑为无期徒刑或者死刑"。只有法定最高刑为死刑或者无期徒刑的犯罪，才存在是否核准追诉问题。需要注意的是，报请核准追诉案件的法定最高刑不是指法条规定该罪名的最高刑，也不是法官对案件审理后作出的宣告刑，而是指犯罪嫌疑人实施的具体犯罪行为所应适用的具体量刑幅度中的最高刑。确定犯罪嫌疑人适用量刑幅度中的法定最高刑是否为死刑、无期徒刑，除了以犯罪性质、犯罪情节为依据外，还要审查其是否具备刑法总则规定的应当减轻、免除处罚的量刑情节。

③追诉必要性条件是"必须追诉"，这是核准追诉的核心条件。那些经过二十年以上的时间后已经被社会淡忘，被破坏的社会关系已经恢复的案件，没有再予追诉的必要。只有涉嫌犯罪的性质、情节和后果特别严重，虽然已过二十年追诉期限，但社会危害性和影响依然存在，不追诉会严重影响社会稳定或者产生其他严重后果的，才应当认为必须追诉。尤其是对犯罪嫌疑人人身危险性和自我改造程度、被害人、社会的态度，应当立足于案件本身以及社会的整体评价和认识。

④客观条件是"犯罪嫌疑人能够及时到案接受追诉"。核准追诉的对象应当是犯罪嫌疑人和犯罪事实的结合，对于经过二十年后仅发现犯罪事实，但没有明确犯罪嫌疑人的，不应核准追诉；对于有明确的犯罪嫌疑人，但犯罪嫌疑人有可能已经死亡，或者因严重疾病、精神失常等其他原因导致刑事诉讼行为能力丧失，或者长期在逃下落不明等原因无法追诉的，即使核准追诉也无法追究其刑事责任，缺少实际的意义，所以也不应核准追诉。对共同犯罪嫌疑人也

不一定全部核准追诉，即对主犯核准追诉的同时，对从犯、胁从犯如果根据其在共同犯罪中所起的作用等因素认为没有追诉必要的，可以不予报请核准追诉；对于部分犯罪嫌疑人未能及时归案接受追诉的，可以先报请核准追诉能够到案的犯罪嫌疑人，对其余犯罪嫌疑人待具备追诉条件后，再行审查决定是否报请核准追诉。

这些条件是地方各级侦查机关（部门）报请核准追诉应当共同遵循的，只有同时符合上述条件，才能报请核准追诉。

▶▶ 1.3 审查及调查的方式。

承办人在办理报请核准追诉案件的过程中，可以采取以下方式对案件的事实和证据进行审查及调查：

（1）讯问犯罪嫌疑人，了解犯罪行为是否有连续或继续状态、犯罪嫌疑人在追诉期限内是否又犯罪、犯罪后是否有认罪、悔罪表现或者态度、侦查取证活动是否合法等。

（2）询问被害人及家属、证人，了解犯罪的性质、情节和后果，以及被害人及家属现在的态度等。

（3）听取辩护律师意见，了解犯罪嫌疑人的人身危险性和自我改造程度、侦查取证活动是否合法、法律适用的意见和建议等。

（4）复核案件相关证据材料，包括：言词证据、物证、书证、鉴定意见、视听资料和电子数据等，核实取证主体是否合法、证据形式是否合法、取证的程序和方法是否合法、证据内容是否全面、与案件事实有无关联性。

（5）审查侦查机关（部门）和下级人民检察院的追诉意见及理由。

（6）必要时可以到实地进行调查取证，主要包括到犯罪发生地、犯罪嫌疑人居住地、被害人居住地等地方，了解当时犯罪发生的过程及产生的影响，当地群众、社会现在对犯罪嫌疑人及其犯罪行为的态度等。

结合案件情况和了解程度，承办人可以选择采取以上一种或几种方式对报请核准追诉案件的事实和证据进行审查及调查，或者采取其他依法可以采取的审查及调查方式。

▶▶ 1.4 部门负责人审核。承办人对核准追诉的条件进行审查、对案件事实和证据进行调查和复核以后，应当制作《报请核准追诉案件审查意见书》（样式附后），报请部门负责人审核。

▶▶ 1.5 部门讨论。承办人报请部门负责人审核时，应当一并提请部门集体讨论。

▶≫ 1.5.1 讨论的参与人员。参加部门集体讨论的一般为本部门全体人员。

讨论时，应注意以下几点：

（1）对跨部门、跨行业的案件，可邀请其他部门人员或者专家列席；

（2）与本案有利害关系的人员应当依法回避，不得参加讨论；

（3）集体讨论要求全体部门人员过半数参加方能举行。

▶≫ 1.5.2 讨论程序。

（1）承办人向部门负责人提请部门集体讨论核准追诉案件。

（2）部门负责人安排内勤在案件讨论三日前，将拟讨论的案件、讨论时间和地点通知本部门参会人员和列席会议的人员，并分送案件讨论相关材料。

（3）部门集体讨论一般由部门正职主持。

（4）讨论的顺序和要求：

①承办人汇报案件的基本事实、证据、法律依据，重点就案件是否符合报请核准追诉的条件、案件难点和争议焦点进行汇报，并提出案件处理的初步意见。承办人可以提前将上述内容制作成书面的案件讨论报告。

②与会人员提问、讨论。与会人员可以围绕案件是否符合报请核准追诉条件的事实、证据、法律依据等提问，承办人应当说明或解答，也可以就案件的疑难复杂问题进行集中讨论。

③与会人员发表意见。应当按照先由未担任部门负责人的与会人员发表意见，再由列席人员发表意见，最后由部门正职发表意见的顺序进行。

④讨论表决。按照少数服从多数的原则，由全体与会人员过半数通过。少数与会人员意见应当记录在案。表决结果应当当场宣布。

⑤讨论记录。讨论主持人可以指定专人，也可以由承办人，记录好集体讨论、决定的情况和与会人员的发言，经参加讨论者签字确认后入卷存档。

（5）部门集体讨论之后，承办人应当将《报请核准追诉案件审查意见书》和部门集体讨论意见，一并报送分管副检察长审批入卷。

▶≫ 1.6 检委会审议。

▶≫ 1.6.1 提请审议的主体。分管副检察长审批《报请核准追诉案件审查意见书》和部门集体讨论意见后，侦查监督部门向检察长报告并提请检察委员会审议。

▶≫ 1.6.2 检委会审议后的文书制作。承办人根据检察委员会的审议情况制作

《报请核准追诉案件报告书》（样式附后），写明是否同意核准追诉的意见，并报送分管副检察长审批后入卷。

➤➤ 1.7 审查期限。地方各级人民检察院自受理报请核准追诉的案件之日起，应当在十日以内对核准追诉案件进行审查并制作《报请核准追诉案件报告书》，连同案件材料一并报上级人民检察院审查。

➤ **2. 报请核准追诉案件的层报**

➤➤ 2.1 层报的主体。地方各级人民检察院侦查监督部门。

➤➤ 2.2 层报对象。上级人民检察院案件管理部门。

➤➤ 2.3 层报内容。地方各级人民检察院向上级人民检察院报送核准追诉的案件时，应当移送以下材料：

（1）侦查机关（部门）报请核准追诉时移送的四类证据材料；

（2）下级人民检察院审查制作的《报请核准追诉案件报告书》；

（3）本院审查制作的《报请核准追诉案件报告书》；

（4）其他需要移送的案件材料及法律文书。

➤➤ 2.4 层报程序。

➤➤ 2.4.1 对于侦查机关报请核准追诉的案件，地方各级人民检察院经审查，不论是认为符合还是不符合核准追诉条件，都应当继续向上级人民检察院报请核准追诉，同时将审查意见写入《报请核准追诉案件报告书》中，逐级层报至最高人民检察院作出决定。

➤➤ 2.4.2 对于检察机关侦查部门报请核准追诉的案件，地方各级人民检察院经审查，认为需要报请核准追诉的，应当继续向上级人民检察院报请核准追诉，同时将审查意见写入《报请核准追诉案件报告书》中，逐级层报至最高人民检察院作出决定；认为不需要报请核准追诉的，则不再逐级层报最高人民检察院核准追诉。

➤ **3. 相关文书制作**

➤➤ 3.1 《报请核准追诉案件审查意见书》制作。

➤➤ 3.1.1 《报请核准追诉案件审查意见书》格式。

××××人民检察院
报请核准追诉案件审查意见书

　　我院于××年×月×日收到××××报请核准追诉涉嫌×××的犯罪嫌疑人×××的相关材料，现已审查完毕。

　　一、犯罪嫌疑人基本情况

　　犯罪嫌疑人×××，（曾用名×××，绰号×××），（性别）×，××年×月×日出生，身份证号码××××，（民族）××，文化程度×××，户籍所在地××××，住×××。工作单位×××。于××年×月×日被××××（办案机关）采取××××（强制措施），现羁押于××××。

　　二、案件诉讼经过

　　……

　　三、案件事实和证据

　　1. 侦查机关认定的案件事实

　　……

　　2. 审查认定的案件事实和证据

　　……

　　认定上述事实的证据材料如下：

　　……

　　四、侦查机关（和下级人民检察院）追诉意见及理由

　　……

　　五、需要说明的问题

　　1. 本案是否超出追诉时效期限。

　　2. 被害方、案发地群众、基层组织的意见和反映。

　　3. 其他需要说明的情况。

　　4. 关于本案追诉必要性的分析。

六、审查意见

承办人认为：……建议将此案呈报最高人民检察院决定。

××年×月×日

（院印）

▣>> 3.1.2 制作说明。

（1）本文书中的"犯罪嫌疑人基本情况"，系根据统一业务应用系统自动生成，承办人应当按照法律文书及案卷材料仔细填录。

（2）"案件诉讼经过"应当写明发案、立案、侦查、查获犯罪嫌疑人以及报请核准追诉的有关情况，主要是对案件的诉讼时效是否合法、诉讼程序是否正确、法律手续是否齐备等情况的反映。

（3）"案件事实和证据"的内容包括侦查机关认定的案件事实和审查认定的案件事实及证据。

①侦查机关认定的案件事实，摘录侦查机关的报请核准追诉意见书所认定的案件事实，要求内容精简，条理清晰，不失原意，按时间地点次数结果等要素来写。

②审查认定的案件事实和证据应当围绕犯罪事实和犯罪嫌疑人是否构成犯罪、是否超出追诉时效期限和是否有追诉必要，写明犯罪的时间、地点、经过、手段、动机、危害后果以及犯罪嫌疑人实施犯罪后至被查获前的活动、是否重新犯罪等。要求每一个事实、情节均要有证据证实。

③各级检察机关认定的案件事实与侦查机关一致的，不再另外排列认定的事实和证据，可写明："××××院、××××检察院和本院经审查认定的案件事实与侦查机关一致。"

④各级检察院认定事实不一致的，应当分别写明。各级检察院认定事实一致的，不再另外排列认定的事实和证据，可写明："××××院、××××院和本院经审查认定的案件事实一致。"

⑤针对审查认定的案件事实简要列明相关证据材料，可以按照犯罪嫌疑人的供述及辩解，被害人的陈述，证人证言，鉴定意见，勘验、检查、辨认、侦查实验等笔录，物证、书证，视听资料、电子数据的顺序进行排列。每一项列明的证据之后，都应当写明该证据的证据能力、证明力、证明的案件事实。

（4）"侦查机关（和下级人民检察院）追诉意见和理由"应当根据侦查机

关的报请核准追诉意见书和下级人民检察院的报请核准追诉案件报告书进行摘录，要求客观真实，内容精简，不失原意。

（5）"需要说明的问题"包括：

①本案是否超出追诉时效期限；

②被害方、案发地群众、基层组织的意见和反映；

③其他需要说明的情况，如有关部门对案件组织协调情况，案件的背景情况等；

④关于本案追诉必要性的分析，应当结合案件情况对本案是否属于"必须追诉"进行分析，即对是否符合报请核准追诉的条件进行分析和阐述。

（6）"审查意见"应当简要写明对犯罪嫌疑人涉嫌的犯罪事实、证据、罪名，法定最高刑是否为无期徒刑或者死刑，是否超出追诉时效期限，是否有追诉必要等的认定情况，提出是否同意核准追诉的意见及法律依据。应写明"承办人认为：……，建议将此案呈报最高人民检察院决定"。

①在1997年10月1日之前发生的犯罪报请核准追诉的，根据1979年《刑法》第七十六条第四项的规定报请最高人民检察院。

②在1997年10月1日之后发生的犯罪报请核准追诉的，根据《刑法》第八十七条第四项的规定报请最高人民检察院。

（7）本文书应当浓缩案件的全貌，对案情的叙述要突出重点，详略得当；对证据的分析要客观真实，重在证据的证明力；对案件事实的判断认定要有逻辑性，得出结论应当是唯一的，具有排他性。

（8）本文书为承办人对报请核准追诉的案件进行审查及调查后，制作的案件审查意见书，属于工作文书，文书的最低审批权限为分管副检察长，并在部门集体讨论和院检委会审议时作为案件汇报材料。

（9）本文书一式两份，一份入卷存档，一份连同《报请核准追诉案件报告书》及其他案件材料一同报送上级人民检察院。

➤➤ 3.2《报请核准追诉案件报告书》制作。

➤➤ 3.2.1《报请核准追诉案件报告书》格式。

××××人民检察院
报请核准追诉案件报告书

××检××报核字〔××××〕×号

××××人民检察院：

我院于××年×月×日收到××××单位报请核准追诉涉嫌××××的犯罪嫌疑人×××的相关材料，现已审查完毕，报告如下：

一、犯罪嫌疑人基本情况

犯罪嫌疑人×××，（曾用名×××，绰号×××），（性别）×，××年×月×日出生，身份证号码××××，（民族）××，文化程度×××，户籍所在地××××，住×××。工作单位××××。于××年×月×日被××××单位采取××××（强制措施），现羁押于××××。

二、案件诉讼经过

……

三、案件事实和证据

（一）侦查机关认定的案件事实

……

（二）审查认定的案件事实和证据

……

认定上述事实的证据材料如下：

……

四、侦查机关（和下级人民检察院）追诉意见及理由

……

五、需要说明的问题

（一）本案是否超出追诉时效期限。

302

（二）被害方、案发地群众、基层组织的意见和反映。

（三）其他需要说明的情况。

（四）本院检察委员会审议的情况。

（五）关于本案追诉必要性的分析。

六、审查意见

本院认为：……特将此案报请你院审查。

×　×　年　×　月　×　日

（院印）

▶▶3.2.2 制作说明。

（1）本文书需要进行文书编号，由统一业务应用系统自动生成文书号。

（2）本文书的正文与《报请核准追诉案件审查意见书》的样式基本一致，也分为犯罪嫌疑人基本情况、案件诉讼经过、案件事实和证据、侦查机关（和下级人民检察院）追诉意见及理由、需要说明的问题、审查意见共六个部分，各部分的制作内容和要求基本一致，可以参照《报请核准追诉案件审查意见书》的制作说明。不同的是，在"需要说明的问题"部分需要增加"本院检察委员会审议的情况"的内容。

"审查意见"应当写明"本院认为：……，特将此案报请你院审查"。

（3）本文书为地方人民检察院报请上级人民检察院审查核准追诉案件时使用，是在检察委员会进行案件审议后，承办人制作的法律文书，应当写明是否同意报请核准追诉的意见，文书的最低审批权限为分管副检察长。

（4）本文书除一份存档外，还应当根据层报最高人民检察院审查核准所经层级制作若干份报送上级人民检察院。

▶ 4. 操作禁忌

▶▶4.1 严禁采用刑讯逼供、暴力、威胁等非法方法调查取证。

▶▶4.2 严禁不经部门集体讨论提交检察委员会讨论。

▶▶4.3 严禁不经本院检察委员会讨论直接作出决议。

▶▶4.4 严禁越级报请核准追诉案件。

▶▶4.5 禁止向承办人、参与集体讨论和检委会决议以外的其他人员泄露案件相关信息。

三、最高人民检察院核准追诉操作规程

▶ 1. 办理主体

最高人民检察院侦查监督部门负责办理核准追诉案件。

▶ 2. 办理期限

▶▶ 2.1 最高人民检察院对省级院报送的报请核准追诉案件的办理期限一般为一个月，特殊情况下可以延长十五日。

▶▶ 2.2 需要延长十五日审查办理期限的核准追诉案件，承办人应当向部门负责人提交延长申请，写明延长期限和理由。部门负责人审核后，报分管副检察长批准。

▶ 3. 办理程序

▶▶ 3.1 分案。

最高人民检察院侦查监督部门接收本院案件管理部门分流的核准追诉案件后，部门内勤应当立即将案件分配给具体的承办人办理，并将接收的案件材料一并交给承办人。

可以由系统自动轮流分配案件给承办人；也可以根据部门负责人指定通过系统手动分配案件给具体承办人。

▶▶ 3.2 审查及调查。

▶▶ 3.2.1 最高人民检察院的侦查监督部门承办人收到省级院报请核准追诉的案件后，应当及时审查，必要时派人到案发地了解案件有关情况。

▶▶ 3.2.2 文书制作。承办人对核准追诉的条件进行审查、对案件事实和证据进行调查和复核以后，应当制作《核准追诉案件审查意见书》，提出是否核准追诉的意见，报请部门负责人审核。

▶▶ 3.2.3 提请讨论。承办人将《核准追诉案件审查意见书》报请部门负责人审核的同时，应当一并提请侦查监督部门集体讨论。部门集体讨论之后，承办人应当将《报请核准追诉审查意见书》和部门集体讨论意见，一并报送分管副检察长审批。

▶▶ 3.3 作出决定。

▶▶ 3.3.1 决定主体。

（1）检察长。分管副检察长审批《报请核准追诉案件审查意见书》和部门集体讨论意见后，侦查监督部门应当提请检察长决定是否核准追诉。

（2）检察委员会。检察长审核侦查监督部门和分管副检察长的意见后，不直接决定是否核准追诉的，应当决定将案件提交检察委员会讨论。

▶▶ 3.3.2 文书制作。承办人根据检察长决定或者检察委员会的讨论决定，制作《核准追诉决定书》（文书样式附后）或者《不予核准追诉决定书》（文书样式附后），经部门负责人审核后，报送分管副检察长审批。

▶ 4. 决定的效力

▶▶ 4.1 核准追诉决定的效力溯及既往。在核准追诉的情况下，已经进行的追诉活动具有效力，也属依法追诉所必需；在不予核准追诉的情况下，已进行的追诉活动虽属合法，但非必需，也不具有效力。

▶▶ 4.2 未经最高人民检察院核准，不得对案件提起公诉。

▶ 5. 下达和送达决定

最高人民检察院作出的《核准追诉决定书》或者《不予核准追诉决定书》应当逐级下达最初受理案件的人民检察院，送达报请核准追诉的侦查机关。

▶ 6. 执行决定

▶▶ 6.1 核准追诉决定的执行。报请核准追诉的侦查机关（部门）收到《核准追诉决定书》后，尚未立案的，应当立即立案侦查；已经立案的，应当积极开展追诉侦查工作，并将侦查进展情况及时向同级人民检察院侦查监督部门反馈。

▶▶ 6.2 不予核准追诉决定的执行。报请核准追诉的侦查机关（部门）收到《不予核准追诉决定书》后，已经立案的，应当立即撤销案件；犯罪嫌疑人在押的，应当立即释放，并将撤销案件决定书及其他执行情况及时送达、通知同级人民检察院侦查监督部门。

▶ 7. 监督执行

▶▶ 7.1 监督主体。

最初受理案件的人民检察院应当监督侦查机关（部门）对最高人民检察院决定的执行情况。

▶▶ 7.2 启动监督。

（1）依职权启动。最初受理案件的人民检察院对侦查机关（部门）的执行情况进行监督时，发现有不执行或不正确执行的情况，应当立即进行监督和纠正。

（2）依申请启动。犯罪嫌疑人及其法定代理人、近亲属或辩护人、被害人及其诉讼代理人、近亲属可以口头或者书面向最初受理案件的人民检察院控告申诉。

▶ 7.3 监督的受理。

▶≫ 7.3.1 犯罪嫌疑人的控告申诉，应当由最初受理案件的人民检察院控告申诉部门受理。控告申诉部门应当根据事实和法律进行审查，并可以要求控告人、申诉人提供有关材料，认为存在监督情况的，应当移送本院侦查监督部门办理。

▶≫ 7.3.2 最初受理案件的人民检察院自行发现的监督线索，应当由本院侦查监督部门直接受案办理。

▶ 7.4 监督的审查。

▶≫ 7.4.1 侦查监督部门内勤受理监督线索和有关材料后，应当立即将线索和材料分配给具体承办人，由承办人对监督线索进行审查核实。

▶≫ 7.4.2 审查内容。承办人对监督线索的审查应当主要围绕法律文书的送达情况、侦查机关的立案侦查情况、犯罪嫌疑人的羁押情况等展开，审查是否存在应当立案而不立案或者未及时立案、不应当立案而立案或者未及时撤案、应当立即释放犯罪嫌疑人而不释放或未立即释放等情形。

▶≫ 7.4.3 审查方式。

承办人可以采取以下方式对监督线索进行审查核实：

（1）询问控告申诉人；

（2）调取和审查有关的书面材料；

（3）要求侦查机关（部门）说明理由；

（4）其他依法可以采取的方式。

▶ 7.5 处理方式。

▶≫ 7.5.1 经审查，侦查机关确实在收到《核准追诉决定书》后不立案或者不积极开展追诉侦查的，承办人应当提出监督立案的意见，报请部门负责人审核和分管副检察长批准后，发出《通知立案书》，要求其及时立案侦查，并将侦查进展情况及时向人民检察院反馈。超过十五日不予立案的，同级人民检察院侦查监督部门应当发出《纠正违法通知书》，通知侦查机关予以纠正。

▶≫ 7.5.2 经审查，侦查机关确实在收到《不予核准追诉决定书》后又立案，或者未及时撤销案件，或者不立即释放在押的犯罪嫌疑人的，承办人应当提出监督撤案及纠正违法的意见，报请部门负责人审核和分管副检察长批准后，发出《通知撤销案件书》和《纠正违法通知书》，通知侦查机关予以纠正，并要求立即撤销案件，释放在押的犯罪嫌疑人。

▶≫ 7.5.3 经审查，检察机关侦查部门的执行情况存在上述情形的，应当由承办人提出监督立案或者撤案及纠正违法的意见，报请部门负责人审核，再经分管副检察长审批后，报请检察长决定。

▶≫ 7.5.4 对于控告申诉的审查处理结果，应当及时回复本院控告申诉部门，并由控告申诉部门告知控告申诉人。

▶ 8. 文书制作

▶≫ 8.1 《核准追诉案件审查意见书》的制作。

▶≫ 8.1.1 本文书与地方各级检察机关制作的《报请核准追诉案件审查意见书》的文书样式和制作要求基本一致。

▶≫ 8.1.2 需要注意的是，本文书最后的"审查意见"应当直接写明对犯罪嫌疑人涉嫌的犯罪事实、证据、罪名，法定最高刑是否为无期徒刑或者死刑，是否超出追诉时效期限，是否有追诉必要等的认定情况，提出是否同意核准追诉的意见及法律依据。不需要再写"建议将此案呈报最高人民检察院决定"。

▶≫ 8.2 《核准追诉决定书》制作。

▶≫ 8.2.1 《核准追诉决定书》格式。

最高人民检察院
核准追诉决定书

高检××核追字〔××××〕×号

××××人民检察院：

　　你院以××××号文书报请核准追诉的犯罪嫌疑人×××涉嫌××一案，本院经审查认为：

　　犯罪嫌疑人×××，其行为触犯了《中华人民共和国刑法》第××条的规定，涉嫌××罪，法定最高刑为无期徒刑（死刑），虽然已超过追诉期限，但……，必须追诉。

根据……（法律条文），决定对犯罪嫌疑人×××予以核准追诉。

××年×月×日

（院印）

▶▶8.2.2 制作说明。

（1）"犯罪嫌疑人×××"应当概括论述犯罪嫌疑人涉嫌犯罪的行为。

（2）"但×××××"应当围绕追诉必要性，概括论述社会危害、法定酌定情节、社会影响等。

（3）对发生在1997年10月1日之前的犯罪决定核准追诉的，根据1979年《刑法》第七十六条第四项的规定和《最高人民检察院关于办理核准追诉案件若干问题的规定》制作本文书。

（4）对发生在1997年10月1日之后的犯罪决定核准追诉的，根据《刑法》第八十七条第四项的规定和《最高人民检察院关于办理核准追诉案件若干问题的规定》制作本文书。

（5）本文书为最高人民检察院对报请核准追诉的案件决定予以核准追诉时使用。

（6）本文书为打印式文书，一式两份，一份的正本送达报请核准追诉的省级人民检察院外，副本抄送移送案件的侦查机关和相关人民检察院，另一份存档。

▶▶8.3 《不予核准追诉决定书》制作。

▶▶8.3.1 《不予核准追诉决定书》格式。

最高人民检察院
不予核准追诉决定书

高检××不核追字〔××××〕×号

××××人民检察院：

你院以××××号文书报请核准追诉的犯罪嫌疑人×××涉嫌××一案，本院经审查认为：

犯罪嫌疑人……。

根据……（法律条文），决定对犯罪嫌疑人×××不予核准追诉。

××年×月×日

（院印）

▶▶ 8.3.2 制作说明。

（1）"犯罪嫌疑人×××"应当根据案件情况和《最高人民检察院关于办理核准追诉案件若干问题的规定》第四条规定的核准追诉条件，概括写明不予核准追诉的理由。

（2）对发生在1997年10月1日之前的犯罪决定核准追诉的，根据1979年《刑法》第七十六条第四项的规定和《最高人民检察院关于办理核准追诉案件若干问题的规定》制作本文书。

（3）对发生在1997年10月1日之后的犯罪决定核准追诉的，根据《刑法》第八十七条第四项的规定和《最高人民检察院关于办理核准追诉案件若干问题的规定》制作本文书。

（4）本文书为最高人民检察院对报请核准追诉的案件决定不予核准追诉时使用。

（5）本文书为打印式文书，一式两份，一份的正本送达报请核准追诉的省级人民检察院外，副本抄送移送案件的侦查机关和相关人民检察院，另一份存档。

四、报请核准追诉期间审查逮捕操作规程

▶ 1. 提（报）请逮捕主体

▶ 1.1 核准追诉的案件在报请最高人民检察院作出核准追诉决定之前，侦查机关（部门）可以依法对犯罪嫌疑人采取强制措施，包括拘传、拘留、监视居住、取保候审和逮捕。

▶ 1.2 侦查机关在向同级人民检察院报请核准追诉时，认为犯罪嫌疑人有逮捕必要，可以一并提请批准逮捕犯罪嫌疑人。

▶ 1.3 检察机关侦查部门在向本院侦查监督部门报请核准追诉时，认为犯罪嫌疑人有逮捕必要，可以一并向上级人民检察院报请决定逮捕犯罪嫌疑人。

▶ 2. 案件受理

▶ 2.1 侦查机关（部门）提（报）请审查逮捕的案件由人民检察院案件管理部门受理，并进行受案审查。

▶ 2.2 案件管理部门受理审查逮捕的案件时应当审查以下内容：

（1）案件是否属于本院管辖；

（2）提（报）逮捕案件的法律文书是否符合法律规定；

（3）案卷材料的数量和名称与送达回证上记载的数量和名称是否相符，是否完整、准确；

（4）立案、采取强制措施的法律手续和相关诉讼文书是否齐备；

（5）被刑事拘留的犯罪嫌疑人的羁押处所、被取保候审的犯罪嫌疑人居住地是否清楚；

（6）证据材料是否随案移送；

（7）是否有律师会见函或者委托之类的书面材料。

▶ 2.3 经审查，案件管理部门发现案件不属于本院管辖的，应当不予受理，退回侦查机关；发现移送的案卷材料和证据不齐全，或者法律手续不完备，应当要求侦查机关（部门）及时补齐有关材料；材料齐全、手续完备、属于本院管辖的，应当及时通知律师案件已进入审查逮捕环节，并告知律师有提出律师意见的权利。

▶ 2.4 案件管理部门受理案件后，在统一业务应用系统里建立审查逮捕案件，

录入案件基本信息，分流案件至本院侦查监督部门办理，并及时通知侦查监督部门内勤领取卷宗材料及相关法律文书。

▶ 3. 审查逮捕

▶ 3.1 审查逮捕的主体。

▶ 3.1.1 侦查监督部门内勤接收案件管理部门受理的报请核准追诉期间提（报）请审查逮捕的案件后，应当立即通过业务系统自动轮案给承办人，或者依部门负责人的指定分配给具体承办人。

▶ 3.1.2 业务系统自动或手动分配确定的侦查监督部门承办人，具体负责审查报请核准追诉期间提（报）请审查逮捕的案件。

▶ 3.2 审查内容。

承办人审查逮捕时，应当主要审查以下内容：

（1）侦查机关（部门）提（报）请逮捕的时间和程序是否合法。

（2）进一步审查案件相关法律文书、各种证据材料是否随案移送。

（3）审查证据的合法性。

（4）审查涉案犯罪嫌疑人是否符合逮捕条件。报请核准追诉案件的犯罪嫌疑人是否符合逮捕条件，应当注意以下内容：

①是否有证据证明有犯罪事实，重点是犯罪嫌疑人的行为是否构成犯罪，侦查机关（部门）认定的犯罪嫌疑人所犯罪行的性质、适用法律是否正确，认定案件事实的证据是否确实、充分。

②犯罪嫌疑人实施的具体犯罪行为所应适用的量刑幅度的最高刑是否为死刑或者无期徒刑。

③犯罪嫌疑人是否仍然有社会危险性，即是否属于虽然已过二十年追诉期限，但是涉嫌犯罪的性质、情节和后果特别严重，社会危害性和影响依然存在，尤其是犯罪嫌疑人可能实施新的犯罪；可能毁灭、伪造证据，干扰证人作证或者串供；可能对被害人、举报人、控告人实施打击报复；可能自杀或者逃跑等情形。

④犯罪嫌疑人是否有影响羁押的严重疾病。

▶ 3.3 审查方式。

承办人对报请核准追诉案件的犯罪嫌疑人是否需要逮捕的事实和证据的审查，可以采取以下方式：

（1）审查和复核侦查机关（部门）报送的案卷材料和证据材料；

（2）讯问犯罪嫌疑人，了解犯罪嫌疑人在追诉期限内是否又犯罪、犯罪后是否有认罪、悔罪表现或者态度等；

（3）询问被害人、证人等诉讼参与人，了解犯罪的性质、情节和后果，以及被害人及家属现在的态度等；

（4）听取辩护律师意见，了解犯罪嫌疑人的人身危险性和自我改造程度；

（5）调取并审查讯问犯罪嫌疑人的录音录像。

➤➤ 3.4 审查程序。

➤➤➤ 3.4.1 承办人审查。承办人对案件审查完毕后，应当制作《审查逮捕案件意见书》，提出批准或者决定逮捕、不批准或者不予逮捕、纠正漏捕、纠正违法等意见，报请侦查监督部门负责人审核。

➤➤➤ 3.4.2 部门讨论。承办人报请本部门负责人审核《审查逮捕案件意见书》时，应当一并提请部门集体讨论。按照少数服从多数的原则确定部门集体讨论意见，并制作讨论笔录。

➤➤➤ 3.4.3 作出决定。经过侦查监督部门集体讨论，承办人应当将《审查逮捕案件意见书》和部门集体讨论意见，一并报请分管副检察长批准或者决定是否逮捕犯罪嫌疑人，然后制作相关法律文书。

➤➤➤ 3.4.4 审查期限：

（1）对侦查机关在报请核准追诉期间提请批准逮捕的犯罪嫌疑人，已被刑事拘留的，地方各级人民检察院应当在接到提请批准逮捕书的七日以内作出是否批准逮捕的决定；未被刑事拘留的，应当在接到提请批准逮捕书后的十五日以内作出是否批准逮捕的决定，重大、复杂案件，不得超过二十日。

（2）对检察机关侦查部门报请逮捕的犯罪嫌疑人，已被刑事拘留的，上级人民检察院应当在收到报请逮捕书后的七日以内作出是否逮捕的决定，特殊情况下，决定逮捕的时间可以延长一日至三日；未被刑事拘留的，应当在收到报请逮捕书的十五日以内作出是否逮捕的决定，重大、复杂的案件，不得超过二十日。

➤➤ 3.5 执行决定。

➤➤➤ 3.5.1 对于侦查机关提请批准逮捕的案件，地方各级人民检察院作出批准逮捕决定的，由同级人民检察院将《批准逮捕决定书》送达提请批准逮捕的侦查机关执行，同时要求侦查机关在报请核准追诉期间不停止对案件的侦查。根据案件的情况，可以向公安机关发出《逮捕案件继续侦查取证意见书》，对收集证据、适用法律提出意见。

■>> 3.5.2 对于侦查机关提请批准逮捕的案件，地方各级人民检察院作出不批准逮捕决定的，应当说明理由，制作《不批准逮捕理由说明书》，由同级人民检察院连同《不批准逮捕决定书》送达提请批准逮捕的侦查机关执行。需要补充侦查的，应当同时通知侦查机关，并制作和送达《不批准逮捕案件补充侦查提纲》，列明需要查清的事实和需要收集、核实的证据。

犯罪嫌疑人在押的，侦查机关应当立即释放在押的犯罪嫌疑人或者变更强制措施。

■>> 3.5.3 对于检察机关侦查部门报请逮捕的案件，上级人民检察院决定逮捕的，应当将《逮捕决定书》连同案卷材料一并交下级人民检察院，由下级人民检察院通知同级公安机关执行。根据案件的情况，上级人民检察院可以对收集证据、适用法律提出意见，向报请逮捕的检察机关侦查部门发出《逮捕案件继续侦查取证意见书》。

■>> 3.5.4 对于检察机关侦查部门报请逮捕的案件，上级人民检察院决定不予逮捕的，将《不予逮捕决定书》、《不予逮捕理由说明书》连同案卷材料一并交下级人民检察院，由下级人民检察院通知同级公安机关执行。需要补充侦查的，应当制作《不予逮捕案件补充侦查提纲》，列明需要查清的事实和需要收集、核实的证据，同时送达下级人民检察院侦查部门。犯罪嫌疑人在押的，侦查部门应当立即释放在押的犯罪嫌疑人或者变更强制措施。

■▶ **4. 审查逮捕期限与核准追诉期限交错时的处理**

地方各级人民检察院审查逮捕的期限超过审查报请核准追诉期限的，应当继续对案件中的犯罪嫌疑人审查逮捕，但要先将《报请核准追诉案件报告书》连同案件材料一并报送上级人民检察院核准追诉，作出逮捕决定后再将案件其他相关材料补报上级人民检察院。

■▶ **5. 对适用逮捕措施的监督**

■>> 5.1 上级人民检察院对下级人民检察院作出的（批准）逮捕决定不同意的，应当经检察长批准或者检委会审议后，撤销逮捕决定或者变更强制措施，并通过原作出逮捕决定的人民检察院通知侦查机关执行。

■>> 5.2 地方各级人民检察院认为侦查机关（部门）报请核准追诉的案件有逮捕必要，而没有提（报）请逮捕的；或者上级人民检察院对下级人民检察院作出的不批准（不予）逮捕决定不同意的，应当重新办理逮捕手续。

五、报请核准追诉期间延长侦查羁押期限操作规程

▶ 1. 提请延长侦查羁押期限

▶▷ 1.1 提请主体及时间。

在报请核准追诉期间，犯罪嫌疑人已经被批准（决定）逮捕，提（报）请逮捕的省级以下（不含省级）侦查机关（部门）认为需要延长侦查羁押期限的，应当在侦查羁押期限届满七日前，向同级人民检察院或者本院侦查监督部门移送延长侦查羁押期限的意见。

▶▷ 1.2 提请程序。

▶▷ 1.2.1 提请延长侦查羁押期限的侦查机关应当制作《提请批准延长侦查羁押期限意见书》，与《批准逮捕决定书》、《逮捕证》和《案情报告》等材料一并移送给同级人民检察院。

提请延长侦查羁押期限的侦查部门应当制作《提请批准延长侦查羁押期限报告书》，与《逮捕决定书》、《逮捕证》和《案情报告》等材料一并移送给本院侦查监督部门。

《提请批准延长侦查羁押期限意见书》和《提请批准延长侦查羁押期限报告书》应当写明犯罪嫌疑人的基本情况，案件的主要事实和证据，提请延长侦查羁押期限的原因和法律依据，提请延长的期限等。

▶▷ 1.2.2 案件受理。

（1）侦查机关（部门）提请延长侦查羁押期限的案件，由同级人民检察院的案件管理部门受理，并进行受案审查。主要审查以下内容：

①是否属于本院管辖；

②是否已超过侦查羁押期限；

③主要材料是否齐全、是否规范；

④提请时间和程序是否符合法律规定。

（2）材料齐全、程序合法、属于本院管辖的提请延长侦查羁押期限案件，案件管理部门应当受理；材料不齐全的，应当要求侦查机关（部门）及时补充；程序不合法或者不属于本院管辖的，应当不予受理。

（3）同级人民检察院案件管理部门受理案件后，分流给本院侦查监督部门办理，一并将案件材料移交给侦查监督部门内勤。

▶▷ 1.2.3 案件审查。

（1）审查主体。侦查监督部门内勤通过业务系统自动或者根据部门负责人的指定手动分配案件给具体承办人，由承办人负责对提请延长侦查羁押期限的案件进行审查。

（2）审查内容。承办人应当对延长侦查羁押期限的相关材料和意见进行审查，主要审查案件是否符合延长侦查羁押期限的条件。报请核准追诉案件延长侦查羁押期限的条件是案情复杂，犯罪嫌疑人被逮捕后的两个月侦查羁押期限内不能作出是否核准追诉决定或者不能侦查终结。

（3）审查方式。侦查监督部门审查延长侦查羁押期限的案件，可以采取以下方式：

①讯问犯罪嫌疑人；

②听取犯罪嫌疑人的法定代理人、近亲属、辩护人，被害人及其法定代理人意见；

③了解侦查取证的进展情况、核准追诉的情况；

④听取有关办案机关、办案人员等人员的意见；

⑤调取并审查案卷及相关材料等。

（4）审查结束。对侦查机关（部门）提请批准延长侦查羁押期限的案件审查完毕之后，承办人应当制作《提请批准延长侦查羁押期限报告书》，提出是否同意延长侦查羁押期限的意见，经部门负责人审核后，报请分管副检察长决定。《提请批准延长侦查羁押期限报告书》应当写明犯罪嫌疑人的基本情况，案由及主要案情，采取强制措施情况，提请延长侦查羁押期限的原因和法律依据，承办人的审查意见，分管副检察长的审查意见等。

▨▶ 1.2.4 上报决定。分管副检察长审批决定后，承办人应当将侦查机关延长侦查羁押期限的意见和本院的审查意见报送上级人民检察院审查决定是否延长侦查羁押期限。

▶ **2. 批准（决定）延长侦查羁押期限**

▨▶ 2.1 案件受理。

▨▶ 2.1.1 受理主体。上级人民检察院的案件管理部门负责受理下级人民检察院报送的提请延长侦查羁押期限案件，并进行受案审查。

▨▶ 2.1.2 受案审查内容。案件管理部门审查的内容主要有：

①是否属于本院管辖；

②是否已超过侦查羁押期限；

315

③主要材料是否齐全、是否规范；

④报送时间和程序是否符合法律规定。

▰▷ 2.1.3 材料齐全、程序合法、属于本院管辖的延长侦查羁押期限案件，案件管理部门应当受理；材料不齐全的，应当要求下级人民检察院及时补充；程序不合法或者不属于本院管辖的，应当不予受理。

▰▷ 2.1.4 上级人民检察院案件管理部门受理案件后，应当在业务系统中建立批准延长侦查羁押期限案件及相关法律文书，分流给本院侦查监督部门办理，一并将案件材料移交给本院侦查监督部门内勤。

▰▷ 2.2 案件审查。

▰▷ 2.2.1 审查主体。侦查监督部门内勤通过业务系统自动或者根据部门负责人的指定手动分配案件给具体承办人，由承办人负责对提请延长侦查羁押期限的案件进行审查。

▰▷ 2.2.2 审查内容。承办人对侦查机关（部门）延长侦查羁押期限的意见和下级人民检察院的审查意见，应着重从以下几个方面予以审查：

（1）法律文书是否齐全；

（2）是否按照法定期限提请延长侦查羁押期限；

（3）提请延长侦查羁押期限的理由是否充分、是否符合延长侦查羁押期限的条件；

（4）在侦查羁押期间是否调查取证；

（5）侦查羁押期限时间的计算是否符合法律规定。

▰▷ 2.2.3 审查结束。承办人对侦查机关的延长侦查羁押期限意见和下级人民检察院的审查意见进行审查后，应当制作《延长侦查羁押期限审查表》，提出是否同意延长侦查羁押期限的意见，经部门负责人审核后，再报请分管副检察长决定是否同意延长侦查羁押期限。

▰▷ 2.3 决定并执行。

承办人应当根据分管副检察长的决定，分别制作相应的法律文书，并送达侦查机关（部门）执行。

▰▷ 2.3.1 同意延长侦查羁押期限的，承办人应当制作《批准延长侦查羁押期限决定书》，并交由受理案件的人民检察院侦查监督部门送达侦查机关（部门）。

▰▷ 2.3.2 不同意延长侦查羁押期限的，承办人应当制作《不批准延长侦查羁押期限决定书》，并交由受理案件的人民检察院侦查监督部门送达侦查机关（部门）执行。

▶≫ 2.3.3 侦查机关（部门）接到人民检察院作出的不同意延长侦查羁押期限决定后，应当在侦查羁押期限届满时立即释放在押的犯罪嫌疑人或者变更强制措施。

▶≫ 2.4 告知。

对侦查机关提请批准延长侦查羁押期限的案件，人民检察院作出批准延长侦查羁押期限的决定后，侦查机关的同级人民检察院侦查监督部门应当在收到法律文书后十日内书面告知负有监督职责的人民检察院刑事执行检察部门。

▶≫ 2.5 办理期限。

上级人民检察院侦查监督部门应当在侦查羁押期限届满前作出是否批准延长侦查羁押期限的决定。

▶ **3. 操作禁忌**

▶≫ 3.1 不得越级提请延长侦查羁押期限。

▶≫ 3.2 不得越级批准（决定）延长侦查羁押期限。

参考资料

一、法律法规

1. 《最高人民法院、最高人民检察院、公安部、国家安全部和司法部〈关于办理刑事案件排除非法证据若干问题的规定〉》（2010 年 6 月 13 日）。

2. 《最高人民法院、最高人民检察院、公安部、国家安全部和司法部〈关于办理死刑案件审查判断证据若干问题的规定〉》（2010 年 6 月 30 日）。

3. 《中华人民共和国刑事诉讼法》（2012 年 3 月 14 日修订）。

4. 《人民检察院刑事诉讼规则（试行）》（2012 年 10 月 16 日修订）。

5. 《中华人民共和国律师法》（2012 年 10 月 26 日修订）。

6. 《最高人民法院关于适用〈中华人民共和国刑事诉讼法〉若干问题的解释》（2012 年 12 月 20 日）。

7. 《最高人民法院、最高人民检察院、公安部、国家安全部、司法部、全国人大常委会法制工作委员会〈关于实施刑事诉讼法若干问题的规定〉》（2012 年 12 月 26 日）。

二、司法解释和工作制度

1. 《人民检察院办理行政执法机关移送涉嫌犯罪案件的规定》（高检发释字〔2001〕4 号）。

2. 《公安机关办理经济犯罪案件的若干规定》（公通字〔2005〕101 号）。

3. 最高人民检察院《关于省级以下人民检察院立案侦查的案件由上级人民检察院审查决定逮捕的规定（试行）》（高检发〔2009〕17 号）。

4. 《最高人民法院、最高人民检察院、公安部、国家安全部、司法部关于对司法工作人员在诉讼活动中的渎职行为加强法律监督的若干规定》（高检会

〔2010〕4 号，2010 年 7 月 26 日）。

5.《最高人民检察院、公安部关于刑事立案监督有关问题的规定（试行）》（高检会〔2010〕5 号）。

6.《最高人民检察院关于加强检察机关执法办案风险评估预警工作的意见》（2011 年 7 月 29 日）。

7.《公安机关办理刑事案件程序规定》（中华人民共和国公安部令第 127 号发布，2012 年 12 月 13 日）。

8. 最高人民法院、最高人民检察院、公安部、国家安全部、司法部《关于外国人犯罪案件管辖问题的通知》（法发〔2013〕2 号）。

9. 最高人民检察院《检察机关执法工作基本规范（2013 年版）》（2013 年 2 月 6 日）。

10. 最高人民检察院《关于印发〈人民检察院办理未成年人刑事案件的规定〉的通知》（高检发研字〔2013〕7 号）。

11. 最高人民检察院侦查监督厅《关于印发〈关于人民检察院审查逮捕工作中适用"附条件逮捕"的意见（试行）〉的通知》（高检侦监〔2013〕15 号）。

12.《人民检察院办理未成年人刑事案件的规定》（2013 年 12 月 27 日修订）。

13. 最高人民检察院侦查监督厅《关于繁简分流制作审查逮捕意见书的意见》（高检侦监〔2013〕48 号）。

14. 最高人民检察院侦查监督厅《关于印发〈侦查监督部门实施刑事诉讼法若干问答〉的通知》（高检侦监〔2014〕3 号）。

15.《最高人民检察院关于依法保障律师执业权利的规定》（最高人民检察院第十二届检察委员会第三十二次会议通过，2014 年 12 月 16 日）。

16. 最高人民检察院侦查监督厅《关于建立重大敏感案件快速反应机制的意见（试行）》（高检侦监〔2015〕10 号）。

17.《湖南省公安机关办理行政执法机关移送涉嫌犯罪案件的规定》（2011 年 8 月 12 日）。

18. 湖南省人民检察院、湖南省公安厅《关于正确适用逮捕措施的指导意见》（湘检发〔2013〕6 号）。

19. 湖南省人民检察院《关于对人民检察院直接受理立案侦查案件审查逮

捕及有关工作的操作规程（试行）》（湘检发〔2014〕2号）。

20. 最高人民检察院、公安部《关于逮捕社会危险性条件若干问题的规定（试行）》（高检会〔2015〕9号）。

21. 最高人民检察院《人民检察院对指定居所监视居住实行监督的规定》（高检发执检字〔2015〕18号）。

22. 最高人民检察院《人民检察院侦查监督、公诉部门介入职务犯罪案件侦查工作的规定》（高检发办字〔2015〕32号）。

23. 公安部《关于改革完善受案立案制度的意见》（公通字〔2015〕32号）。

三、参考文献

1. 陈光中：《刑事和解的理论基础与司法适用》，载《人民检察》2006年第10期。

2. 李健、史洁路：《审批延长侦查羁押期限中的问题及对策》，载《犯罪研究》2007年第5期。

3. 杨振江主编：《审查逮捕实务培训教程》，中国检察出版社2009年版。

4. 张少林、王延祥、张亮主编：《审查逮捕证据审查及判断要点》，中国检察出版社2011年版。

5. 郑光主编：《侦查监督实战全程指南》，中国检察出版社2011年版。

6. 郑青主编：《诉讼监督的范围和方式》，中国检察出版社2012年版。

7. 孙谦主编：《〈人民检察院刑事诉讼规则（试行）〉理解与适用》，中国检察出版社2012年版。

8. 《检察业务文书制作方法与规范（修订版）》，中国检察出版社2013年版。

9. 印仕柏主编：《侦查活动监督重点与方法》，中国检察出版社2014年版。

后　记

《检察执法岗位操作规程指导丛书》第 3 分册《侦查监督岗位专用操作规程》编写人员分工如下：

组长戴华峰负责本分册编写的人员组织和编写分工协调，副组长许建琼、王双奇协助组长工作。

曾志勇、王臻负责本分册统稿。

许建琼、王双奇、曾志勇、王臻负责本分册检察业务审稿。

邓为方负责编写第一章、第二章第五节。

曾志勇负责编写第二章第一、二、三节。

张俐负责编写第二章第二、三、四节。

熊焕喜负责编写第二章第二节。

潘永涓负责编写第二章第四节。

曾良平负责编写第二章第五节。

王臻负责编写第三章第一节、第五章第一节。

曹思益负责编写第三章第二节。

孙靖负责编写第四章第一、二节。

陈瑜负责编写第四章第二节。

曾馥梅负责编写第五章第一、二、三节。

刘慧负责编写第五章第四节。

第 3 分册《侦查监督岗位专用操作规程》编写组

2015 年 4 月 29 日